新しい教職教育講座 教科教育編 7
原 清治／春日井敏之／篠原正典／森田真樹 [監修]

図画工作科教育

波多野達二／三宅茂夫 [編著]

ミネルヴァ書房

新しい教職教育講座

監修のことば

　現在，学校教育は大きな転換点，分岐点に立たされているようにみえます。

　見方・考え方の育成を重視する授業への転換，ICT 教育や特別支援教育の拡充，増加する児童生徒のいじめや不登校への適切な指導支援，チーム学校や社会に開かれた教育課程を実現する新しい学校像の模索など。切れ間なく提起される諸政策を一見すると，学校や教師にとって混迷の時代に突入しているようにも感じられます。

　しかし，それは見方を変えれば，教師や学校が築き上げてきた地道な教育実践を土台にしながら，これまでの取組みやボーダーを超え，新たな教育を生み出す可能性を大いに秘めたイノベーティブな時代の到来ともいえるのではないでしょうか。教師の進むべき方向性を見定める正確なマップやコンパスがあれば，学校や教師の新たな地平を拓くことは十分に可能です。

　『新しい教職教育講座』は，教師を目指す学生や若手教員を意識したテキストシリーズであり，主に小中学校を対象とした「教職教育編」全13巻と，小学校を対象とした「教科教育編」全10巻から構成されています。

　世の中に教育，学校，教師に関する膨大な情報が溢れる時代にあって，学生や若手教員が基礎的知識や最新情報を集め整理することは容易ではありません。そこで，本シリーズでは，2017（平成29）年に告示された新学習指導要領や，今後の教員養成で重要な役割を果たす教職課程コアカリキュラムにも対応した基礎的知識や最新事情を，平易な表現でコンパクトに整理することに心がけました。

　また，各巻は，13章程度の構成とし，大学の授業での活用のしやすさに配慮するとともに，学習者の主体的な学びを促す工夫も加えています。難解で複雑な内容をやさしく解説しながら，教職を学ぶ学習者には格好のシリーズとなっています。同時に，経験豊かな教員にとっても，理論と実践をつなげながら，自身の教育実践を問い直し意味づけていくための視点が多く含まれた読み応えのある内容となっています。

　本シリーズが，教育，学校，教職，そして子どもたちの未来と可能性を信じながら，学校の新たな地平を拓いていこうとする教師にとって，今後の方向性を見定めるマップやコンパスとしての役割を果たしていくことができれば幸いです。

監修　原　　清　治（佛教大学）
　　　春日井敏之（立命館大学）
　　　篠原正典（佛教大学）
　　　森田真樹（立命館大学）

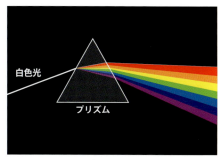

図Ⅲ-13-1　プリズムによる白色光分解

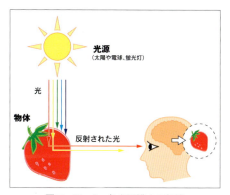

図Ⅲ-13-2　色を認識する経路

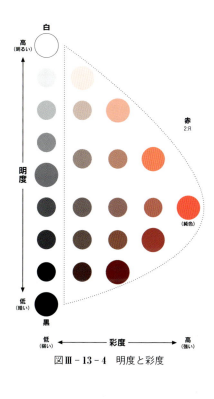

図Ⅲ-13-4　明度と彩度

図Ⅲ-13-3　無彩色と有彩色

図Ⅲ-13-5　色立体

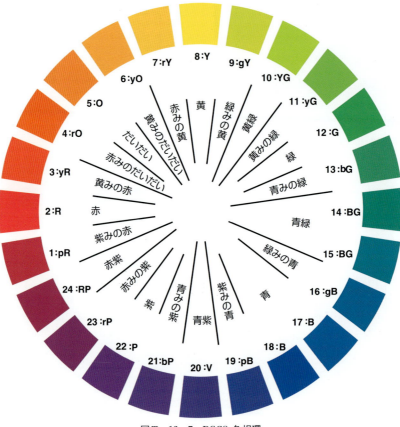

図Ⅲ-13-7　PCCS 色相環

図Ⅲ-13-13　減法混色

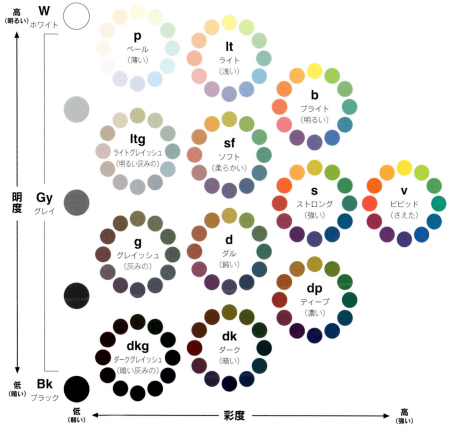

図Ⅲ-13-8　PCCS トーン分類

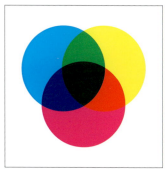

図Ⅲ-13-11　減法混色

図Ⅲ-13-12　加法混色

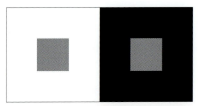

図Ⅲ-13-14 明度対比

図Ⅲ-13-15 色相対比

図Ⅲ-13-16 彩度対比

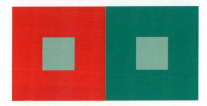

図Ⅲ-13-17 補色対比

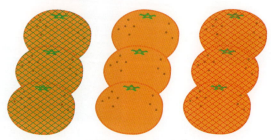

図Ⅲ-13-18 色の同化

資料提供:日本色研事業株式会社。

はじめに

　図画工作の授業で「何をどう教えるか」ということは，多くの教師が常に頭を悩ませる課題である。これは，図画工作科の目標に直結した問題であり，突き詰めていくと，「図画工作の授業を通して，子どもたちにどのような学力をつけていくか」ということに帰結する。

　「図画工作科で培うべき学力」とは何であろうか。

　ここ二十数年の学力観の流れをみると，1993（平成5）年に文部科学省から「新しい学力観」が提示され，図画工作で育てるべき学力を「① 造形への関心・意欲・態度，② 発想や構想の能力，③ 創造的な技能，④ 鑑賞の能力」という4つの観点で示し，評価もこれら4つの観点に即して「目標に準拠した評価（いわゆる絶対評価）」で行うことが示された。

　2017（平成29）年告示の新学習指導要領〔本書は2017（平成29）年告示の学習指導要領を新学習指導要領と呼ぶ〕では，図画工作科で育成する資質・能力を「知識及び技能」「思考力，判断力，表現力等」「学びに向かう力，人間性等」の三つの柱で整理し，それぞれについて「創造的につくったり表したりすること」「創造的に発想や構想をしたり作品などに対する自分の見方や感じ方を深めたりすること」「楽しく豊かな生活を創造しようとする態度を養うこと」と示している。

　「新しい学力観」以降の学力観から明らかなことは，近年の図画工作では，「他人と比べて上手な表現」「理解し覚える鑑賞」を決して求めていないということである。求めているのは，「その子らしい工夫あふれる力いっぱいの表現」「その子らしい感じ方を大切にした深い鑑賞」である。

　教師は，授業のなかで，その子らしさを導き出し，その子の表現や鑑賞を応援し，支援することが何よりも重要である。しかし，その子らしさを導き出し大切にすることは，口で言うほど簡単なことではない。本書は，その子らしさをどのように導き出し，応援し，支援するのかについて，三部構成で各部をさ

らに細かく章立てし，図画工作の授業をされる先生方や教師を目指す学生の皆さんにできるだけわかりやすく示そうと試みた。

　第Ⅰ部は，理論編として，図画工作教育の目的，課題，新学習指導要領の内容，評価，学習指導案作成の方法についてまとめている。本書でとくに大切にしているのが，教師が授業を語る時の共通の言語ともいうべき学習指導案である。学習指導要領の目標，内容，評価や自らの授業理念をどのように学習指導案に落とし込んでいくのかについて具体例を参考にしながら身につけていくことができるように構成した。

　第Ⅱ部は，実践編として，図画工作科の具体的な内容領域についての理念と具体的な授業展開についてまとめている。図画工作科の内容領域は，「Ａ 表現 ア 造形遊びをする活動」「Ａ 表現 イ 絵や立体，工作に表す活動」「Ｂ 鑑賞 ア 観賞する活動」の２領域３項目からなっているが，本書では，Ａ 表現 イを，「絵に表す」「版に表す」「粘土に表す」「立体・工作に表す」の４つの章に分け，各領域で活躍されている先生方にその内容を詳しくご執筆いただいた。また，実践編の各章にも学習指導案をつけ，実践例を参考にしながら，自らの授業を構築できるように工夫した。

　第Ⅲ部は，基礎知識編として，図画工作の授業を支え，教師として知っておくべき基礎知識をまとめた。ここでも，子どもの成長発達と学びの連続性，図画工作教育の歴史，図画工作の基礎知識，色彩の基礎知識と各分野でご活躍の先生方に執筆いただいた。授業を支える土台となる基礎知識をしっかりと身につけ，授業に広がりと深みを与えられるように構成した。

　本書執筆にあたり授業公開や資料提供の協力をいただいた方々，執筆者の意を汲み取って企画編集してくださったミネルヴァ書房の神谷透氏，丁寧な編集作業で常に執筆者をサポートしてくださった秋道さよみ氏はじめ関係各位に心より感謝の意を表します。

　本書が子どもたちの図画工作の資質・能力の向上に少しでもお役に立っていければ幸いです。

編者代表　波多野達二

目　次

はじめに

第Ⅰ部　理論編

第1章　図画工作科教育の目的 … 2
1　図画工作教育の意義と課題 … 2
2　図画工作科の目標と内容 … 10

第2章　図画工作科における評価 … 25
1　評価の意味 … 25
2　評価の基盤となる考え方と方向性 … 29
3　図画工作科における評価の考え方と実際 … 33

第3章　指導計画および学習指導案の作成 … 38
1　指導計画の作成 … 38
2　学習指導案の作成 … 40

第Ⅱ部　実践編

第4章　表現──造形遊びをする活動 … 58
1　造形遊びの特質 … 58
2　造形遊びの内容と展開 … 63
3　授業実践例（学習指導案）… 70

第5章　表　現——絵に表す活動 …………………………………… 75
1　絵に表す活動の特質 ……………………………………………… 75
2　「絵に表す」活動の内容と展開（低学年） ……………………… 81
3　「絵に表す」活動の内容と展開（中学年） ……………………… 84
4　「絵に表す」活動の内容と展開（高学年） ……………………… 89
5　授業実践例（学習指導案） ……………………………………… 93

第6章　表　現——版に表す活動 …………………………………… 99
1　版表現の特性について …………………………………………… 99
2　主な版種について ………………………………………………… 100
3　発達段階に応じた版表現 ………………………………………… 102
4　授業実践例（学習指導案） ……………………………………… 105

第7章　表　現——粘土に表す活動 ………………………………… 111
1　粘土造形の特質 …………………………………………………… 111
2　粘土造形学習の内容と展開 ……………………………………… 116
3　授業実践例（学習指導案） ……………………………………… 122

第8章　表　現——立体・工作に表す活動 ………………………… 128
1　立体・工作の特質 ………………………………………………… 128
2　立体・工作の内容と展開 ………………………………………… 129
　【授業実践例　（学習指導案）】

第9章　鑑　賞——作品を鑑賞する活動 …………………………… 142
1　鑑賞の特質 ………………………………………………………… 142
2　鑑賞の内容と展開 ………………………………………………… 146
　【授業実践例　（学習指導案）】

目　次

第Ⅲ部　基礎知識編

第10章　子どもの成長・発達と学びの連続性……160
1　子どもの成長・発達と教育の意味……160
2　子どもの成長・発達と表現……164
3　子どもの発達と表現および指導……170
4　幼保小連携と学びの連続性……175

第11章　図画工作科教育の歴史……183
1　図画工作科と美術教育……183
2　明治時代の図画・手工教育……184
3　大正時代の図画教育……187
4　戦前・戦時下の図画・手工教育……188
5　戦後の図画工作教育……189
6　学習指導要領と図画工作科教育……192
7　新学力観と学習指導要領……194

第12章　図画工作の基礎知識……199
1　造形要素……199
2　材料・用具……203
3　さまざまな表現方法……215
4　指導の心構えなど……223

第13章　色彩の基礎知識……229
1　色のしくみ……229
2　色の見え方・感じ方……235
3　配色の調和……240

v

小学校学習指導要領（抄）
索　　引

第Ⅰ部
理論編

第1章 図画工作科教育の目的

この章で学ぶこと

何を目指して授業をするのか，これは，指導の自由度の高い図画工作では極めて重要な問題である。上手な作品をつくらせることを目指すのか，教師の与えた課題をきちんとつくらせることを目指すのか，自分の見方・考え方に従ってつくり上げ達成感を味わわせることを目指すのかなど，何を目指すかによって図画工作科の授業は大きく変わり，子どもに育くまれる能力に大きな差が生まれてくる。本章では，美術の起こり，現在の図画工作科教育の課題，新学習指導要領の目標と内容などについて触れながら，指導の軸となる図画工作科教育の目的について考えていく。

1 図画工作教育の意義と課題

（1）図画工作科教育の意義

(1) 美を感じる心

日本画家である千住 博は，「美」について次のように述べている。

> 『美』とは人間のイマジネーションの力です。たとえば『花』を美しいというとき，『花』という『美』があるのではなく，それを見て『美しいと感じる心』があるわけです。豊かなイマジネーションが豊かな美の意識を生むのです。

そして，その「美しいと感じる心」は人間がもっている類まれなる力であり，人間をつくりあげ，時を超えて伝わってきたかけがえのない力だとも述べている。
たしかに私たちは，木漏れ日のまるく柔らかな光に心安らぐ美を感じたり，スポーツをする人の動きに躍動感や力強さの美を感じたりと身の回りの美を日々感じながら生きている。それらは，ときに「美を感じる」だけにとどまら

第1章　図画工作科教育の目的

ず,「美しいと思うものを表現する」という行為にもつながり,木漏れ日の心安らぐ光を絵に表したり,躍動感のある人の姿を彫刻に表したりしてきたのである。

では,人間は,いつ頃から美しいと感じる心をもち,美しいと思うものを表現したのであろうか。それは,いまから1万4500年前の旧石器時代人が描いたスペインのアルタミラ洞窟の壁画に見出すことができる。図Ⅰ-1-1が,その壁画の中の「うずくまるビゾン(バイソン)」と称される作品である。

図Ⅰ-1-1　アルタミラ洞窟の壁画
出典：ムスキス（2000）。

アルタミラの洞窟の壁画のほとんどは天井に描かれており,このビゾンも天井の突出部分に描かれ,彫刻と絵画を融合したような力強い作品となっている。

ムスキス（2000）はアルタミラの洞窟壁画の研究を重ね,旧石器時代人の壁画制作の足跡を明らかにしている。ムスキスの研究によると,旧石器時代人は石や骨で刻器をつくり,はじめに石灰質の洞窟の壁に刻線を引いている。ビゾンの刻線は,突出部分の形や亀裂を利用しながら巧みに刻み込まれ,その形を壁から浮かび上がらせている。次に,前もって引いておいた刻線を,木炭による線描でたどるが,まず頭部から始め,そこに目を描き込み,耳,角から鼻,口,髭,喉袋,腹部へとたどり繋げている。上部は,額から背中のこぶへ続き,こぶは面的に塗りつぶし,背中を経て尾,臀部へと繋げている。足から蹄（ひづめ）の表現は,とくに明快で動物の骨格の構造を熟知していたことがうかがえる。線には,方向性があって,動物の毛並みの方向に木炭を動かしている。最後に胴体の広い部分に酸化鉄を含んだ赤い土を直接壁面にこすりつけたり,笠貝（かさがい）を器として使い赤い土と水を混ぜたものを塗って彩色をしている。

刻器,木炭,酸化鉄の混じった土,水,制作に使えるものは,それのみであったが,旧石器時代人は,いまにも壁から飛び出してきそうな,息づかいの感じられるビゾンを見事に表現しているのである。

現在では,アルタミラの大天井の「うずくまるビゾン」を含む作品群の,作

3

者は1人ではないかといわれているが，おそらく1人ではこの作品群は生まれてこなかっただろう。作者の属していた集団が，長期間にわたり作者の作品づくりを認め，そして協力していたのではないかと考えられる。洞窟の壁画の美を集団のみんなが感じ取り，その価値を見出し，共有していたと考えられるのである。

　旧石器時代人たちのこの絵に対する美と価値への認識については，洞窟という暗闇の中での神への交信のためか，狩りの大猟を祈願するためか，アニミズム的な呪術の世界へ入っていくためのツールであったのか，など諸説あるが定説はない。確かなのは，これらの絵を描いても旧石器時代人たちにとって，空腹を満たすような現実的な利が何もなかったということである。しかし，作者は，「うずくまるビゾン」を見て深い美を感じ，自分のもちうるすべてを注ぎ込んでその美を表現したと考えられる。これらを描き上げたとき，作者は胸が熱くなるような「つくりだす喜び」を味わい，仲間たちも同様に美を感じ取り，胸が高鳴るような感動を味わったに違いない。旧石器時代人にとって，洞窟の壁に絵を描いたり，見たりすることは，不安や恐怖を取り除き，明日への希望を呼び覚まし，豊かに生きるためになくてはならないものだったと考えられるのである。

　千住（2003）は，「美は時を超える」として，アルタミラの旧石器時代人がもっていた「美を感じ，美を表現するDNA」は，時を超えてずっと人間の中につながっていると述べている。有名な画家であるゴッホやピカソもやはり，美を感じ，自分の感じ取った美を自分の手法で表現してきたのである。千住の言葉を援用すると，「美を感じ，美を表現するDNA」は，私たちの中にも，もちろん子どもたちの中にも確実に流れていると考えることができる。「美を感じ，美を表現するDNA」を学校現場でどのように捉え，どのように耕し，次代につなげていくのかが問われている。

(2) 図画工作科教育の目指すべきもの

　先にも述べたように，旧石器時代人が，草原の馬やバイソンに深い美を感じ取り，自分のもちうるすべての力を注ぎ込んでその美を表現し，みんなで共

感・共有していたという事実と，美を感じ美を表現しようとするDNAが時代を超えて人間の中に流れ続けているということを考えると，図画工作や美術という教科の目指すべき2つの点がみえてくる。

1つは，子どもが自分の見方や考え方を大切にしながら，美を感じ取り，自分の美しいと感じるものを力の限りつくり上げ，「つくりだす喜び」を深く味わうようにすることである。

もう1つは，子どもが社会や暮らしの中にある美を感じ取り，それを生活に生かしながら，楽しく豊かに生きていけるようにすることである。

この2つは，新学習指導要領の目標にある「つくりだす喜びを味わう」「楽しく豊かな生活を創造しようとする」と深いつながりをみせている。とくに2つ目の「楽しく豊かな生活を創造しようとする」は，この教科の究極の目標ということができる。旧石器時代人が，現実的な利はなくとも，美を感じ，美を表現して，豊かに生きることを試みたように，すべての子どもに，美を感じ，美を表現し，楽しく豊かに生きる術をつかみ取らせていくことが重要である。

（2）図画工作科の課題

前項で図画工作科教育の目指すべきものについて考察してきたが，ここからは図画工作科教育の現状を分析し，課題について考察する。

図画工作（美術）という教科は，子どもたちにどのように受けとめられているのだろうか。図Ⅰ-1-2は国立教育政策研究所が2005（平成17）年に実施した児童生徒（小学4年生～中学3年生）における「図画工作（美術）の学習が好きか，嫌いか」についての『学習に対する意識調査』の結果である。

これをみると，図画工作（美術）が多くの子どもに好まれている教科であることがわかる。他教科と比べてみても，小学校段階では体育に次いで好きな教科の第2位に位置しており，子どもから肯定的に捉えられている〔文部科学省（2005）『義務教育に関する意識調査』〕。

ただ，詳細にみていくと小学校から中学校にかけて「好きだ」は減少し，「嫌いだ」が中学3年生を除いて増加していく傾向も読み取れる。すべての学

第Ⅰ部　理論編

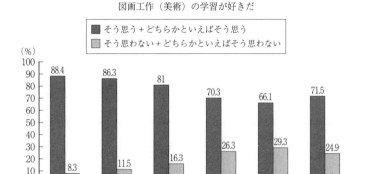

図Ⅰ-1-2　学習に対する意識等調査
出典：国立教育政策研究所（2005）『学習に対する意識調査』のデータをもとに著者作成。

年において「好きだ」が7割ほどを占めることから，子どもの関心は高く，主体的に学ぶ意欲も高いと判断することができるが，中学校段階で「嫌いだ」が3割近くを占めるということは，学習意欲が減退していく状況も視野に入れざるを得ない。学年が上がるにつれて図画工作（美術）を否定的に捉える子どもが増えていくという傾向の原因を探ることが重要である。

(1) 図画工作（美術）に関する苦手意識

先にみてきた否定的に捉える大きな要素のひとつに，図画工作（美術）への苦手意識が考えられる。図Ⅰ-1-3は，小学生，中学生，大学生，合わせて約850人から集めた図画工作（美術）への苦手意識に関する調査結果である（降籏，2015）。

これをみると，小学校では11～18％，中学校では37～47％，大学生では60％の学生が苦手意識をもっており，多少の凸凹はあるものの学年が上がるにつれ苦手意識が増えていく傾向があることがわかる。とくに小学校から中学校への移行時に苦手意識をもつ子が著しく増加しているが，苦手意識の理由として圧倒的に多かったのが，「下手だから，上手でないから」「思うようにできないから」と報告されている。

上手下手を気にして，そこから苦手意識が生まれるという傾向は，子どもの

第1章　図画工作科教育の目的

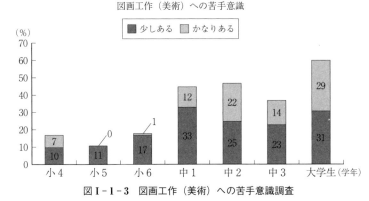

図Ⅰ-1-3　図画工作（美術）への苦手意識調査
出典：降籏（2015）『図画工作・美術への（意欲）・（苦手意識）の実態と考察』をもとに著者作成。

発達に起因するものがあるが，小学校の高学年段階においても顕著に現れている。「どうせ，私は上手にできないから…」と，周囲を気にして手が動かなかったり，「つくるものを思いついても，よいやり方がわからない…」と尻込みをしてしまったり，「上手なものをつくらなくてはならない」という強迫観念などが，苦手意識をもたせてしまう原因になっていると考えられる。

降籏は，苦手意識を解消させるための4つの示唆に富んだ視点を示している。

- うまくつくらなければならないという呪縛からの解放
- うまさよりも自分らしさ，自分の表現を重視させる意識改革
- 自分らしさの表現を実現する用具・材料の扱いとその特性の理解
- 自分らしい表現を認め合い学び合える学習空間づくり

この4つの視点の柱である「上手くつくるのではなく，自分らしくつくる」は，現行・改訂の学習指導要領で目指している表現の核ともいうべきものであるが，指導者はこの言葉をもう一度捉え直さなければならない。

「上手くつくるのではなく，自分らしくつくる」ということは，「いい加減で適当な作品で構わない」ということではない。アルタミラの旧石器時代人が，自分の感性で美を感じ取り，自分のもてる力をすべて注ぎ込んで美を表現したように，「自分らしく」精いっぱいつくり上げることが何よりも重要なのである。

教師は，子どもの「自分らしく」をしっかり見つめ，作品の上手下手ではなく，どのような感じ方・考え方で，どんな工夫を凝らしながら，力の限りつくっているかということを感じ取り，応援していかなければならない。子どもたちは感性を働かせながら，自分らしく，力の限りつくり上げたときに，初めて「つくりだす喜び」を深く味わうのである。

(2) 図画工作（美術）は自分の人生に役立つのか

図画工作（美術）を否定的に捉えるもうひとつの要因に，「図画工作（美術）の学習をしても自分の人生の役に立たない」という子どもの思い込みが考えられる。

図Ⅰ-1-4は，国立教育政策研究所が2005（平成17）年に行った『学習に対する意識調査』における「図画工作（美術）を学習すれば，自分の普段の生活や社会に出て役立つか」についての調査結果である。

これをみると，小学校段階では普段の生活や社会に出て役立つと考えている子どもが，役立たないと考えている子どもを上回っていることに対して，中学になるとその割合は逆転し，約6割の子どもが役立たないと感じていることがわかる。

『学習に対する意識調査』のほかの設問（「自分の思いや考えをわかりやすく伝える力がつく」「アイデアを思いついたり想像したりする力がつく」「表したいことを思いついたり考えたりする力がつく」「表し方を自分で工夫する力がつく」など）では，小・中学生とも肯定的な回答が否定的な回答を上回っており，想像力や創造力などは図画工作（美術）で培われる力であると認識している。しかしながら，それらの力は日常生活や社会の中では役立たないと考える子どもが，学年が上がるごとに増加していくことがわかる。こうした状況は，子どもたちがおかれている受験などの社会的状況が大きく影響していると考えられる。図画工作（美術）は，一部の芸術系学校に進学する子どもを除く大多数の子どもにとっては，いくら頑張ってもあまり「受験」に関する成績につながらない，役に立たない教科というイメージができ上がってしまっているからである。

このような「図画工作（美術）が自分の人生の役に立たない」と考える傾向は，降籏（2015）が行った調査で図画工作（美術）を否定的に捉える学生の教科イメージによく表れている。図画工作（美術）は，「休息・息抜きの教科」「他の教

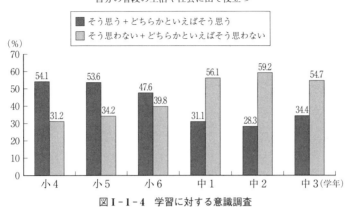

図Ⅰ-1-4　学習に対する意識調査

出典：国立教育政策研究所（2005）『学習に対する意識調査』のデータをもとに著者作成。

科より重要でない教科」「あそびの教科」「楽な教科」といった教科イメージの背景には，受験に関係のある主要教科ではなく，自分の生活に役立ったり，社会に出てから役立ったりすることはないという強い思い込みがあると考えられる。

　ここでもう一度考えたいのは，アルタミラの旧石器時代人たちが，どうして現実的な利がなくとも絵を描いたのかということである。絵を描き，共有することが，彼らにとって明日への希望をもち豊かに生きていくためになくてはならないものであったように，図画工作（美術）は，明日への希望と，美を感じ，豊かに生きるための方法をつかみ取らせてくれる，自分の人生にとって役に立つ教科である，という認識を育てていくことが肝要である。

(3) 図画工作（美術）が自分の人生の役に立つという実感

　図画工作（美術）が，自分の生活や社会に出て役に立つということを子どもに実感させるには次の2点に留意し，指導を展開していく必要がある。

　1つは，子どもが授業を通して，常に「つくりだす喜び」を味わうことである。授業における表現することや鑑賞することの楽しさや喜び，その積み重ねが，生活や社会の中の美と豊かに関わる資質や能力を培い，美を感じ，楽しく豊かな生活を創造しようとする態度につながっていくと考えられる。

もう1つは，普段の生活を豊かにしたり，潤いを与えたりすることを実感できる題材を数多く開発し実践することである。

　前述の『学習に対する意識調査』で，図画工作（美術）が小学校段階では，好きな教科第2位ということを示したが，中学校段階では5位まで下がり，体育に次ぐ第2位の座を技術・家庭科に奪われている（文部科学省2005）。この結果は，図画工作（美術）の作品づくりよりも技術・家庭科でつくりだす，生活を豊かにする活動やものづくりのほうに魅力を感じ，志向することがよく表れている。小学校高学年の図画工作科においても，「木の時計」や，「針金でつくるライト」など，作品完成後に日常生活で使えるものを制作することもあるが，飾るだけの作品と比べると，子どもの学習意欲の高まりは顕著である。

　すべての作品を完成後に生活の中で使えるものとしてつくる授業構想は難しいが，実質的に生活に役立つ作品でなくても，生活に潤いを与え，豊かにしていく価値に気づかせていくことは可能である。授業の中で，そのような体験をできるだけ多くさせることが重要である。たとえば，完成作品をお気に入りの場所に置いて鑑賞し，生活空間の中での作品の美にあらためて目を向けさせたり，みんなの描いた絵を展覧会場にどのように展示すればよいか考えさせたり，陶器の器をたくさん用意して，どの料理をどの器に盛るのが一番よいか考えさせたりと，生活や社会の中の美を感じ取ったり，生かしたりする感性を高めていきたい。そのような日々の授業の積み重ねの向こうに，美を感じ，美を表現し，心楽しく，心豊かに生きるための資質・能力を備えた子どもの姿がみえてくる。図画工作・美術を通して，すべての子どもたちに自分らしく身の回りの美を感じ取り，表現し，楽しく豊かに生きていく喜びをつかみ取らせていくことが，この教科に与えられた使命であるといえよう。

2　図画工作科の目標と内容

（1）学習指導要領の改訂

　第1節において，図画工作科教育の目指すべきものについて考察してきた。

目指すべきものを，学校教育の基盤である学習指導要領の枠組みの中で具体化し，実践していくことが教員には求められている。ここからは，2017（平成29）年告示の学習指導要領の目標と内容についてみていく。

　学習指導要領は，戦後間もない1947（昭和22）年に教師の学習指導の手引きとして発行されて以来，おおむね10年ごとに改訂されてきた。当初は，法的拘束力をもたなかったが，1958（昭和33）年から法令により制定され，法的拘束力をもつ国家基準となり，各学校が教育課程を編成するにあたっての基準となっている。

　改訂に際しては，文部科学大臣が中央教育審議会に諮問を行い，中央教育審議会は審議の後，文部科学大臣に対して答申を行う。文部科学省はその答申をもとに学習指導要領を改訂する運びとなっている。ここでは，その流れに従って新学習指導要領改訂の要点を追っていく。

(1) 中央教育審議会答申

　2014（平成26）年11月，文部科学大臣は，社会構造や雇用環境が大きく急速に変化する予測不可能な時代を生きる子どもにふさわしい学習指導要領のあり方について，中央教育審議会に諮問を行った。中央教育審議会においては，2年1カ月にわたる審議の末，2016（平成28）年12月答申を行っている。

　答申では「社会に開かれた教育課程」の実現を謳い，学習指導要領に，学校，家庭，地域の関係者が幅広く関わり，活用できる「学びの地図」としての役割を課すことを求めている。そして，その「学びの地図」としての役割が遂行できるように，次の6つの視点を明らかにし，原案の作成を求めた。

　①「何ができるようになるか」（育成を目指す資質・能力）
　②「何を学ぶか」（教科等を学ぶ意義，教科間・学校段階間のつながり）
　③「どのように学ぶか」（各教科等の指導計画の作成と実施）
　④「子供一人一人の発達をどのように支援するか」（発達を踏まえた指導）
　⑤「何が身についたか」（学習評価の充実）
　⑥「実施するために何が必要か」（理念を実現するために必要な方策）

(2) 改訂の基本方針

上述の中央教育審議会答申の 6 つの視点を受け，文部科学省は次のような 5 つの基本方針を打ち出した。

---

1. 今回の改訂の基本的な考え方
   ア 子供たちに求められる資質・能力とは何かを社会と共有し「社会に開かれた教育課程」を目指す。
   イ 知識や理解の質を更に高め，確かな学力を育成する。
   ウ 豊かな心や健やかな体を育成する。
2. 育成を目指す資質・能力の明確化
   ア「何を理解しているか，何ができるか」　　　『知識及び技能』
   イ「理解していること・できることをどう使うか」
   　　　　　　　　　　　　　　　　　　　『思考力，判断力，表現力等』
   ウ「どのように社会・世界と関わり，よりよい人生を送るか」
   　　　　　　　　　　　　　　　　　　　『学びに向かう力，人間性等』
3. 「主体的・対話的で深い学び」の実現に向けた授業改善の推進
4. 各学校におけるカリキュラム・マネジメントの推進
5. 教育内容の主な改善事項
   言語能力の確実な育成，理数教育の充実，伝統や文化に関する教育の充実，体験活動の充実，外国語教育の充実

出典：文部科学省（2017）『小学校学習指導要領 解説 図画工作編』2～5 頁。

5 つの基本方針の中でもとくに今回の改訂の核になったのが，育成を目指す資質・能力を「知識及び技能」「思考力，判断力，表現力等」「学びに向かう力・人間性等」の三つの柱に整理したことである。各教科・領域では，三つの柱をもとに目標および内容を再整理している。次に図画工作科における改訂の基本方針についてみてみる。

(3) 図画工作科における改訂の趣旨

図画工作科においては，これまでの「創造することの楽しさを感じる」ことに重点をおいた図画工作教育の成果を認めながらも，表現したり鑑賞したりする資質・能力を相互に関連させながら育成することや，生活を美しく豊かにする造形や美術の働き，美術文化についての理解を深めることについて課題を

認め，次のような2つの改訂の基本的な考え方を示した。

- 表現及び鑑賞の活動を通して，生活や社会の中の形や色などと豊かに関わる資質・能力を育成することを一層重視し，目標及び内容を改善・充実する。
- 造形的な見方・考え方を働かせ，表現及び鑑賞に関する資質・能力を相互に関連させながら育成できるよう，目標及び内容を改善・充実する。

出典：文部科学省（2017）『小学校学習指導要領 解説 図画工作編』6頁。

「生活や社会の中の形や色などと豊かに関わる資質・能力の育成」は，新学習指導要領の中でとくに重要な意味をもつ文言であり，目標の中核に位置するものと捉えることができる。

また，「造形的な見方・考え方」についても新しく登場した文言であるが，「対象や事象を，形や色などの造形的な視点で捉え，自分のイメージをもちながら意味や価値をつくりだすこと」とし，〔共通事項〕のさらなる充実を図ろうとする意図を読み取ることができる。

以上のような改訂の趣旨に沿って目標や内容の具体的な改善の要点が打ち出され，新学習指導要領 図画工作編は改訂された。ここからは，新学習指導要領の具体的な内容についてみていく。

（2）図画工作科の目標及び内容

新学習指導要領は，2017（平成29）年3月31日告示された。改訂に関しては，2018〜19年を移行期間として教科書の検定や採択・供給に当て，2020年に全面実施というスケジュールが立てられた。

(1) 図画工作科の目標

〇 教科の目標

次に示すのが，新学習指導要領 図画工作科の教科目標である。

表現及び鑑賞の活動を通して，造形的な見方・考え方を働かせ，生活や社会の中の形や色などと豊かに関わる資質・能力を次のとおり育成することを目指す。

第Ⅰ部　理論編

> (1) 対象や事象を捉える造形的な視点について自分の感覚や行為を通して理解するとともに，材料や用具を使い，表し方などを工夫して，創造的につくったり表したりすることができるようにする。
>
> (2) 造形的なよさや美しさ，表したいこと，表し方などについて考え，創造的に発想や構想をしたり，作品などに対する自分の見方や感じ方を深めたりすることができるようにする。
>
> (3) つくりだす喜びを味わうとともに，感性を育み，楽しく豊かな生活を創造しようとする態度を養い，豊かな情操を培う。

出典：文部科学省（2017）『小学校学習指導要領解説 図画工作編』9頁。

　現行の目標に比べると，「教科の目標」に関する文字数が格段に増えているのが印象的である。

　今回の改訂の大きなポイントは，育成する資質・能力の明確化であるが，資質・能力を「知識及び技能」「思考力，判断力，表現力等」「学びに向かう力，人間性等」の三つの柱として捉え，整理しているのである。記述については，まず最初に図画工作科で育てるべき資質・能力をあげ，三つの柱それぞれについて，それらの育て方を具体的に示している。目標の分量が格段に増えているのは，その整理の仕方に起因している。

　以下に，教科目標の文節を追いながら内容について分析する。

　「表現及び鑑賞の活動を通して」という書出しは現行と変わらない。表現と鑑賞は表裏一体の関係にあって，この2領域を通して子どもに資質・能力を育てていくことを確認している。

　「造形的な見方・考え方を働かせ」は，今回新たに登場した文言である。解説では，造形的な見方・感じ方を「感性や想像力を働かせ，対象や事象を，形や色などの造形的な視点で捉え，自分のイメージをもちながら意味や価値をつくりだすこと」と定義しているが，活動や作品をつくりだすことは，自分にとっての意味や価値をつくりだすことであり，自分自身をつくりだすことであるということを示唆している。

　最後に「生活や社会の中の形や色などと豊かに関わる資質・能力を次のよう

に目指す」と結んでおり、抽象的で曖昧な言葉ではなく、図画工作科で育成を目指す資質・能力を具体的かつ明確に示したことに、新指導要領の大きな意義を認めることができる。「何を目指して授業をするのか」について、図画工作科教育の目的を具体的に意識し、授業を展開することが求められる。

次は教科目標(1)～(3)についてみていく。

○ **教科目標(1)について**

(1)は、三つの柱の1番目の「知識及び技能」に対応している。

「対象や事象を捉える造形的な視点について自分の感覚や行為を通して理解する」は、知識に関する内容になっている。「造形的な視点」とは、「形や色など」「形や色などの感じ」「形や色などの造形的な特徴」のことを指しているが、単にこれらを暗記するような知識として習得するのではなく、自分の感覚や行為を通して体得し、理解していくことが重要になる。

「材料や用具を使い、表し方などを工夫して、創造的につくったり表したりすることができるようにする」は、技能に関する内容になっている。「材料や用具を使い」については、「内容の取扱い」に学年に応じて示されているが、材料や用具を使いながら自分の思いをもとに活動を充実させ、自分らしくつくったり、表したりする技能を獲得させることが大切である。現行の指導要領の「創造的な技能」は、「材料や用具を用いたり、表現方法をつくりだしたりするなど、自分の思いを具体的に表現する能力」と定義されているが、改訂の「技能」も、教えられたことをきちんと再現するような技能ではなく、創造的な技能であることを確認しておく必要がある。

○ **教科目標(2)について**

(2)は、三つの柱の2番目の「思考力、判断力、表現力等」に対応している。

「造形的なよさや美しさ、表したいこと、表し方について考え」は、「A　表現」「B　鑑賞」の双方に関係する資質・能力で、子どもがさまざまな対象や事象に関わり、「思考力、判断力、表現力等」を働かせていくことを示している。「創造的に発想や構想をしたり」は、「A　表現」を通して育成するもので、「自分にとって新しいものやことをつくりだすように発想や構想をする」ことを示

している。「作品などに対する自分の見方や感じ方を深めたりすることができるようにする」は、「B 鑑賞」を通して育成するもので、「作品などのよさや美しさなどを感じ取ったり考えたりし、自分の見方や感じ方を深め、自分なりに対象や事象を味わう」ことを示している。

○ 教科目標(3)について

(3)は、三つの柱の3番目の「学びに向かう力・人間性等」に対応している。

「つくりだす喜びを味わうとともに」は、1998（平成10）年から目標に位置づけられ、「子どもから立ち上げる図画工作科教育」のキーワードともいえる文言である。感性を働かせながら作品などをつくったり見たりすることそのものが、児童にとっての喜びであり、楽しみであることを示している。また、何かをつくりだすことは、自分自身をもつくりだすことであり、そこに本来の深い「つくりだす喜び」があるということも示唆している。

「感性を育み」は、現行の目標にも「感性を働かせながら」という文言で入っているが、「様々な対象や事象を心に感じ取る働きであるとともに、知性と一体化して創造性を育む重要なものである」として、「児童の感覚や感じ方を一層重視する」ことを明確化している。

「楽しく豊かな生活を創造しようとする態度を養い」は、「形や色などに能動的に関わり、夢や願いをもち、心楽しく豊かな生活を自らつくりだそうとする態度を養う」ことを示しており、改訂の柱ともいうべきものである。

「豊かな情操を培う」の「情操」は、「美しいものや優れたものに接して感動する、情感豊かな心」とされるが、図画工作科の学習を通して、よりよく生きようとする児童の全人的な調和的な成長・発達をねらいとしていることを示している。

(2) 学年の目標

学年の目標は、教科の目標を受け、第1・2学年、第3・4学年、第5・6学年と、2学年ごとにまとめられた具体的な目標である。表Ⅰ-1-1を参照しながら次の内容を確認する。

低・中・高学年の目標は、三つの柱それぞれについて次のように示されている。

第1章　図画工作科教育の目的

表Ⅰ-1-1　各学年の目標

	第1学年及び第2学年	第3学年及び第4学年	第5学年及び第6学年
知識及び技能	(1) 対象や事象を捉える造形的な視点について自分の感覚や行為を通して気付くとともに、手や体全体の感覚などを働かせ材料や用具を使い、表し方などを工夫して、創造的につくったり表したりすることができるようにする。	(1) 対象や事象を捉える造形的な視点について自分の感覚や行為を通して分かるとともに、手や体全体を十分に働かせ材料や用具を使い、表し方などを工夫して、創造的につくったり表したりすることができるようにする。	(1) 対象や事象を捉える造形的な視点について自分の感覚や行為を通して理解するとともに、材料や用具を活用し、表し方などを工夫して、創造的につくったり表したりすることができるようにする。
思考力、判断力、表現力等	(2) 造形的な面白さや楽しさ、表したいこと、表し方などについて考え、楽しく発想や構想をしたり、身の回りの作品などから自分の見方や感じ方を広げたりすることができるようにする。	(2) 造形的なよさや面白さ、表したいこと、表し方などについて考え、豊かに発想や構想をしたり、身近にある作品などから自分の見方や感じ方を広げたりすることができるようにする。	(2) 造形的なよさや美しさ、表したいこと、表し方などについて考え、創造的に発想や構想をしたり、親しみのある作品などから自分の見方や感じ方を深めたりすることができるようにする。
学びに向かう力、人間性等	(3) 楽しく表現したり鑑賞したりする活動に取り組み、つくりだす喜びを味わうとともに、形や色などに関わり楽しい生活を創造しようとする態度を養う。	(3) 進んで表現したり鑑賞したりする活動に取り組み、つくりだす喜びを味わうとともに、形や色などに関わり楽しく豊かな生活を創造しようとする態度を養う。	(3) 主体的に表現したり鑑賞したりする活動に取り組み、つくりだす喜びを味わうとともに、形や色などに関わり楽しく豊かな生活を創造しようとする態度を養う。

出典：文部科学省（2017）『小学校学習指導要領解説 図画工作編』18頁。

　「知識及び技能」において、第1・2学年の目標は「対象や事象を捉える造形的な視点について自分の感覚や行為を通して気付く」であり、「気付く」という言葉を使っているが、第3・4学年になると「分かる」、第5・6学年では「理解する」となり、発達段階に応じて知識および技能の深化を目指している。

　「思考力、判断力、表現力等」においては、第1・2学年の目標は「楽しく発想や構想をしたり」であり、「楽しく」という言葉を使っているが、第3・4学年では「豊かに」、第5・6学年では「創造的に」へと変わり、捉え方の深まりを目指している。また、鑑賞の対象については、第1・2学年では「身の周り

の作品」，第3・4学年では「身近にある作品」，第5・6学年では「親しみのある作品」と，次第に鑑賞の対象が広がっていくように段階的に示されている。

「学びに向かう力，人間性等」においては，第1・2学年では，「楽しく表現したり鑑賞したり」として「楽しく」という言葉を用いているが，第3・4学年では「進んで」，第5・6学年では「主体的に」という言葉を使い能動的な授業への態度を目指している。また，第1・2学年では「楽しい生活を創造しようとする態度を養う」として，「楽しい生活」という言葉を使っているが，第3・4学年では「楽しく豊かな生活」，第5・6学年では，「楽しく豊かな生活（中学年と同じ）」として，学年が上がるごとに，「楽しさ」「豊かさ」を実感できる生活や態度を目指している。

(2) 図画工作科の内容

図画工作科の内容領域は，現行と変わらず表Ⅰ-1-2に示すような2領域3項目と共通事項で構成されている。

内容領域については現行と変わらないものの，表記の仕方は大きく変わっている。表Ⅰ-1-3を参照しながら，その変化を確認する。

現行では「A 表現」に(1)と(2)の2つの項目を設け，表現(1)を「造形遊びをする活動」，表現(2)を「絵や立体，工作に表す活動」としているが，改訂後は，「A 表現」(1)を「発想や構想に関する項目」として育成する「思考力，判断力，表現力等」を事項として示し，「A 表現」(2)を「技能に関する項目」として育成する「技能」を事項として示している。そして，それらの項目ごとに，「ア 造形遊びをする活動」「イ 絵や立体，工作に表す活動」の2つの内容領域を示している。

表Ⅰ-1-2　図画工作科の内容領域

領域		
	A 表現	ア 造形遊びをする活動
		イ 絵や立体，工作に表す活動
	B 鑑賞	ア 鑑賞をする活動
共 通 事 項		

出典：文部科学省（2017）『小学校学習指導要領 解説 図画工作編』19頁をもとに筆者作成。

表 I-1-3　教科の目標と学年の目標および内容構成の関連

教科の目標	学年の目標（2学年ごと）	内容の構成（2学年ごと）			
表現及び鑑賞の活動を通して，造形的な見方・考え方を働かせ，生活や社会の中の形や色などと豊かに関わる資質・能力を次のとおり育成することを目指す。	(1)「知識及び技能」に関する目標	(1) 各学年における，「知識及び技能」に関する目標	領域	A 表現	項目	事項
					(1) 表現の活動を通して，発想や構想に関する右の事項を身につけることができるよう指導する。	ア 造形遊びをする活動を通して育成する「思考力，判断力，表現力等」 イ 絵や立体，工作に表す活動を通して育成する「思考力，判断力，表現力等」
	(2)「思考力，判断力，表現力等」に関する目標	(2) 各学年における，「思考力，判断力，表現力等」に関する目標			(2) 表現の活動を通して，技能に関する右の事項を身につけることができるよう指導する。	ア 造形遊びをする活動を通して育成する「技能」 イ 絵や立体，工作に表す活動を通して育成する「技能」
	(3)「学びに向かう力，人間性等」に関する目標	(3) 各学年における，「学びに向かう力，人間性等」に関する目標		B 鑑賞	(1) 鑑賞の活動を通して，右の事項を身につけることができるよう指導する。	ア 鑑賞する活動を通して育成する「思考力，判断力，表現力等」
				〔共通事項〕	(1)「A表現」及び「B鑑賞」の指導を通して，右の事項を身に付けることができるよう指導する。	ア 「A表現」及び「B鑑賞」の指導を通して育成する「知識」 イ 「A表現」及び「B鑑賞」の指導を通して育成する「思考力，判断力，表現力等」

出典：文部科学省（2017）『小学校学習指導要領 解説 図画工作編』19頁。

第Ⅰ部 理論編

　これらの表記の事項の背景には，子どもに育成する資質・能力にスポットを当てる新学習指導要領の方向性が色濃く出ている。現行では，まず内容があり，そのなかで，どのようにして子どもの資質・能力を育てていくかと考えていたが，改訂では，まず子どもに育成するべき資質・能力をあげ，それを育成するために，各事項（内容領域）でどのような授業を展開するかの検討を求めている。教科書にある題材を教えるという意識から，題材を通して，子どもに資質・能力を育てていくという授業に対する意識の転換が求められているのである。

〇「Ａ 表現」について
　「Ａ 表現」は，児童が進んで形や色，材料などに関わりながら，つくったり表したりする造形活動を通して，「技能」「思考力，判断力，表現力等」の育成を目指している。「Ａ 表現」の内容項目は，「ア 造形遊びをする活動」「イ 絵や立体，工作に表す活動」の２つに分かれている。

「ア 造形遊びをする活動」
　遊びのもつ能動的で創造的な性格を学習として構成した活動で，身近にある自然物や人工の材料等の形や色などから思いついた造形活動を行うものである。造形遊びの特徴は，造形の最初に表すもののテーマや活動の目的があるのではなく，材料やその形や色などに働きかけることから，いろいろな発想が生まれ，造形が始まり，展開していくことである。造形遊びは，始めから具体的な作品をつくることを目的とせず，活動の過程を重視するところに大きな特徴がある。

「イ 絵や立体，工作に表す活動」
　感じたこと，想像したこと，見たことなどから児童が表したいことを絵や立体，工作に表すものである。自分の表したいことを，形や色，イメージなどを手がかりに，材料や用具を使ったり，表し方などを工夫したりしながら作品に表していく。絵や立体，工作に表す活動の特徴は，自分の表したいもののテーマや活動の目的が始めにあって，それをもとに自分の表現を追求していくところにある。

「ア 造形遊びをする活動」と「イ 絵や立体，工作に表す活動」の大きな違いは，前者は，結果的に作品になることもあるが，はじめから具体的な作品をつくることを目的にせず，後者は，およそのテーマや目的をもとに作品をつくり上げていくところにある。

○「B 鑑賞」について

「B 鑑賞」は，児童が自分の感覚や体験などをもとに，自分たちの作品や親しみのある美術作品などを見たり，自分の見方や感じ方を深めたりする鑑賞活動を通して，「思考力，判断力，表現力等」の育成を目指すものである。鑑賞活動において重要なことは，美術作品に対する単なる知識や理解を求めるのではなく，あくまでも「児童が作品などに対する自分の見方や感じ方を深める」ことを目指すことである。

○〔共通事項〕について

〔共通事項〕は，表現および鑑賞の活動において共通に必要となる資質・能力のことである。児童は表現や鑑賞の活動のなかで，形や色などの造形的な特徴を理解したり，自分なりのイメージをもったりするが，〔共通事項〕は，その資質・能力を確認・整理し，指導のねらいとするために現行の学習指導要領から設けられた事項である。育成する資質・能力にスポットを当てる改訂学習指導要領では，この〔共通事項〕は，とりわけ重要な意味をもつが，「知識」と「思考力，判断力，表現力等」の２つの観点で次のように整理されている。

- 〔共通事項〕(1)「ア/自分の感覚や行為をもとに，形や色などの造形的な特徴を理解すること」などを，「知識」として位置づける。
- 〔共通事項〕(1)「イ/形や色などの造形的な特徴をもとに，自分のイメージをもつこと」などを「思考力，判断力，表現力等」として位置づける。

次頁の表Ⅰ-1-4は各学年〔共通事項〕の内容を表にまとめたものである。

図画工作科の内容領域は現行と変わらないが，三つの柱の資質・能力をどのように高めていくかを具体的に考え，授業実践を重ねることが重要である。

表 I-1-4　各学年〔共通事項〕の内容

(1) 「A/表現」及び「B/鑑賞」の指導を通して，次の事項を身につけることができるよう指導する	
ア　児童が自らの感覚や行為を通して，形や色などの造形的な特徴を理解すること 「知識」	
低学年	自分の感覚や行為を通して，形や色などに気付くこと
中学年	自分の感覚や行為を通して，形や色などの感じが分かること
高学年	自分の感覚や行為を通して，形や色などの造形的な特徴を理解すること
イ　児童が自分のイメージをもつこと 「思考力，判断力，表現力等」	
低学年	形や色などをもとに，自分のイメージをもつこと
中学年	形や色などをもとに，自分のイメージをもつこと
高学年	形や色などの造形的な特徴をもとに，自分のイメージをもつこと

出典：文部科学省（2017）『小学校学習指導要領 解説 図画工作編』32〜34頁をもとに筆者作成。

（3）指導計画の作成と内容の取り扱いについて

（1）指導計画作成上の配慮事項

　指導計画は，教科の目標や各学年の目標の実現を目指して，各学年の指導の充実を図るために，年間計画や指導内容の選択，題材の設定などを検討し，創意工夫して作成されなければならない。また，学習の基盤となる資質・能力や現代的な諸課題に対応して求められる資質・能力の育成のために，教科横断的な学習を充実させることや，「主体的・対話的で深い学び」の実現に向けた授業改善を，単元や題材などについて内容や時間のまとまりを見通して行われることが求められている。指導計画の作成にあたり，9つの配慮事項が示されている。

　そのなかでも今回の改訂のキーワードのひとつともなった「主体的・対話的で深い学びの実現に向けた授業改善」については，次のような配慮事項が示されている。

　　主体的に学習に取り組めるよう学習の見通しを立てたり学習したことを振り返ったりして自身の学びや変容を自覚できる場面をどこに設定するか，対話によって自分の考えなどを広げたり深めたりする場面をどこに設定するか，学びの深まりをつくりだすために，児童が考える場面と教師が教える場面をどのように組み立てるか，

> といった視点で授業改善を進めることが求められる。
>   特に深い学びの鍵となるのが,「造形的な見方・考え方」である。児童が,感性や想像力を働かせ,対象や事象を,形や色などの造形的な視点で捉え,自分のイメージをもちながら意味や価値をつくりだす授業を目指さなければならない。

出典：文部科学省（2017）『小学校学習指導要領 解説 図画工作編』104頁。

以上のように,そこには具体的な授業構築の指針が示されており,配慮事項に留意しながら指導計画を作成することが求められている。

(2) 内容の取り扱いと指導上の配慮事項

表現および鑑賞の授業を行う際の内容の取り扱いと指導上の配慮事項が示されている。材料・用具の扱いや指導法などといった,実際に授業を実施するときの11の具体的な内容や留意点が示されており,授業構築の方向性を示している。

なかでも⑤の「互いのよさや個性などを認め尊重し合うようにする指導」に関する解説では,「主体的・対話的で深い学び」に子どもを導く教師の方策や構えについて言及している。そこからは,「みんなちがって,みんないい」という図画工作における授業のイメージが浮かび上がってくる。

>   個性も,周りの友人達との関係性の中で気付くものである。友人の作品や活動に目が向くようにしたり,友人との交流の場面を設定したりするなどして,児童が自分や友人のよさや個性などに気付くようにすることが大切である。
>   そして,それを尊重し合うようにするためには,教師が日頃から一人一人の児童のよさや個性などを認め尊重することが重要である。児童は,自分のよさや個性が教師から大切にされていると実感し,友人のよさや個性も大切にするようになる。よさや個性には違いがあり,どれも大切にされるべきものなのだということに気付くようにすることが重要である。

出典：文部科学省（2017）『小学校学習指導要領 解説 図画工作編』117頁。

このように,実際の授業構築の具体的な指針が示されている。「小学校学習指導要領解説　図画工作編」を傍に置き,自分が目指すべき授業について深く考えてほしい。

第Ⅰ部 理論編

引用・参考文献

アントニオ・マティルデ・ムスキス・ペレス・セオアーネ著,アントニオ・ベルトラン監（2000）『アルタミラ洞窟の壁画』岩波書店，59～87頁。

降旗 孝（2015）『図画工作・美術への〔意欲〕・〔苦手意識〕の実態と考察』山形大学紀要 16巻2号，110～118頁。

降旗 孝（2016）『図画工作・美術への〔苦手意識〕解消の試みと成果』山形大学紀要 16巻3号，191～203頁。

国立教育政策研究所（2005）『学習に対する意識調査』。(http://www.nier.go.jp/kaihatsu/ongakutou)

千住 博（2003）『NHK 人間講座』「美は時を超える」日本放送出版協会。

宮脇 理監（2002）『美術科教育の基礎知識』建帛社，164頁。

文部科学省（2005）『義務教育に関する意識調査』「教科等の好き嫌い」。(http://www.mext.go.jp/b_menu/shingi/chukyo/.../039/.../004.htm)

文部科学省（2017）『小学校学習指導要領 解説 図画工作編』日本文教出版，2～5，6，9，18，19，32～34，104，117頁。

──学習の課題──

(1) 小学校の中・高学年から多くの児童が絵画に対して苦手意識をもつ理由について，ローウェンフェルドの描画分類をもとに考えてみよう。

(2) 新学習指導要領の目標にある「生活や社会の中の形や色などと豊かに関わる」ことのできる題材や授業形態を具体的に想起してみよう。

【さらに学びたい人のための図書】

V. ローウェンフェルド（1995）『美術による人間形成』黎明書房。
　⇨正しく統合された健全な人格の形成が教育の究極の目標であるが，その目標に対して美術教育がいかなる役割を果たすべきかを説いている。

エリオット W. アイスナー（1986）『美術教育と子どもの知的発達』黎明書房。
　⇨美術教育に理論的根拠を与え，美術作品の創造と子どもの知的発達との関連性について論じている。

日野原重明（2004）『アートでいきいき』実業之日本社。
　⇨医療はひとの「体」に，絵画や彫刻はひとの「心」にタッチするアートだとして，豊かに生きるために，アートはなくてはならないものだと説いている。

（波多野達二）

第2章 図画工作科における評価

> **この章で学ぶこと**
>
> 　教育は，子ども個々の全人的な成長・発達を目指し，生涯を豊かに生き，自己実現していくために必要となる資質や能力を培い，育む計画的な営みのことである。学ぶ子どもの側からは，「評価」は序列づけなどと否定的に捉えられることもあるが，本来は上述した教育の目的を目指した教育活動についての成果を検証し，さらなる教育の改善や向上へのフィードバックをねらいとしたものである。この章では，評価本来の意味と評価の種類，図画工作科の授業における評価の観点やあり方などについて学んでいくこととする。

1　評価の意味

(1) 授業理論による評価

(1) 教師の役割

　授業における教師の役割については，次の3点があげられる。1点目は，「教師から子どもへの情報の提示」である。主なものは教育内容の提示で，目標やめあての提示，資料の提示，説明や師範，演示等の情報伝達なども含まれる。2点目は，「一定の学習をさせるために子どもの行動を制御し，学習活動を喚起させること」である。制御には，指示や命令，注意や誘導などがあり，子どもの行動喚起には，発問や質問，要求，間合いなどがある。3点目は，「教師の評価の働き」である。子どもに対するものと教師自身に対するものの2つがあり，前者は，教師の期待する方向で学習が成立したかどうかを子どもに知らせる結果の知識（KR；knowledge of results，知的情報と情的情報の喚起）という学習行動への評価である。後者は，授業や指導などの教育活動に関する教

師自身の自己評価である。

子どもと協働し，授業を展開していくうえで教師が担う役割は，教育の内容を提示し，学習活動を制御・喚起するのみならず，それらを知的側面ならびに達成感や成就感，以降の学習への動機を高めるなどの情意的側面に関する評価を合わせて行うことである。

(2) 授業の構造における評価

授業とは，教材を用いて教師と子ども，子どもどうしの言語・非言語的コミュニケーションを中心に，一定の目標を目指して営まれる社会的相互作用と定義される。つまり，「授業の三角形モデル」（図Ⅰ-2-1）が示すように，授業は子ども，教師，教材がそれぞれ密接に関わり合い成立するものである。したがって，教育方法は，「教授（指導する）― 学習（学ぶ）」の方法を意味し，教育活動は教育の内容を離れてはあり得ないが，それは教育方法が教育目標に従属した関係にあり，教育目標を実現するための手段であることに由来している。教育活動や教育実践において教育方法と教育内容は，常に表裏一体の関係にあり，一方を欠いて独自に機能することはない。

また，授業は次の4つの要素で構成される。

- 教育目標に沿って教えねばならないものを実際に学ぶ内容とした「教科内容」
- 教えねばならないものを教えたいものにした「教材・教具」
- 教えたいものを学びたいものにするための教授行為・学習形態である「授業展開」
- 学んだことに値打ちづけをする教育評価としての「指導的評価活動」

図Ⅰ-2-1 「授業の三角形モデル」

出典：荒木編（1993）『新時代の教育の方法を問う』北大路書房，2頁。

つまり，教師の役割は，教育として「教えねばならないもの」を，教師が「教えたいもの」に，さらに子どもが「学びたいもの」にし，学んだものを価値あるものとして「値打ちづける」という関係づくりをしていくことである。

　教育目標，教材・教具の存在が教授行為・学習形態のあり方を規定していくのであるが，規定とは教育目標，教材・教具のあり方から自動的に教授行為・学習形態のあり方が導き出されるということではない。それぞれの要素には，相対的に独自の側面による課題の捉え方がある。そのため，計画性のある指導を組み立てる場合や，教授行為・学習形態などを考えていくうえでは，教育目標から教育評価までをひとつのつながりとして捉えながらも，それぞれの側面を区別し，分析的に評価することで，はじめて授業における問題点が浮かび上がり，改善することが可能となる。

（2）評価について

(1) 評価の意味と目的

　評価については，論者により「教育評価」「指導的評価活動」とさまざまな用語を用いているが，それらは同様の意味を表すことから，本章では以降，総称として「評価」とする。

　評価の目的は，授業設計時のさまざまな判断（目標設定と教材選定等の妥当性や指導計画，時間配分など）と実施時の教授法や指導を振り返り，次の授業設計へとつなぐこと（フィードバック）にある。日常的には，教師自身の印象評価や子どもとのやりとり，ノートや提出物，レポートやテスト，作品など多様な手段により実施される。次に評価の種類とその方法について述べる。

(2) 評価の種類

【目的による分類】

　評価の種類は，目的や分類の仕方によって異なる。

　評価の目的による分類としては，集団に準拠した評価である「相対評価」，目標に準拠した評価である「絶対評価」とがある。相対評価とは評価の対象となる集団における得点の分布状況から個々の得点等を位置づける評価の方法で，

第Ⅰ部 理論編

表Ⅰ-2-1 診断的評価, 形成的評価, 総括的評価

評価の種類	評価の時期	評価基準設定の観点	評価の方法（例）
診断的評価	入学当初, 学年当初教材計画をたてる前	学習の前提となる諸事項について行う 前学年までに既習した基本的指導事項についての到達目標のうち基本性の定着度をみる	・発問応答 ・ペーパーテスト ・アンケート ・作文など
授業における形成的評価	授業の過程	授業過程における教材のねらいを達成したかどうかをみる (1) 基本性の学力について行う (2)「教材の目標（達成目標）」と「到達目標」との関係を明らかにする	生徒の実態, 授業の内容形態により多様 ・教師の観察・発問応答 ・教師の巡回・作業点検 ・グループ学習による相互評価 ・ペーパーテスト ・感想文 ・自己（相互）評価 ・発表またはレポート
基本的指導事項を単位とした授業の終了時点での総括的な評価	基本的指導事項の終了時点（中間テスト時, 期末テスト時の定期テストにあわせると負担が少ない）	1. 基本的指導事項のすべてについて ・学力の基本性 ・学力の発展性 2. 到達目標の学力要素を踏まえて評価する 結果としての知識のつめこみ状態を評価することのないように留意する	・ペーパーテスト ・自己評価
学年末総括的評価	学年末	当該学年の全基本的指導事項を教育目標・学年目標に照らして行う (1) 全基本的指導事項の到達目標を総体として学力要素に分けて評価 (2) ア．学年末でなければ評価できない総合力をみる イ．次学年の学習にとって基礎として欠かせない事項, もしくはその学年で学習したことの中でとくに基本的・基礎的なものとして欠かせない事項について	・ペーパーテスト ・自己評価 ・評価記録総括

出典：荒木編（1993）『新時代の教育の方法を問う』北大路書房, 34頁。

絶対評価とは個々の子どもの学習すべき内容の到達度・理解度・習熟度を測るものである。したがって，教育の目的に合致した評価ならびに評価の目的にあった活用が求められるのである。

【機能による分類】

評価は，毎回授業の終わりに行うということではなく，常に子どもの実態を捉えながら，かつ確認をしながら，適切な学習活動となるよう，さまざまな時期に多様な観点から行うことが必要である。そうした点から評価活動は，診断的評価，形成的評価，総括的評価の3つに分類される。表Ⅰ-2-1はそれぞれの評価の種類，評価の時期，評価基準設定の観点，評価の方法の例を示したものである。

なかでも，形成的評価は，授業の節目においてスモールステップによる評価を実施することで，すべての子どもの学習の完全習得を目指していくことを目的としている。形成的評価は，教育活動における評価の本来の意味を最も典型的に表しており，授業の過程において教師の指導活動と子どもたちの学習活動に反省を加えるものとして有効である。

(3) 評価における評定のしかた

学期末や年度末などの評価をもとに行われる評定は，基本的には次の3段階で行われる。それらは，「（A）十分満足できる」「（B）おおむね満足できる」「（C）努力を要する」である。評定の規準は，「（B）おおむね満足できる状況」をもとに尺度化したもので，（B）を超える学習状況を（A）「十分満足できる」とし，（B）が実現できていない学習状況を「（C）努力を要する」として評定する。

2　評価の基盤となる考え方と方向性

(1) 評価の根拠となる学力観

評価を考える際の根拠となるのが，どのような生き方や人間を育成するのかという人間観や，そのために必要となる資質や能力である能力観，それをどの

ように育成していくのかに関する教育観である。2017（平成29）年告示の学習指導要領は，大きな能力観，教育観の転換を目指したものである。次に，評価の観点の基盤となる，新学習指導要領の改訂の背景や，新学習指導要領が育成を目指している資質や能力，学力観などについて述べる。

(1) 学校教育の大きな転換の背景

　2017（平成29）年に保育所保育指針や幼稚園教育要領ならびに小中高等学校などにおける学習指導要領等の改訂が一斉に公示された。それぞれ所・校種において改訂（定）の背景については，それぞれの実情にあわせていろいろと説明されているものの，最も大きな要因は，国際的規模からみたわが国の生き残りをかけた国家的戦略であり，喫緊の課題である。それらは，グローバリゼーションとそれにつながる国の政策，OECD（経済協力開発機構）の示す学力観に象徴される学力の国際標準化，国の行く末や労働人口の確保，AI などに象徴される高度な技術革新の流れなど少子高齢化に伴う諸問題と国の政策，国際的な動向であるといえる。

　わかりやすくいえば，グローバル化やイノベーションがさらに進み，これまでの国のあり方では希望的な将来像を描くことができない。予測困難で不安定・不確定な時代の到来に向けて，わが国を担っていく人材の育成を視点とした改革であり，豊かな創造性や主体性をもち，困難な状況下であっても逞しく，確かな自己実現を遂げていくことのできる人間の育成を考えたものである。このような一貫した保育所・幼稚園から小中高等学校等までの保育を含めた教育改革が打ち出されたことは，これまであまり例のないことである。一貫した新たな教育への見直しを図ることにより，全人的かつ未来志向である人材の育成が期待される。とくに情操性や創造性を培うことを教科の目標とし，生活とのつながりの強い図画工作科には，大きな期待と可能性があると考える。

(2) 変化する教育の流れ

　教育課程の編成および評価の基盤となる学習指導要領について，今回の改訂の流れを整理しておく。改訂においては，「社会に開かれた教育課程」の実現のために「何ができるようになるか」「何を学ぶか」「どのように学ぶか」「子

第2章　図画工作科における評価

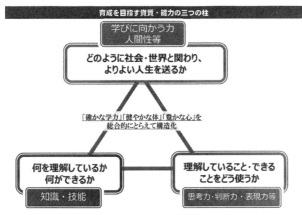

図 I-2-2　「育成を目指す資質・能力の三つの柱」
出典：文部科学省（2017）「幼稚園，小学校，中学校，高等学校及び特別支援学校の学習指導要領等の改善及び必要な方策等について（答申）補足資料」。

ども一人一人の発達をどのように支援するか」「何が身に付いたか」「実施するために何が必要か」といった点からの改善が焦点となった。それらを受けて改訂に向けては，主に次の3点について議論が重ねられた。1点目は，教育の目的である「資質・能力の育成」についてである。そこでは，保育所・幼稚園から高等学校までを一貫させた新学力観が示され，教育の目的として「資質・能力の育成」を掲げ，教育課程編成の基盤を内容（コンテンツ）と資質・能力（コンピテンシー）の調和的な育成を図ることとされた。2点目は，学校園での一貫した保育・授業方法の改革としての「アクティブ・ラーニング（問題の発見や解決に向けて主体的・協働的に学ぶ学習）」の導入についての検討である。3点目は，一貫して育成する資質・能力の三つの柱の明確化に基づき，各校種において育てる姿の明確化と評価の客観化を視野に入れた，カリキュラムレベルでの教育の根本的な見直しとカリキュラム・マネジメントによる教育課程再編について検討された（図 I-2-2）。

以上の検討の結果を踏まえ，学校教育において「生きる力」の育成に向けて全教科等における目標および内容を「知識及び技能」「思考力，判断力，表現力等」「学びに向かう力，人間性等」の三つの柱で整理し，目指すべき「資

質・能力」が明確化された。

(3) 改革に向けた人間観・学力観

　教育改革の背景には，学校教育を通じてよりよい社会をつくるという目標を共有し，社会と連携・協働しながら，未来の担い手となる人材の育成を目指し，そのための育てるべき資質・能力などの学力観を明確にするということである。

　資質や能力を考える際の学力観には大きく2つのものがある。1つは「コンテンツ・ベイス」といわれるもので，内容（領域固有な知識・技能）を中心・基盤とした，教科や領域の一つひとつの各授業の中で累積していくような学力である。「何を，どれだけ知っているか」に関する能力に基づくものである。もう1つは，「コンピテンシー・ベイス」といわれる，「資質・能力」（思考力，意欲，社会スキルなど）を中心とした，自己調整をして取り組む意欲や，協働的に問題を解決したり，相手と交渉したりしながら問題を解決するような力である。具体的には，達成への意欲，粘り強さ，問題解決能力，自己学習力，対人関係能力，社会参画能力，コミュニケーション能力などの非認知能力を指す。つまり，「どのように問題解決を成し遂げるかに関する能力」のことである。

　今回の改訂は，保幼小から大学までを貫く人間観や資質・能力観について，単に知識・技能の習得のみならず広汎に活用される力である非認知能力の重要性への見直しから，コンテンツとコンピテンシーの調和的な育成を目指すとされている。たとえば，答えのない課題に協働して取り組み，「正解」でなく「最適解」を求め続けるような力を培っていくというのである。

(4) 学習指導要領の趣旨を反映した学習評価の基本的な考え方

　新学習指導要領の告示により，新たな教育観・能力観に基づく教育のあり方へと転換していく運びとなった。学習評価の基本的な考え方は，2020（令和2）年3月，文部科学省国立教育政策研究所より，「『指導と評価の一体化』のための学習評価に関する参考資料」が掲出され，その具体的な改訂内容が示された。

　新しい評価の基本的な考え方や評価のあり方についての基本方針は，参考資料掲出前の中教審答申「児童生徒の学習評価の在り方について」（中教審，2010, 初等中等教育課程部会報告）で示された3点の重点項目を見るとよく理解できる。

1点目は目標に準拠した評価による観点別学習状況の評価や評定の着実な実施，2点目は学力の重要な要素を示した学習指導要領の趣旨の反映，3点目は学校や設置者の創意工夫を生かす現場主義を重視した学習の評価の推進である。以上の3点が示唆することは，教科の目標と評価の整合性，着実な評価の実施と評価観点の明確化，学習指導要領に示される力の育成の徹底，子どもや学校の実態に合致した学習の評価の推進である。つまり，責任ある教育の実施は，その成果が評価によって検証されるため「何を，どのように，誰が」評価を考え，実施するかといった評価の適確性が重要となる。また，その結果が次の指導に生きてこそ評価の価値があるのである。

3　図画工作科における評価の考え方と実際

(1) 評価の基本となる事項

(1) 学習指導要領改訂を受けて

　実際に評価を理解し，計画・実施していくためには，新学習指導要領の告示によって，教科の目標，学習過程，学年の目標，学習の内容などの捉え方がどのように変更されたのかを理解しておく必要がある。

　今回の改訂において，中央教育審議会の芸術ワーキンググループでの審議により，育成を目指す資質・能力の整理，学習過程のイメージがまとめられた。学習過程のイメージについては，資質・能力を相互に関連させながら教育を展開していくことが示された。また，教科や学年の目標，内容における「A 表現」「B 鑑賞」「共通事項」も資質・能力の三つの柱で整理，構成し，記述されている。さらに，項目もこれまでの（1）造形遊びに関する項目，（2）絵や立体，工作に表す活動に関する項目を（1）表現において育成する「思考力，判断力，表現力等」（発想や構想に関する項目），（2）表現において育成する「技能」に関する項目とした。

　以上の構造・構成の変更は，資質・能力の整理を踏まえたものであるが，評価においても，表Ⅰ-2-2のように目標に示された3つの資質・能力，①知

表 I-2-2　図画工作・美術（1）評価の観点及びその趣旨〈小学校　図画工作〉

知識・技能	思考・判断・表現	主体的に学習に取り組む態度
・対象や事象を捉える造形的な視点について自分の感覚や行為を通して理解している。 ・材料や用具を使い，表し方などを工夫して，創造的につくったり表したりしている。	形や色などの造形的な特徴を基に，自分のイメージをもちながら，造形的なよさや美しさ，表したいこと，表し方などについて考えるとともに，創造的に発想や構想をしたり，作品などに対する自分の見方や感じ方を深めたりしている。	つくりだす喜びを味わい主体的に表現及び鑑賞の学習活動に取り組もうとしている。

識及び技能（知識・技能），②思考力，判断力，表現力等（思考・判断・表現），③学びに向かう力，人間性等（主体的に学習に取り組む態度）の3観点で行うこととしている。

(2) 図画工作科の評価の特色

　図画工作科においては，個性や感性などをもとに創造活動の基礎的能力を培い，豊かな情操を養うことを教科の目標とすることから，多くの場合評価の対象となる集団における得点の分布状況から個々の得点等を位置づける相対的な評価を行うことはそぐわない。そのため，絶対評価を中心に評価活動を行っていくわけであるが，狭い捉え方での画一的な知識や技術の習得などを目的とした「○○ができる」「○○について理解している」といった意味での到達度を評価するものであってはならない。子ども個々の表現および鑑賞活動の実現状況をつぶさに判断し，評価していくことが求められる。

　つまり，図画工作科の評価の特色は，子どもの活動において獲得した知識・技能が基準ラインに到達したかどうかをみるのではなく，多様性（個性）という一定の幅をもった目標を，子どもがどのように実現したのかを評価していくところにある。

(3) 評価の観点と趣旨

　詳しくは以下に示すが，実際に子どもの活動を評価するには，まず表 I-2-2に示した各学年の評価の基盤となる「評価の観点と趣旨」をよく理解することである。さらに，各学年ごと（2学年ごと）に示された「評価の観点と趣旨」を理解し，それに沿った評価規準を設定していく。

第2章　図画工作科における評価

表Ⅰ-2-3　図画工作・美術（2）学年別の評価の観点の趣旨
〈小学校　図画工作〉第3学年及び第4学年

知識・技能	思考・判断・表現	主体的に学習に取り組む態度
・対象や事象を捉える造形的な視点について自分の感覚や行為を通して分かっている。 ・手や体全体を十分に働かせ材料や用具を使い，表し方などを工夫して，創造的につくったり表したりしている。	形や色などの感じを基に，自分のイメージをもちながら，造形的なよさや面白さ，表したいこと，表し方などについて考えるとともに，豊かに発想や構想をしたり，身近にある作品などから自分の見方や感じ方を広げたりしている。	つくりだす喜びを味わい進んで表現したり鑑賞したりする学習活動に取り組もうとしている。

表Ⅰ-2-4　学習指導要領の「2　内容」

	知識及び技能	思考力，判断力，表現力等	学びに向かう力，人間性等
学習指導要領　2　内容	〔共通事項〕（1）「A表現」及び「B鑑賞」の指導を通して，次の事項を身に付けることができるよう指導する。ア　自分の感覚や行為を通して，形や色などの感じが分かること。「A表現」（2）表現の活動を通して，技能に関する次の事項を身に付けることができるよう指導する。イ　絵や立体，工作に表す活動を通して，材料や用具を適切に扱うとともに，前学年までの材料や用具についての経験を生かし，手や体全体を十分に働かせ，表したいことに合わせて表し方を工夫して表すこと。	「A表現」（1）表現の活動を通して，発想や構想に関する次の事項を身に付けることができるよう指導する。イ　絵や立体，工作に表す活動を通して，感じたこと，想像したこと，見たことから，表したいことを見付けることや，表したいことや用途などを考え，形や色，材料などを生かしながら，どのように表すかについて考えること。〔共通事項〕（1）「A表現」及び「B鑑賞」の指導を通して，次の事項を身に付けることができるよう指導する。イ　形や色などの感じを基に，自分のイメージをもつこと。	※内容には，学びに向かう力，人間性等について示されていないことから，該当学年の目標（3）を参考にする。

表Ⅰ-2-5　内容のまとまりごとの評価規準（例）

	知識・技能	思考・判断・表現	主体的に学習に取り組む態度
内容のまとまりごとの評価規準例	・自分の感覚や行為を通して，形や色などの感じが分かっている。・材料や用具を適切に扱うとともに，前学年までの材料や用具についての経験を生かし，手や体全体を十分に働かせ，表したいことに合わせて表し方を工夫して表している。	形や色などの感じを基に，自分のイメージをもちながら，感じたこと，想像したこと，見たことから，表したいことを見付け，表したいことや用途などを考え，形や色，材料などを生かしながら，どのように表すかについて考えている。	つくりだす喜びを味わい進んで表現する学習活動に取り組もうとしている。 ※学年別の評価の観点の趣旨のうち「主体的に学習に取り組む態度」に関わる部分を用いて作成する。

出典：国立教育政策研究所（2020）『『指導と評価の一体化』のための学習評価に関する参考資料〈小学校　図画工作〉』。

(4) 評価規準の設定における基本的な考え方

評価を進めていく際の詳しい手順については，以下の通りである。

先にも述べたように，まず教科目標，「評価の観点および趣旨」などの基本となる事項を確認することから始まる。次に，該当する学年の「学年目標」や「評価の観点の趣旨」をおさえ，「学習指導要領の内容，内容のまとまりごとの評価規準に盛り込むべき事項」を確認する。その後，「評価規準の設定例」を参考に，「題材の評価規準」を作成していく。その際，題材の目標，内容，活動等に応じて3つの観点（「知識・技能」「思考・判断・表現」「主体的に学習に取り組む態度」）の趣旨を生かしながら適切な評価規準を設定する。題材におけるそれぞれの学習活動が，どのような資質や能力を育成するのかを明確に位置づけることが重要であり，国立教育政策研究所教育課程研究センターが示している「『指導と評価の一体化』のための学習評価に関する参考資料〈小学校　図画工作〉」における「内容のまとまりごとの評価規準例」などを参考にして題材の評価規準を設定していく。

表Ⅰ-2-3～5に第3～4学年の「絵や立体，工作に表す活動」の評価規準作成における参考資料を掲出した。評価規準作成に当たっては，まず初めに表Ⅰ-2-3「学年別の評価の観点の趣旨」を確認し授業の目標を明確にする。次に表Ⅰ-2-4「学習指導要領の『2　内容』」を確認し，指導内容についての理解を深め内容を整理する。そして，表Ⅰ-2-5「内容のまとまりごとの評価規準（例）」を基に第3～4学年の絵や立体，工作における評価規準の骨子を意識しながら，これから実施する絵や立体・工作題材の評価規準を作成する。

なお，評価の具体例については，本書において事例等を扱った箇所で触れているので参照してほしい。

(5) 幅をもたせた評価規準の設定

評価基準の考え方には，着目する範囲の違いから「線的な評価規準」と「面的な評価規準」がある。線的な評価規準とは，色を見つけて選び，線からはみ出さないようにていねいに着色し，塗り残しをつくらないように表すなどの色に関するような部分的な評価のことである。それに対し，面的な評価規準とは，自分で

つくった色を水の量を変えて着色するなど，いろいろな色づくりをし，それを生かし，表し方を工夫するなど，いくつかの状況を想定し，幅をもたせて行うような評価のことである。したがって，図画工作科においては，教科の特性から多様性という幅をもたせた評価規準である「面的な評価規準」を重視する必要がある。

引用・参考文献
荒木紀幸編（1993）『新時代の教育の方法を問う』北大路書房。
板良敷敏編（2002）『小学校図画工作科 基礎・基本と学習指導の実際——計画・実践・評価のポイント』東洋館出版。
岡田京子（2017）「新学指導要領とこれからの図画工作科，美術科」『教育美術』教育美術振興会。
梶田叡一（1986）『形成的評価のために』明治図書。
国立教育政策研究所教育課程研究センター（2020）「『指導と評価の一体化』のための学習評価に関する参考資料〈小学校 図画工作〉」。
中央教育審議会（2010）「児童生徒の学習評価の在り方について」。
中央教育審議会（2016）「芸術ワーキンググループの審議」。
文部科学省（2017）『幼稚園，小学校，中学校，高等学校及び特別支援学校の学習指導要領等の改善及び必要な方策等について（答申）補足資料』。
文部科学省（2017）『小学校学習指導要領解説 図画工作編』。

学習の課題

子どもの自由な表現に対する評価のあり方について，グループワークを通して深めてみよう。
① あなたは子どもの自由な表現をどのように評価するのがよいと思いますか。子どもの制作した作品を用意し，それをもとに評価のあり方について，あなたの考えの根拠を明確にしながらまとめてみよう。
② ①をもとにグループ内で意見交換し，交流してみましょう。

【さらに学びたい人のための図書】
E. W. アイスナー（仲瀬律久他訳）（1986）『美術教育と子どもの知的発達』黎明書房。
　⇨美術教育の意味を子どもの知的発達を基盤にしながら，そのあり方について詳細に述べられている。教育評価の第一人者である筆者が，教育の計画・実施・評価について，さらに美術教育のあり方について丁寧に示している。

（三宅茂夫）

第3章 指導計画および学習指導案の作成

この章で学ぶこと

　授業を通して，教科の目標や各学年の目標の実現を図り，子どもの資質や能力を高めていくには，有機的で緻密な指導計画の作成が必要である。本章では，図画工作における指導計画の核となる年間指導計画と学習指導案の作成について考える。とくに，学習指導案は，教師が自らの学習指導の計画を文章化，図式化したもので，授業の設計図のようなものである。子どもの資質や能力を高めていく授業について深く考え，学習指導案を書き上げていく力を身につける。

1　指導計画の作成

（1）年間指導計画の作成

　学習指導は，子どもをよりよく成長させる教師による意図的・計画的な営みである。授業を構想するにあたっては，学習指導要領の内容を踏まえ，題材を吟味し，構成を検討しながら，指導計画を作成することが重要である。

　指導計画には，年間指導計画，学期計画，月間計画，週案，日案などさまざまあるが，図画工作科の場合，年間指導計画の作成は，とくに重要である。年間を通しての題材の配列や時間配当を考えるのであるが，たとえば，学年の初めには仲間意識を育てるためにこの題材を扱って，外で遊べずストレスのたまる梅雨時季にはのびのび体を動かせる粘土題材を扱って，絵画の題材の後には工作の題材を配置してというように，子どもを取り巻くさまざまな事情や心理面，行動の傾向までを見通しながら年間指導計画を作成する。

　年間指導計画を考えるにあたって，まず，おさえておかねばならないことは，

表Ⅰ-3-1　図画工作科　年間授業時数（45分単位時間の回数）

1学年	2学年	3学年	4学年	5学年	6学年
68	70	60	60	50	50

出典：筆者作成。

年間の授業時数である。学年の授業時間は，表Ⅰ-3-1のようになる。それによると，学年が上がるごとに授業時数が大幅に削減されていることがわかる。低学年を1とすると，高学年では4分の1程度が削られたことになる。低学年では，週当たり2時間連続の授業を1回組むことができるが，高学年においては，週当たり2時間連続の授業を毎週組むことは不可能である。高学年の場合，学期ごとに週当たり配当時間を変えたり，授業実施可能週をA週，B週に分け，A週は1時間，B週は2時間と週により授業時間を変えている例もある。表現領域の授業の場合，1時間の授業時間というのは，非常に扱いにくく，準備をしたらすぐに後始末ということにもなりかねない。そこで，学校の年間行事予定などとも照らし合わせ，行事の前や学期末などに授業を実施しない週をつくったりしながら，できる限り2時間連続の週を増やし活動の時間を保障したり，1時間の授業の折には，鑑賞の授業を組み込んだりというように，時間を有効に活用できるようなやりくりをしていくことが必要になってくる。

　年間指導計画を立てる場合には，教科書出版会社がウェブサイト等に掲載している学年ごとの年間指導計画例などを参考にするのが効果的である。各社とも，いくつかの例を示しているので，地域や学校・学級・児童の実態に合わせ，また，第1章で解説した「指導計画の作成と内容の取り扱い」に留意しながら組み立てていくようにする。

　また，年間指導計画に配列したそれぞれの題材に，学習目標，学習内容，評価の観点，準備物などを書き込み表にまとめる指導計画も作成する。教科の目標や各学年の目標の実現を目指し，各学年の指導の充実を図るとき，指導計画の作成は，教師に大きな力を与えてくれる。

第Ⅰ部 理論編

2　学習指導案の作成

（1）授業の構想と学習指導案

　年間指導計画を立て，題材の配列が決まったら，次に，一つひとつの授業を構想し計画していくことが必要になる。ここでは，学習指導案を書くということとを念頭におき，『題材設定の理由』の「児童観」「教材観」「指導観」にスポットを当てながら，授業を構想するということについて考えてみたい。

　授業を構想するときに，まず授業者が大切にしなければならないことは，「子どもをよく知る」ということである。子どもの発達段階上の造形活動の特質はどうか，これまでどのような造形活動を経験してきたか，造形に関して興味や関心をもっている事柄は何か，道具などを扱う技能の実態はどうかなどを詳しく丁寧に分析することが必要である。この子どもに対する考察を，学習指導案「題材設定の理由」の「児童観」として書き込んでいくのである。

　「題材設定の理由」の記述においては，「児童観」を最初に書くことが一般的であるが，このこともまず子どもをよく理解し，「子どもから立ち上げる授業」を目指そうという意図が表れている。

　次に，授業者は，いまから実施しようとする題材の教材について深く考えることが必要である。この教材には，こんな魅力があって，こんな部分が子どもを引きつけて，この教材を通して子どもにこんな力を育てることができる…というように教材の魅力や価値について具体的に考えるのである。この教材に対する考察を「教材観」として書き込んでいく。

　次に，授業者は，指導の方法について深く考察することが必要である。この教材を通してどのような指導をすれば，子どもが教材の価値を十分味わい，感性を働かせ，つくりだす喜びを味わい，3観点の能力を更新していけるよう具体的に考えるのである。興味・関心を高めるために材料はこのように集めさせ，発想や構想を耕すために，題材とはこのように出会わせ，創造的な技能を伸ばすために，このような技法をつかみ取らせ，鑑賞の能力を高めるために，相互

鑑賞のこの場面で友達どうし認め合う場をつくっていく…，いつも子どもを想起しながら，子どもが，教材の価値を十分に味わい，感性を働かせながらつくりだす喜びを味わうための授業の仕組みや仕掛けについて具体的に考えていくことが重要である。この指導に対する考察を「指導観」として書き込んでいく。

　子どもの資質や能力を育てるためには，このような授業研究が必須の条件になってくる。また，質の高い授業研究をしようとすると，教師自らが教材の価値をつかみ取る試作をすることが何よりも大切である。よほど経験を積んだ指導者でない限り，試作もせず質の高い授業をつくりだすことは難しい。実際にその教材の試作をし，手を動かしながら考えることによって，「この部分は，自分がつくっていても困難を感じたが，子どもたちを，このような方法で導いていこう」とか，「導入時に教材の魅力を感じ取れるようなステップを組み込もう」というように，授業に盛り込むべき仕組みや仕掛けが自然と見えてくる。

　試作を伴った深い教材研究から，授業の構想は確かなものになり，学習指導案の骨子ができあがるのである。

（2）学習指導案を書く

　学習指導案は，研究授業で授業を公開したりするときに作成することが多いが，一言でいうと，授業の設計図ということができる。自らの授業の設計図を文章化，図式化することで，客観的に自らの授業を見つめることができ，また，学習指導案を同学年や次の学年の担当教員に引き継ぐことで，教師集団の指導力を高めていくこともできる。学習指導案の書式は，時代や学校によって変化し普遍的なものはないが，最近は，次頁のような書式がよく使われている。それをもとに，1項目ずつ解説していくので参考にされたい。

第Ⅰ部　理　論　編

図画工作科学習指導案

指導者　〇〇〇〇〇

1. 対　象　　〇学年　〇組　（男子〇名　女子〇名　　計〇名）

2. 日　時　　〇〇年　〇月　〇日（〇曜日）　第〇校時

3. 場　所　　〇〇教室

4. 題材名

5. 題材設定の理由

　　〈児童観〉

　　〈教材観〉

　　〈指導観〉

6. 題材の目標

7. 題材の評価規準（表）

8. 題材の指導計画（表）

9. 本時の目標

10. 本時の展開（表）

11. 板書計画　　（図）

ここでは，書式に従って，6年生「つるして　くっきり　とびだす形」（絵や立体・工作に表す）を例に学習指導案を書く手順を追ってみる。

「つるして　くっきり　とびだす形」は，教科書題材「板を切りぬいて」（日本文教出版，2014）をもとに，児童の実態に合わせて開発した題材である。

6年生にとって，電動糸鋸で硬い板を自由に切り取ることは，適度の難易度と達成感のある魅力に溢れた造形活動である。「つるして　くっきり　とびだす形」は，電動糸鋸を巧みに使い，「組み合わせや形の面白さ」に注目しながら，「つるして飾る」作品をつくることを目的にしている。資質・能力の側面からみると，板を切り取る喜びに加え，切り取る形，切り残された形に注目させ，発想や構想の能力をさらに伸ばすこと，中抜きの方法などを学ばせ，電動糸鋸をより巧みに使いこなし，創造的な技能を伸ばすことを目的としている。

図Ⅰ-3-1に示すのが，「つるして　くっきり　とびだす形」の児童作品である。

図Ⅰ-3-1　造形活動「つるして　くっきり　とびだす形」
出典：京都教育大学附属桃山小学校　児童作品。

第Ⅰ部　理論編

　次に，学習指導案の各内容項目について具体的にみていこう。
(1) 対象　について
授業を行う対象学年・学級を書く。
〈対象〉

| 6年〇組（人数など） |

(2) 日時　について
授業を行う日時を書く。
〈日時〉

| 〇年〇月〇日（〇曜日）　3〜4校時 |

(3) 場所　について
授業を行う教室や場所について書く。
〈場所〉

| 図工室 |

(4) 題材名　について

　題材の名前であり，学習の目標や内容を児童にわかりやすく端的に示すものである。題材名は，子どもの造形活動の目的や手がかりを示すものなので，子どもの意欲をかき立て，造形活動の旗印になるような魅力的なものにする。また，題材名の後には，その題材が3領域（造形遊び，絵・立体・工作，鑑賞）のどこに位置するのかを書く必要がある。題材の位置する領域は，題材名のすぐ後に（　）内に書くことが一般的である。

　表現活動においては，題材が位置する領域によって題材名のつけ方が異なってくる。造形遊びでは，造形のゴールを子どもが決めるという領域の特性から，ゴールを限定せず，材料や行為を限定したり，場所や空間への関わり方を限定するような題材名にする必要がある。一方，絵や立体・工作では，ある程度造形のゴールを示し，テーマやイメージを想起しやすい題材名をつけることが多い。

本題材では，〈題材名〉を次のように設定した。
〈題材名〉

| つるして　くっきり　とびだす形　（絵や立体・工作に表す） |

題材名の設定にあたっては，「つるして」に引っかかる形・ぶら下がる形を「くっきり」に切り取った形・切り残された形を「とびだす形」に板を組み合わせ立体にしていくという造形上のイメージを織り込んでいる。

(5) 題材設定の理由　について

○ 児童観

児童観については，これから造形活動を行おうとする子どもたちの造形に関する資質・能力の実態を書いていく。具体的には，子どもの発達段階上の造形行動の特質，これまでの造形活動の経験，造形に関して興味や関心をもっている事柄，道具などを扱う技能の実態などを書いていく。学生など，担当する子どもがいない場合は，学習指導要領の各学年の目標の後に記述されている「この時期の児童は…」を参考にするとよい。

本題材では，次のように〈児童観〉を記述した。
〈児童観〉

> 本学級の子どもは，4年生の段階で「ギコギコ，コロコロ，たのしいなかま」という木工題材を経験している。その題材により，子どもは板や角材を鋸で切ったり，紙やすりで磨いたり，切った木片を木工ボンドで接着したりしながら，自由に立体造形する楽しさを味わっている。本題材では，木を切り取る道具が鋸から電動糸鋸に代わるが，鋸では真っ直ぐにしか切れなかったものを，電動糸鋸で自由に曲線切りできることにさらなる手応えと喜びを味わうことが予想できる。電動糸鋸の扱いについては，ほとんどの子どもが経験しておらず，安全面と扱うことの技能面で不安を感じる子どもがでることが考えられる。
> 　最近徐々にその傾向が強くなってきたが，つくりたいものがすぐに思い浮かばず，発想や構想段階で悩み，手の止まる子どもがでてくることも考えられる。
> 　高学年の子どもの特徴として，「他者に伝える」「作品をどう見せるか」というような，自分なりの工夫をして他者に伝えるという意識で造形を行う傾向が，最近強くなってきている。

第Ⅰ部　理論編

○ 教材観

　教材観は，その教材がもっている価値について書く。教材を通して学ぶことで期待できる造形表現の広がりや深まり，児童に育つであろう資質や能力について具体的に書いていく。

　本題材では，次のように〈教材観〉を記述した。

〈教材観〉

> 　本題材では，シナベニヤを電動糸鋸で自由に切り取り，切り取った形をつるしたり，組み上げたりしながら立体を造形する。この題材の魅力は，何といっても木の板を電動糸鋸で思いのままに切り取ることの楽しさである。6年生の子どもにとって，電動糸鋸を使って板を切ることは，適度な難易度と大きな達成感を与えてくれる魅力的な活動である。また，錐で板に穴を開け，その穴に刃をセットし直して切り取る中抜きという技法があるが，この技法を使いこなすことにより，切り取った形，切り残された形が浮き彫りになり，くっきりとした印象の作品をつくることができる。
> 　また，切り取った板を組み合わせることで，最初は平面的な1枚の板であったものが立体になるという，2次元から3次元への造形表現の広がりや深まりも実感させることができる。最初から完璧な完成予想図がなくとも，切り取った形や切り残された形や偶然に生まれた形から，また新たなイメージが湧き出て，次の造形につながっていくように，発想・構想の能力と創造的な技能を相乗的に伸ばすことができる題材である。

○ 指導観

　指導観については，児童観で捉えた子どもに，教材観で掘り起した教材の価値を十分に味わわせ，資質・能力を高めていくためには，どのような指導をしていけばよいかを具体的に書く。

　本題材では，次のように〈指導観〉を記述した。

〈指導観〉

> 　指導にあたっては，技能面の不安に対応するために，まず初めに電動糸鋸の安全で巧みな使い方を演示することとした。各種の名称，刃の付け方，板の安全な押さえ方，線通りに切る切り方（切る線を，いつも刃に対して真っ直ぐになるように板を回すこと），鋭角に曲がるときの板の回し方（その地点で立ち止まり，板だけを回転させる），中抜きの仕方（切り取り線上に錐で穴を開け，刃をセットし直して

切り始め，元の穴に戻ってきて切り取る），木くずの掃除の仕方などについて理解させることとする。教師の演示を間近に見ることによって，「工夫すれば，自分にもできそうだ」という見通しをもったり，「こんな，作品をつくってみたい」という作品イメージが湧き，造形への関心・意欲が，さらに高まっていく。

中抜きは，6年生の子どもにとって少し難しい技法であるが，この技法を使いこなすことによって，切り取った形と切り残された形のシルエットがくっきりと浮かびあがり，新たな作品イメージが生まれると考え紹介技法に加えた。また，切り取った形，切り残された形のコントラストの美しさに気づかせたり，大きくダイナミックな作品になるように，「材料のシナベニヤは，捨てることなく全部使おう」という条件を与えた。条件設定をすることで，発想や構想の能力と創造的な技能が互いに関係しながら高まっていくと考えた。

電動糸鋸は，4人班に1台用意し，グループで準備，後始末，使用時間（1人10分で交代）などの約束を決めさせ使用させることとした。班の中で交流しながら，高め合っていく造形環境をつくっていく。

また，発想や構想が浮かびにくいという傾向に対応するため，切り取り線の構想図は，授業冒頭に描かせるのではなく，糸鋸の試し切りをしてから描かせることとした。試し切りは，教師の演示の後，使い古しの版画板を自由に切らせるが，糸鋸で切ることのできるものの限界を感じ取ったり，中抜きなどから生まれる形の印象を感じ取ったりすることで，より現実的で豊かな発想が生まれてくると考えたからである。

また，「他者に伝える」「作品をどう見せるか」という他者を意識した表現の深化に対応するために，切り取った木をつるしたり，組み合わせたりするときには，テグスの糸や細い針金などを用意して，多様なつるし方，組み合わせ方を想起できるようにした。ここでも，発想や構想の能力と創造的な技能の高まりに期待している。

作品が完成したら，一作品ずつ記念撮影をした後，つり下げコーナーに作品をつるさせ，相互鑑賞をする。作品の下のテーブルに鑑賞カードを置き，友達の作品のよさや美しさについてコメントを書いて回り，鑑賞者の思いを作者に伝えていく。お互いの思いを伝え合い，認め合うなかで，鑑賞の能力を高めていこうと考える。

(6) 題材の目標　について

ここでは，題材全体の目標を明記する。教育には必ずねらいがあり，それをどこにおくかで，授業はまったく異なったものになってくる。具体的には，図画工作科で培うべき3つの学力（① 知識・技能　② 思考力・判断力・表現力　③ 学びに向かう力・人間性）をどのように伸ばしていくか，その具体的な目標を3

観点で示していく。

　目標は，子どもが主語で，子どもがその目標を実現している状況を文章化していく。

　本題材では，次のように〈題材の目標〉を設定した。

〈題材の目標〉

> ●知識・技能
> 〈知識〉制作途中で試行錯誤する中で，自分の感覚や行為を通して，形や色などの動き，奥行き，バランス，色の効果などを理解する。
> 〈技能〉表現方法に応じて，糸鋸，きり，糸，針金，絵の具などを活用するとともに，前学年までの木工の経験や技能などを総合的に生かしたり，表現に適した方法などを組み合わせたりするなどして，表したいことに合わせて表し方を工夫して表す。
>
> ●思考力，判断力，表現力
> 〈表現〉木を切ったり組み合わせたりして感じたことや想像したことから形や色などの造形的な特徴を基に自分のイメージを持ちながら，感じたこと，想像したこと，見たこと，伝えあいたいことから表したいことを見付け，形や色，材料の特徴，構成の美しさなどの感じを考えながら，どのように主題に表すかについて考える。
> 〈鑑賞〉自分や友達の作品を鑑賞コーナーに展示して，お互いにコメントを書きあったり対話したりしながら，形や色などの造形的な特徴を基に自分のイメージを持ち，造形的なよさや美しさ，表現の意図や特徴，表し方の変化などについて感じ取ったり考えたりし，自分の見方や感じ方を深める。
>
> ●学びに向かう力・人間性
> 糸鋸の準備や後始末に積極的に取り組んだり，粘り強く最後まで作品を作り上げながら，表現したり鑑賞したりする活動に主体的に取り組みつくりだす喜びを味わうとともに，形や色などに関わり，楽しく豊かな生活を創造しようとする。

(7) 題材の評価規準　について

　評価は，学習指導要領に示す目標を子どもがどの程度実現したかの実現状況を見ようとする「目標に準拠した評価」で行う。題材の目標であげた3観点（① 知識・技能　② 思考力・判断力・表現力　③ 学びに向かう力・人間性）の目標を，子どもがどの程度実現したか，その実現状況を評価するのである。ただ，子どもの表現や鑑賞は多様である。目標作成時から子どもの表現や鑑賞の多様性を

考慮して，一定の幅をもった目標を立てることが重要となり，目標に準拠した評価においては，多様性という一定の幅をもった目標を，子ども一人ひとりが，どのように実現しているか，深く見つめることが必要である。

「目標に準拠した評価」は，子ども一人ひとりの努力を認めていくことのできる優れた評価方法である反面，評価者の主観が入り込みやすいという側面ももっている。評価者の主観をできるだけ排除し，できる限りの客観性を求め，子どもを見つめる確かな視点を得ようとすると，評価規準を作成することが必須の条件になってくる。評価規準は，国立教育政策研究所教育課程センターが公開している「『指導と評価の一体化』のための学習評価に関する参考資料〈小学校　図画工作〉」をもとに作成するのがよい。

冒頭にも示したが，目標に準拠した評価は，目標に鑑みて作成されるが，子どもが，ある一定ラインに到達したかをみるような線的な「基準」ではなく，子どもの表現の多様性を考慮した幅のある面的な「規準」で行われなければならない。評価規準には，どのような方法で，どのような観点で，子どもの表現や活動を評価するのかを具体的に記述する必要がある。評価規準も，子どもを主語とし，子どもが目標を達成している状況（B「おおむね満足できる状況」）を文章化していく。

本題材では，次のように〈題材の評価規準〉を設定した。

〈題材の評価規準〉

知識・技能	思考・判断・表現	主体的に学習に取り組む態度
〈知識〉制作途中で試行錯誤する中で，自分の感覚や行為を通して，形や色などの動き，奥行き，バランス，色の効果などを理解している。 〈技能〉表現方法に応じて，糸鋸，きり，糸，針金，絵の具などを活用するとともに，前学年までの木工の経験や技能などを総合的に生かしたり，	〈表現〉木を切ったり組み合わせたりして感じたことや想像したことから形や色などの造形的な特徴を基に自分のイメージを持ちながら，感じたこと，想像したこと，見たこと，伝えあいたいことから表したいことを見付け，形や色，材料の特徴，構成の美しさなどの感じを考えながら，どのように主題に表すかについて考えている。 〈鑑賞〉自分や友達の作品を鑑賞コーナーに展示して，お互いにコメントを書きあったり	つくりだす喜びを味わい，糸鋸の準備や後始末に積極的に取り組んだり，粘り強く最後まで作品を作り上げながら，表現したり鑑賞したりする活動に主体的に取り組もうとしている。

第Ⅰ部 理論編

表現に適した方法などを組み合わせたりするなどして，表したいことに合わせて表し方を工夫して表している。	対話したりしながら，形や色などの造形的な特徴を基に自分のイメージを持ち，造形的なよさや美しさ，表現の意図や特徴，表し方の変化などについて感じ取ったり考えたりし，自分の見方や感じ方を深めている。	

(8) 題材の指導計画 について

　題材の学習活動全体の内容を時系列で示していく。学習過程を，第1次，第2次，…と段階的に順序立てて示し，それぞれの活動の内容，時間数等を記述していく。以前は，活動の内容をタイトルとして示し，箇条書きに記述するかたちが多かったが，近年，授業の全体像がよくわかるように，指導内容，学習内容，学習活動における具体的な評価規準などを，表形式で記述することが多くなった。指導計画に指導内容，評価規準の項目が加えられたことからは，題材を通して育成する資質・能力を，より明確にしたいという理念を読み取ることができる。

　本題材では，次のように〈題材の指導計画〉を設定した。

〈題材の指導計画（全8時間）〉

次	時	指導内容	学習内容	学習活動における具体の評価規準		
				評価規準 （評価の観点） （評価の方法）	十分満足とされる状況	努力を要する状況への手立て
1次	1・2 （本時）	学びに向かう力 思考力・判断力・表現力	「つるしてくっきりとびだす形」の作品イメージを描き構想を練る。	形を思い浮かべ，切り取り線の構想図を描き，板全体を使って描き写している。 （思考・判断・表現） 〈図工ノート〉	形を思い浮かべ，切り取り線の構想図を描き，板全体を余すところなくうまく使って描き写している。	もう一度試し切りをさせ，切り取り線の意味をよく理解させる。
	3・4・5	学びに向かう力 知識・技能	「くっきりとびだす形」を糸鋸を使って切り取る。	電動糸鋸を安全かつ巧みに使って板を切り取り，くっきり浮かび上がる作品にしようと工夫している。	電動糸鋸を安全かつ巧みに使い板を切り取り，切り残された形も生かしながら，くっきり浮かび上がる作品	電動糸鋸を安全かつ巧みに使いこなせるように，古い版画版で形を切り取る練習

				（知識・技能）〈作品・観察〉	にしようと工夫している。	をさせる。
2次	6・7	知識・技能	つるしてとびだす形に組み立てる。	テグスや針金などの補助材をうまく使いながらつるしたり，絵の具で色を塗ったりしながら，くっきり浮かび上がる作品にしようと工夫している。（知識・技能）〈作品・観察〉	テグスや針金などの補助材をうまく使いながらつるしたり，絵の具で色を塗ったりしながら，くっきり浮かび上がり，立体的な作品にしようと工夫している。	テグスや針金でつるす方法のいくつかを実演しながら紹介する。
3次	8	思考力・判断力・表現力〈鑑賞〉	みんなの作品を相互鑑賞する。	自分や友達の作品を飾り，相互鑑賞会で，お互いの表現のよさや美しさを感じ取り，鑑賞カードに書き込んだり伝え合ったりしている。（思考・判断・表現〈鑑賞〉）〈鑑賞カード発言〉	自分や友達の作品を飾り，相互鑑賞会で，お互いの表現のよさや美しさを感じ取り，鑑賞カードに書き込んだり伝え合ったり，全体の交流会で，積極的に意見を述べている。	鑑賞カードに自分の作品タイトル，工夫したところなどを記入させ，友達の作品との違いに注目して鑑賞するように伝える。

(9) 本時 について

○ **本時の目標**

　本時というのは，実施する授業，まさにその授業時間のことを指している。本時の目標は，題材の目標と整合性をもつものだが，その1時間（図画工作の場合は，2時間のことも多いが）の授業で目指している目標を記述する。題材の目標は，4観点で書くことが一般的だが，本時の目標には，その授業で対応している観点のみを記述する。

〈本時の目標〉

（知識・技能）
電動糸鋸の安全かつ巧みな使い方を理解し，試し切りをしながら，思い通りの形を切り取る。

（思考・判断・表現）

〈表現〉つるされていてくっきりと浮かび上がる面白い形を思い浮かべ，切り取り線の構想図を描き，板全体に描き写す。
〈鑑賞〉切り取り線構想図をグループの中で見せあい，発想の交流をする中でお互いの構想図のよさや面白さを感じ取る。

(学びに向かう力)
電動糸鋸を使って板を切り抜くことに興味を持ち，失敗を恐れず，積極的に糸鋸を使ったり，切り取り線の構想図を描いたりする。

(10) 本時の展開 について

　本時の展開は，本時の目標を実現するための1時間の授業の流れを時系列で具体的に書いていく。ここでは，過程，指導内容（育成する資質・能力），指導形態（一斉・グループ・個人），主な学習活動，指導上の留意点，教材・教具，評価の項目について記述していく。

　本時の展開の記述の仕方は決まったものはなく，時代や学校によってさまざまな様式がある。たとえば，筆者の教育実習時では，指導案の記述項目は，教師の主な発問，予想される児童の反応，指導上の留意点の3項目であった。「私がこう発問すると，子どもはこんな反応をしてくるだろう。ここでこうきり返すと，子ども達の意識はこのように深まるであろう」など，どこか詰将棋をしているような，ドラマのシナリオを書いているような心持ちで本時の展開を書いたことを覚えている。

　本時の展開を書く際，最も重要なことは，常に子どものことを心に思い浮かべることである。この導入で，こんなふうに題材と出会わせれば身を乗り出してくるのではないか。展開でこんなステップを組めばいつも途中で投げ出す子が最後まで頑張るのではないか。終末でこんな鑑賞をすれば，次回の授業に繋がる意欲が沸き上がるのではないかなど，常に子どもたちの姿を心に描き，資質・能力を高める手立てや仕掛けを考えていくことである。

第3章　指導計画および学習指導案の作成

〈本時の展開　（1～2/8時間)〉

過程	指導内容	指導形態	主な学習活動	指導上の留意点	教材教具	評価 (評価の観点) 〈評価の方法〉
導入	思考力・判断力・表現力〈鑑賞〉 学びに向かう力	一斉	・前年度の児童作品（写真）を見て作品イメージをもつ。 ・板を電動糸鋸で切り取り，「つるしてくっきりとびだす形」をつくることを知る。	児童作品を鑑賞し（電子黒板で提示，数枚を黒板に掲示），感じたこと考えたことを発表させる。	・前年度児童の作品写真 ・電子黒板	電動糸鋸を使って板を切り抜くことに興味をもち，つるされていて，くっきり浮かび上がる面白い形を想像する。 (主体的に学習に取り組む態度) 〈発言，観察〉
展開	学びに向かう力 知識・技能 思考力・判断力・表現力	一斉 個人，グループ	・電動糸鋸の安全かつ巧みな使い方を知る。 ・電動糸鋸を使って試し切りをする。 ・試し切りをもとに作品の切り取り線の構想図を描く。 ・切り取り線の構想図をシナベニヤに描き写す。	・電動糸鋸の使い方を演示する。 ・班ごとに糸鋸を準備させる。 ・試し切り用版画板で試し切りをさせる。	・電動糸鋸 ・電動糸鋸の使い方掛図 ・シナベニヤ	電動糸鋸の安全かつ巧みな使い方を理解し，試し切りをしながら作品イメージを思い浮かべ，切り取り線構想図を描き，板全体に描き写す。 (知識・技能) (思考・判断・表現) 〈観察・切取り線構想図〉
終末	思考力・判断力・表現力〈鑑賞〉	グループ	・切り取り線構想図を互いに見せ合い，発想の交流をする。	友達からもらった感想や意見を図工ノートに書かせる。	図工ノート	切取り線構想図をグループの中で見せ合い，発想の交流をするなかで，互いの構想図のよさや

53

第Ⅰ部　理論編

						面白さを感じ取る。 (思考・判断・表現〈鑑賞〉) 〈図工ノート発言〉

(11) 板書計画　について

　板書は，図画工作科においても大変重要である。近年，電子黒板やICT機器など，さまざまな視聴覚機器が開発され，その有用性は認められているが，黒板は，なお視覚教材の中核にあるといっても過言ではない。黒板の有用性の最たるものは，瞬時に映って，瞬時に消えるのではなく，授業時間中，子どもたちの目の前に残り続けることである。創作過程での大切なポイントや，みんなで掘り起こした作品のイメージなどが板書されていたり，フラッシュカードとして貼ってあると，子どもたちは，ことあるごとにそれを見て自分の創作の道しるべとすることができる。「糸鋸の刃の付け方の向きはこうだったな」「いま，ここまで来ているから，次にはこんなことをしてみたいな」などといった子どもたちの想いが膨らみ，創作の道しるべになるような板書をしていく。

　次頁に示すのが，本時の〈板書計画〉である。

〈板書計画〉

つるして　くっきり　とびだす形			
児童作品1	児童作品2	切り取り線 構想図	電動糸鋸の 使い方
児童作品3	児童作品4	板に写して	

(12) 学習指導案作成に関する心構え

　学習指導案作成に関して重要な心構えは，教師のひとりよがりではなく，常に子どもを心の中心において書くことである。材料とどのように出会わせるか，どんな技法を紹介するかなど，子どもたちを想起しながら考える。そんな授業の一工夫を指導案には刻み込んでいきたい。「つくりだす喜び」は，きっとその先にみえてくる。

引用・参考文献

大学美術指導法研究会（2009）『平成20年告示新学習指導要領による「図画工作科」指導法』日本文教出版，111〜123頁。（「各教科等授業時数 学校教育法施行規則別表第1」http://www.mext.go.jp/a_menu/shotou/new-cs/youryou/syo/index.htm）
日本文教出版（2014）『図画工作 5・6 上』12〜13頁。
京都教育大学附属桃山小学校，児童作品。

学習の課題

(1) 授業をしてみたい題材を試作し，その題材の教材としての価値（教材観）を箇条書きにしてみよう。
(2) 試作をした題材の価値を子どもに捉えさせるための仕組みや，しかけ（指導観）を箇条書きにしてみよう。

【さらに学びたい人のための図書】

岡田京子（2016）『成長する授業——子供と教師をつなぐ図画工作』東洋館出版社。
　　⇨子どもが夢中になる授業構築のための教師の指導のあり方について述べている。表題は「図画工作は，子供も教師も成長できる」という考えから導き出している。
内野 務（2016）『造形素材にくわしい本——子どもが見つける創造回路』日本文教出版。
　　⇨子どもの造形活動の大きなきっかけとなる素材について，子どもと素材の関わりにスポットを当てて解説している。

　　　　　　　　　　　　　　　　　　　　　　　　　　（波多野達二）

第Ⅱ部
実 践 編

第4章　表　現——造形遊びをする活動

この章で学ぶこと

　　造形遊びは，その名称から，ただ子どもを自由に遊ばせておけばよいと考える節があるが，造形遊びほど題材設定において子どもと題材に対する深い洞察が求められる領域はない。造形遊びは，子どもが，遊び性を基軸にしながら，主体的に材料・場所・空間に関わり，自由な発想をもとにダイナミックな造形活動を繰り広げるところにその特徴がある。子どもの主体性や自由な発想を尊重する立場から，活動が始まったら見守ることが教師の基本的なスタンスとなるので，最初の題材設定が重要になってくる。目的から外れた遊びになることなく，子どもの資質・能力を十分に高めていける造形遊びのあり方を探っていきたい。

1　造形遊びの特質

（1）造形遊びの誕生

　造形遊びが，小学校図画工作科の内容として登場したのは，1977（昭和52）年のことである。造形遊び導入の源流には，当時の文部省教科調査官であった西野範夫の「遊びの延長線上にある，子ども達の主体的な造形活動」という子どもの論理から導き出された理念があり，子どもに造形本来の楽しさを味わわせたいという強い願いがあった。造形遊びの導入に踏み切った背景には，当時の学習指導要領改訂の方針である，幼児教育と小学校教育の連続性を確保しようとする思いや，当時支配的であった作品主義に対峙しようとする思いがあったと考えられる。
　当初，全学年への導入も考えられたが，「遊びをさせておいて，本当に図工の力が育つのか」という現場からの反発もあり，低学年（1・2年生）のみの導

入となり，当時の名称は「造形的な遊び」であった。その後，10年ごとの指導要領の改訂で，1989（平成元）年には，中学年まで（1〜4年生）導入され，名称は「造形遊び」，1998（平成10）年には，高学年（1〜6年生）まで導入され，名称は「楽しい造形活動をするようにする（造形遊び）」となった。また，1998年には，「子どもから立ち上げる図工教育」の理念のもと，それまでの表現の内容・3領域を，「楽しい造形活動（造形遊び）」と「絵や立体，工作，つくりたいものをつくる活動」という2領域にまとめている。2008（平成20）年以降は，内容についての変更はほとんどなく，名称が「造形遊び」となり，現在の学習指導要領につながっている。

「造形遊び」は，その名称からも類推できるように，子どもたちの材料や場所に関わる主体的な遊びを教育的な造形活動として題材化したものである。造形遊びの特徴として次の4項目があげられる。

① 材料や場所，空間などと出会い，それらに関わるなどして，自分で目的を見つけて発展させていく活動
② 材料や場所，空間に進んで働きかけ，表し方を見つけたり，試したりしながら「つくり，つくりかえ，つくる」過程を楽しむ活動
③ 材料や道具に十分に慣れ，適切に扱ったり活用したりしながら，創造的につくる活動
④ 材料を並べたり，組み合わせたり，形を変えたり，技能を総合的に生かしたりしながら，手や体全体を働かせる活動

砂場で遊ぶ子どもの様子から，造形遊びの特徴についてみてみよう。

「この砂場で，今日は，いろいろなものをつくって遊んでみよう」という教師の投げかけで，子どもは自由に造形遊びを始める。A児は，近くにあったスコップを持ってきて砂をうず高く積み上げ山をつくる。それを見ていたB児も仲間に加わって，山ができたと大喜びしている。今度はそこに，C児も加わり「トンネルを掘ろう！」と掘り始める。A児もB児もC児もそれぞれの方向から堀り始め，みんなの手が当たり「トンネルがつながった！」と大喜びしている。このように，教師が造形のゴールを示すのではなく，①子どもが自分で

目的を見つけて，④手や体全体を働かせダイナミックな造形活動をしていくのが造形遊びの大きな特徴である。

さらに，子どもの活動は続いていく。D児は，「この山から川を流してもいい?」と空き缶に入れた水を流して，砂の山に川の流れをつくり，E児は，砂場全体を海に見立てて，木の枝で，砂の上に魚の絵を描き始める。F児は近くにあったプリンカップに砂をつめては型どりし，魚の周りに小さな山をたくさんつくって「あぶくみたい」と喜んでいる。このように，砂場というフィールドのもつ，③材料，場所の特徴を生かしながら，創造的な技能を駆使し造形を行うのが大きな特徴である。また，②造形の途中で表し方を見つけたり，試したりしながら，「つくり，つくりかえ，つくる」過程を楽しみながら造形を行うことも，その大きな特徴となっている。「遊びの延長線上にある，子ども達の主体的な造形活動」を踏まえ，造形遊びを考えていかなくてはならない。

(2) 造形遊びの内容

造形遊びの内容に関しては，現行の指導要領と改訂後で大きな変化はない。ただ，表記の仕方は大きく変わっており，資質・能力に着目するという立場から，発想や構想に関する事項と技能に関する事項の2つの項目で内容を整理し，表記がなされている。まず，発想や構想に関する事項を低・中・高学年別に表に整理すると表Ⅱ-4-1のようになる。

これを見ると，低学年では材料から発想して，中学年では材料・場所から発

表Ⅱ-4-1 発想や構想に関する指導事項

低学年	造形遊びをする活動を通して，身近な自然物や人工の材料の形や色などを基に造形的な活動を思いつくことや，感覚や気持ちを生かしながら，どのように活動するかについて考えること。
中学年	造形遊びをする活動を通して，身近な材料や場所などを基に造形的な活動を思いつくことや，新しい形や色などを思いつきながら，どのように活動するかについて考えること。
高学年	造形遊びをする活動を通して，材料や場所，空間などの特徴を基に造形的な活動を思いつくことや，構成したり周囲の様子を考え合わせたりしながら，どのように活動するかについて考えること。

出典：文部科学省（2017）『小学校学習指導要領解説 図画工作編』をもとに筆者作成。

想して，高学年では材料・場所・空間などの特徴から発想して造形遊びを展開することが示されている。この高学年の「空間などの特徴」という部分だけが改訂後の変更となっている。現行では「場所などの特徴」と示されているのだが，それが「空間などの特徴」と改められた。意味するところに大きな違いはなく，場所や空間といった環境から発想すると考えてよい。これまでの「場所などの特徴」の場合では，たとえば階段とか細い路地というような場所などの限定的な特徴から発想する傾向が強かったが「空間などの特徴」とすることで，空間に存在する光，影，風，雪，人通り…というような幅広い環境の要素から発想した造形遊びを展開してほしいという意図を読み取ることができる。材料，場所，空間の特徴などの発想のもととなるものが広がることで，造形遊びは次第に深化していくのである。

次に，技能に関する事項について，低・中・高学年別に整理してみる。表Ⅱ-4-2は，各学年の指導事項を示したものである。

これを見ると，低学年では材料をそのまま，並べたり，つないだり，積んだりする技能を使って造形し，中学年では材料を組み合わせたり，切ってつないだり，形を変えたりする技能を使って造形し，高学年では経験や技能を総合的に生かしたり，方法を組み合わせたりする技能を使って造形させることを目指していることがわかる。技能面についても，学年が上がるごとに深化していくのだが，全学年を通して大切なことは，大きなフィールドでの造形を，手や体

表Ⅱ-4-2 技能に関する指導事項

低学年	造形遊びをする活動を通して，身近で扱いやすい材料や用具に十分に慣れるとともに，並べたり，つないだり，積んだりするなど手や体全体の感覚などを働かせ，活動を工夫してつくること。
中学年	造形遊びをする活動を通して，材料や用具を適切に扱うとともに，前学年までの材料や用具についての経験を生かし，組み合わせたり，切ってつないだり，形を変えたりするなどして，手や体全体を十分に働かせ，活動を工夫してつくること。
高学年	造形遊びをする活動を通して，活動に応じて材料や用具を活用するとともに，前学年までの材料や用具についての経験や技能を総合的に生かしたり，方法などを組み合わせたりするなどして，活動を工夫してつくること。

出典：文部科学省（2017）『小学校学習指導要領解説 図画工作編』をもとに筆者作成。

第Ⅱ部　実　践　編

全体をフルに働かせ活動していくことである。

（3）造形遊びの指導

　造形遊びは，子どもが材料や場所などに出会いそこからいろいろな発想をしていくこと，その発想をもとに子ども自らが目的を見つけて造形していくところにその大きな特徴がある。これを教師の指導という側面からみると，子どもの発想を尊重し，子どもに造形のゴールを見つけさせるために，できるだけ活動中は口出ししないで見守ることが肝要である。絵や立体・工作に表す活動では制作中にアドバイスすることができるが，造形遊びでは制作中のアドバイスを極力控えなければならない。活動が始まってからの指導ができないということは，活動が始まる前に子どもの意欲を高め，発想の能力や技能を伸ばしていくような絶妙の題材設定が教師に求められるということである。

　造形遊びの題材設定の要件のひとつは，材料や場所・空間の設定である。ダイナミックな造形遊びとなるためには，材料が潤沢であることが望ましい。安価で子どもに親しみがあって豊富な材料を準備することが大切である。また，学年に合わせた場所の設定も重要な要素になってくる。基本的には，場所・空間は子どもが選び取るものであるが，事前に活動の様子を想定し，安全の問題などを考慮しながらエリアを選定していくことが重要である。

　題材設定の要件のもうひとつは，題材名である。材料，場所，空間などの特徴から発想するような創造的な造形遊びになっていくためには，造形の方向性を教師が示すことが不可欠の要素となる。その方向性を子どもに示す唯一の方法が，題材名の提示である。ただ，ここで注意しなければならないことは，絵や立体・工作に表す活動のように，造形のゴールを示すような限定的な題材名ではいけないということである。造形遊びの場合，造形のゴールは，子どもが決めていかなくてはならないので，学年の目標に迫っていく方向性をもちながら，多数の造形のゴールが想起できるような題材名でなければならない。

　題材名設定の視点はいろいろと考えられるが，最も一般的なものが「行為や操作を示す」設定のしかたである。第2節で紹介している3つの事例の題材名

は，すべてこの考え方に基づいている。

- 「つないで　つるして　ひろがって」
  （新聞紙をつないだり，つるしたりするという行為や操作を示している）
- 「クミクミックス～その中に入って」
  （段ボールを組み合わせて造形するという行為や操作を示している）
- 「風を美しくつかまえろ！」
  （風を美しく視覚化するという行為や操作の方向性を示している）

このほかにも，視点を示すもの（「上から見ると……」「見上げてみると……」）イメージを示すもの（「生まれる……」「○○から飛び出す」）など，さまざまな題材名設定の視点があるが，目標に迫り，多数の造形のゴールが想定でき，子どもたちの造形の旗印になるような題材名を提示することが大切である。

（4）造形遊びの課題

「造形遊びの後には，ゴミの山ができる」という指摘がよくされる。造形遊びで使った材料を大量のゴミとして廃棄することは，「ものを粗末にする」というマイナスの価値観を子どもの心にすり込むことにもなりかねない。材料は，できるだけ回収，整理し，再利用すべきである。

材料の再利用の観点から，表現（ア）の「造形遊び」と，表現（イ）の「絵や立体・工作に表す」で同じ素材を扱い，表現（ア）と表現（イ）を連動させる取り組みが考えられる。たとえば，紙バンドを使った造形遊びの後にその紙バンドでタペストリーを制作したり，土粘土を使った造形遊びの後にその粘土で焼き物を焼いたりするのである。素材への理解を深めた後の制作からは，素材のもち味を生かした作品が生まれやすいということもあり有効である。

2　造形遊びの内容と展開

（1）低学年の実践

低学年の造形遊びでは，発想や構想に関する事項として，身近な材料や人工

第Ⅱ部　実　践　編

の材料の色や形などをもとに造形活動を思いつくこと，技能に関する事項として，身近で扱いやすい材料や用具に十分に慣れるとともに，並べたり，つないだり，積んだりするなど手や体全体の感覚などを働かせ，活動を工夫してつくることが求められている。

　低学年の子どもは，幼児期において，遊びのなかで自然に造形を楽しむ経験を積んできている。その造形活動は，遊びのなかから自然発生的に生まれ，子どもの意欲と主体性に裏打ちされた創造的な活動ということができる。低学年の造形遊びで，まず大切にしなければならないことは，遊びのなかから生まれる，この意欲と主体性を引き出し，子どもたちが夢中になるような楽しい造形遊びを設定することである。

　低学年の造形遊びの特徴としては，材料から発想するという視点があげられるが，遊びのなかで材料と向き合い対話し，材料に慣れ親しむことが何よりも大切である。たとえば，砂場の砂であったり，新聞紙であったり，身近な材料に心ゆくまで慣れ親しむことが，子どもの発想の幅を広げていく大きな要因となりうる。また，技能面についていうと，並べたり，つないだり，積んだりと，さまざまな操作にチャレンジさせ，操作の幅を広げさせることが，材料に対する操作力を高める大きな要因になると考えられる。低学年では，体全体を使うということが求められるが，感性を働かせ，机上の造形をはるかに超えたダイナミックな作品ができた時，子どもは達成感を伴った「つくりだす喜び」を味わうのである。

　〇 2年生題材「つないで　つるして　ひろがって」

　本題材は，切ったり破いたりした紙を友達と協力しながらつないだりつるしたりする造形遊びである。この実践で材料としたのは新聞紙である。子どもには，各自朝刊1部分程度の新聞紙を用意させたが，最近は新聞をとっていない家庭も多いので，教師側でも数十部準備した。授業をする教室は手狭なので図工室を使用し，9つある大きなテーブルはそのままにして，各テーブルの上に設置されている伸縮自在のコンセントを利用して紙をつるしやすい環境をつくった。

　授業のはじめに，新聞紙を細長く割く方法について考えさせた。新聞紙には，

第4章 表現──造形遊びをする活動

床に伸ばして

扉につるして

どんどん伸ばして

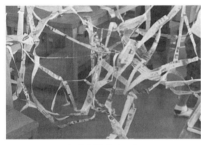
クモの巣みたいに

全員集合！

図Ⅱ-4-1　題材「つないで　つるして　ひろがって」の作品
出典：京都教育大学附属桃山小学校，2年生作品。

割きやすい方向とそうでない方向があることに気づかせ，はさみを使わず，細長い紙をたくさん割いてつくる面白さを味わわせた。次に，その紙のつなぎ方やつるし方を考え，工夫して造形していくことを伝えた。

子どもたちはそれぞれに，新聞紙を細長く割き，つないだり，つるしたりし始める。壁に絵を描くように紙を這わせたり，扉に絵を描くように貼り付けたり，蜘蛛の巣のようにつるしたり，子どもたちの造形のゴールは多岐にわたった。グループ分けはとくにしなかったが，そばにいる友達どうしで協力し合う姿が見られた。「僕のテープの先を○○さんのにくっつけてもいい？」「ここから，向こうの壁までくっつくと面白い！」など，造形は次第に複雑にダイナミックに広がっていった（図Ⅱ-4-1）。

第Ⅱ部　実践編

(2) 中学年の実践

　中学年の造形遊びでは，発想や構想に関する事項として，材料，場所などをもとに造形的な活動を思いつくこと，技能に関する事項として，組み合わせたり，切ってつないだり，形を変えたりするなどして，手や体全体を十分に働かせ，活動を工夫してつくることが求められている。

　低学年と比べると，発想や構想に場所の要素が加わっているが，「ここに，こんなものをつくってみたい」「この場所だから，こんなものが面白そうだ」と，中学年の子どもの発想は，場所や空間的な要素を取り込んだよりダイナミックなものに変わっていく。

　低学年では，材料をそのまま並べたり，つないだり，積んだりすることが多かったが，中学年になると，材料を組み合わせたり，切ってつないだり，形を変えたりするなど，技能の幅も広がってくる。

　また，中学年では，仲間意識が強くなり，友達と協力して活動ができるようになるという特徴がある。グループでの活動を取り入れることにより，友達どうしの発想や構想の交流が盛んになり，造形遊びがさらにユニークでダイナミックなものになることが期待できる。

○ 3年生題材「クミクミックス〜その中に入って」

　本題材は，大きな段ボールを切ったり，組み合わせたりしながら新しい形をつくりだし，その中に入ろうという造形遊びである。段ボールは身近な材料ではあるものの，はさみで切ったり糊で貼り付けたりすることが難しい，中学年の子どもには抵抗感のある材料でもある。本題材では，抵抗感を取り除くために，段ボールの切断には段ボールカッターを使用し，接着・組み立てには，段ボールカッターで切り込みを入れて切り食わす技法を紹介している。子どもたちは，段ボールカッターで自在に切れることを楽しみながら，段ボールに穴を開けることや，自分の名前をくり抜くことなど，いろいろなことに挑戦した。また，切り込みを入れて切り食わす技法を使って組み合わせることで平面から立体を立ち上げ，どんどん立体を増殖させていく面白さも味わっている。

　「クミクミックス」は，教科書にも記載されている題材であるが，そこで使

第4章 表現——造形遊びをする活動

切ってつないで

形が違う家

宇宙を守るロケット1号

◀ふなっしーマンション

幸せハウス

おもしろい秘密基地

図Ⅱ-4-2 題材「クミクミックス～その中に入って」の作品
出典：京都府南丹市立園部小学校，3年生作品。

用する段ボールは，主に家庭で不用になった段ボール箱である。ただ今回は，学校近くにある段ボール工場の厚意で，コンパネ大（90×180cm）の大きな段ボール数十枚の提供を受け，造形することができた。段ボールは，子どもの身長をはるかに超えていて，大きくダイナミックな造形を期待することができることから，題材名を「クミクミックス～その中に入って」と設定した。切り込みを入れて切り食わす接合については，段ボールの大きさゆえに難しい部分もあったが，自分たちが中に入れるくらいのダイナミックな造形に達成感を感じていた。作品完成後は，その作品を自分たちのお気に入りの場所に運び，その中に入って記念撮影をした（図Ⅱ-4-2）。

（3）高学年の実践

高学年の造形遊びでは，発想や構想に関する事項として，材料，場所，空間などの特徴をもとに造形的な活動を思いつくこと，技能に関する事項として，

第Ⅱ部　実　践　編

経験や技能を総合的に生かしたり，方法を組み合わせたりしながら，活動を工夫してつくることが求められている。

「高学年の造形遊び」は難しいとよくいわれるが，その理由は発達段階の特性により，単なる幼稚な遊びでは満足しないということがあげられる。やりがいがあって手応えのある造形遊びが設定できたとき，初めて造形遊びに夢中になり，資質や能力を更新していくのである。

やりがいがあって手応えを感じさせる設定のための重要な視点が，「空間の特徴」からの発想である。環境を取り込んだ，空間自体がキャンバスのようなダイナミックな造形遊びができたとき，高学年の子どもは，つくりだす喜びと達成感を感じるのである。また，これまでに自分たちが身につけてきた経験や技能をいっぱいに働かせて，新しい切り口で造形表現ができたとき，確かな自信とさらなる意欲が生まれてくるのである。

〇 6年生題材「風を美しくつかまえろ！」

本題材「風を美しくつかまえろ！」では，空間がもっている特徴として「風」を取り上げた。「目には見えない風を美しく可視化する」という造形遊びのテーマは，高学年の子どもの知的な好奇心をくすぐり，やりがいと手応えを感じさせるのではないかと考えた。

風を可視化する材料として用意したのは，ビニールシート，カラービニールテープ，セロハンテープ（接着のため）である。これらの材料を駆使しながら，子どもたちは風を可視化する仕掛けをつくっていく。指導のポイントとして考えたことは，風を美しくつかまえた瞬間を写真に撮って公開することである。風は一瞬にして流れを変えるため，美しくつかまえたその瞬間をカメラに収めさせることとした。本校は，ICT教育の研究を行っており，子どもたちは，普段の授業の中でICT機器を頻繁に使っており，風を美しくつかまえた瞬間を，タブレットを使って見事に切り取っている。一瞬のカメラワークの面白さもやりがいと手応えを感じる大きな要因となっている。カメラに収めた画像は，A3サイズに引き伸ばし作品紹介のポスターをつくらせ，それをもとに鑑賞会を催した。児童はお互いのグループの表現のよさや美しさ感じ伝え認め合うな

第4章　表現──造形遊びをする活動

かで，さらに達成感を味わっていた（図Ⅱ-4-3）。学習指導の詳細は，次項の学習指導案に記載している。

レインボーゴースト

PON!

空とぶじゅうたん

宙にまうクラゲ

自由になりし風の馬

図Ⅱ-4-3　題材名「風を美しくつかまえろ！」
出典：写真はすべて京都教育大学附属桃山小学校，6年生作品。

第Ⅱ部　実　践　編

3　授業実践例（学習指導案）

　第2節で取り上げた高学年の授業実践について，学習指導案を示しておく。

図画工作科学習指導案

授業者　○○○○○

1．対象　第6学年2組　男子○名　女子○名　　計○名
2．日時　令和6年6月6日（木）　第5校時
3．場所　図工室および学校内の風のよく通る場所
4．題材名　風を美しくつかまえろ！（造形遊び）
5．題材設定の理由

〈児童観〉

　本学級の子どもたちは，図画工作の授業に対して意欲的である。とくにやりがいのあるもの，手応えのあるものに対しては，夢中になって取り組む様子が見られる。ただ，自分の作品や発言を第三者的に振り返ったり，友達と比べたりすることで，高学年特有の図画工作に対する苦手意識も芽生えつつある。苦手意識が生まれてくるのは，主に，表現（イ）の絵や立体・工作に表す活動における上手下手の意識が原因と考えられる。

　本題材で取り組む表現（ア）「造形遊び」は，表現（イ）のように個人の制作ではなくグループで活動することになるが，グループで取り組む図工の活動を多くは経験していない。ただ，校内研究でICT教育に取り組んでおり，グループでタブレットを使って写真を撮り，パワーポイントのスライドを作成し，プレゼンテーションをするなどの活動を積み重ねてきている。

〈教材観〉

　造形遊びは，活動の過程と発想が重視される領域である。絵や立体・工作の領域で感じる作品の上手下手の意識が，造形遊びでは大きく軽減されることが考えられる。また，グループで活動するので，発想や構想，創造的な技能などの資質や能力の交流が自然と行われるというのも造形遊びの大きな魅力である。

　高学年の造形遊びは，材料，場所，空間などの特徴（環境）から発想して行うという指針が示されているが，今回は，その空間のもっている特徴として「風」にスポットを

第4章 表現——造形遊びをする活動

当てた。目には見えない風を可視化するということが、児童にやりがいと手応えを感じさせるのではないかと考える。

〈指導観〉

　活動は、4人グループで行わせることとした。いつも、図工の授業は、大きな作業机に4人掛けで行っているが、協力して作業するのにちょうどよい人数と考えた。材料としては、半透明ビニールシート、カラービニールテープ8色、セロハンテープを用意したが、ほかに使いたい材料があれば、自分達で準備してもよいことを伝えた。また、風の流れは、一瞬にして変わるということから、今回の作品は、各班1台タブレットを用意し、写真の形で保存することとした。作品の写真は、A3サイズに引き伸ばし、画用紙に貼り付け、タイトル、メンバーの名前などを書き込みポスターの形で公開することを考えている。鑑賞時には、そのポスターと、電子黒板に映した作品写真をもとに各班の造形遊びの様子を紹介させ、そのよさや美しさや面白さを交流しようと考えている。

6. 題材の目標

（知・技）風が美しく流れる様子をビニールシートやカラービニールテープなどの材料を巧みに使いながら表現し、その瞬間を巧みに写真に収める。

（思・判・表）
・風が吹く場所の特徴から発想して、風を美しく見せるための材料の形や色の使い方、写真の撮り方などについて具体的に構想する。
・自分達の作品の写真をポスターにして、その魅力を紹介しあう鑑賞会を通して、お互いの表現の良さや美しさを感じ取り伝えあう。

（学び力）風が吹いている場所の特徴を生かして、風を美しく可視化することに関心を持ち、友達と協力しながら、その瞬間を写真に収める。

7. 題材の評価規準

知識・技能	思考・判断・表現	主体的に学習に取り組む態度
風が美しく流れる様子をビニールシートやカラービニールテープなどの材料を巧みに使いながら表現し、その瞬間を巧みに写真に収めている。	・風が吹く場所の特徴から発想して、風を美しく見せるための材料の形や色の使い方、写真の撮り方などについて具体的に構想している。 ・自分達の作品の写真をポスターにして、その魅力を紹介しあう鑑賞会を通して、お互いの表現の良さや美しさを感じ取り伝えあっている。	風が吹いている場所の特徴を生かして、風を美しく可視化することに関心を持ち、友達と協力しながら、その瞬間を写真に収めようとしている。

第Ⅱ部　実　践　編

8. 題材の指導計画（全4時間）

次	時	指導内容	学習内容	評価規準 （評価の観点） 〈評価の方法〉	十分満足とされる状況	努力を要する状況への手立て
1次	1	学びに向かう力 思考力・判断力・表現力	・風が吹いている場所を探し，風をどのように可視化するか構想を練る。	友達と協力しながら，風の吹いている場所を探し，可視化の方法を考えようとしている。 （主体的に学習に取り組む態度） （思考・判断・表現） 〈観察・図工ノート〉	友達と協力しながら，風の吹いている場所を探し，材料をどのように使いながら可視化するか考えている。	風を可視化する方法について，実際の材料を使い試させる。
2次	2・3	思考力・判断力・表現力 知識・技能	・風を美しく可視化する仕掛けをつくる。 ・風を美しく可視化した瞬間を写真に収める。	材料を巧みに使い風を美しく可視化し，その瞬間を写真に収めようとしている。 （知識・技能） 〈観察・写真〉	材料を巧みに使い風を美しく可視化し，その瞬間を印象的に写真に収めようと試行錯誤している。	タブレットを使って写真を撮る時には画面の切り取りが重要であることをアドバイスする。
3次	4	知識・技能 思考力・判断力・表現力 〈鑑賞〉	・自分たちの作品の写真（A3）を画用紙に貼り，作品ポスターをつくる。 ・ポスターを使って作品を紹介し，お互いの表現を鑑賞する。	ポスターを使い自分たちの作品を紹介したり，友達の作品を鑑賞しながら，そのよさや美しさを伝え合っている。 （思考・判断・表現〈鑑賞〉） 〈発言　鑑賞カード〉	ポスターを使い自分たちの作品を紹介したり，友達の作品を鑑賞しながら，そのよさや美しさを伝え合い，認め合っている。	自分たちの作品の紹介の折に，簡単な発表原稿をつくらせる。

9. 本時の目標

（学び力）学校の中の風の吹く場所をグループで探し，風を美しく可視化することに興味をもち，みんなで協力しながら取り組む。

（思・判・表）自分たちの選定した風の吹く場所と，ビニールシートやカラービニールテープなどの材料から発想し，見えない風を美しく可視化しようと構想する。

10．本時の展開（1/4 時間）

過程	指導内容	指導形態	主な学習活動	指導上の留意点	教材教具	評価 （評価の観点） 〈評価の方法〉
導入	問題把握 学びに向かう力 思考力・判断力・表現力	一斉	・学校の中のどんなところに風が吹いているか考える。 ・見えない風を見えるようにするにはどうすればよいか考える。 ・美しく可視化した風を自分たちで写真に収め作品化することを知る。	・風を可視化する材料として，半透明のビニールシート，カラービニールテープなどを用意していることを伝える。	・ビニールシート ・カラービニールテープ	風を美しく可視化することに興味をもち，可視化の方法を考えている。 （主体的に学習に取り組む態度）（思考・判断・表現） 〈発表・観察〉
展開	思考力・判断力・表現力 知識・技能	グループ	・学校の中の風が吹いている場所を探す。 ・材料をどのように使い，どのような方法で可視化するか相談する。	・グループで造形遊びをする場所を選定させる。 ・グループで相談した内容や可視化のイメージ図を図工ノートに描かせる。	・図工ノート	グループで風の吹く活動場所を選定し，風を可視化する方法を考えている。 （思考・判断・表現）（知識・技能） 〈図工ノート〉
終末	思考力・判断力・表現力 〈鑑賞〉	一斉	・グループの活動場所と可視化の方法を発表し合い，自分達の造形遊びの構想を見つめ直す。	・グループごとに造形遊びの構想を発表させ，意見交流させる。		自分たちの選定した場所と可視化の方法を発表したり，ほかのグループの発表を聞きながら，さらに構想を練っている。 （思考・判断・表現〈鑑賞〉） 〈発表・発言〉

11. 板書計画

引用・参考文献

京都教育大学附属桃山小学校, 2年生作品, 6年生作品。
京都府南丹市立園部小学校, 3年生作品, 指導：谷 竜太教諭。
大学美術指導法研究会（2009）『平成20年告示 新学習指導要領による「図画工作」指導法』日本文教出版, 23～34頁。
波多野達二（2015）「図画工作における素材・対象との対話とイメージ形成との関係——造形遊びと立体造形を連動させた題材開発と実践」佛教大学教育学部学会紀要 第14号, 27～37頁。
文部科学省（2017）『小学校学習指導要領解説 図画工作編』日本文教出版, 14～15頁。

---学習の課題---
(1) 担当学年の造形遊びで使えそうな材料や場所をリストアップしてみよう。
(2) 材料や場所範囲を選定し，造形遊びの方向性が決まったら，題材名をつけてみよう。

【さらに学びたい人のための図書】

岡田京子編（2015）『学び合い高めあう「造形遊び」——豊かな学びの世界がひろがる図工の授業づくり』東洋館出版。
　⇨材料の種類によって実践例を整理しているのが興味深い。いろいろな造形遊びを開発する視点を与えてくれる1冊。
板良敷敏編（2002）『小学校図画工作科　基礎・基本と学習指導の実際——計画・実践・評価のポイント』東洋館出版。
　⇨造形遊びの実践事例も多く掲載されていて，子どもから立ち上げる図画工作学習のイメージが実感できる。

（波多野達二）

第 5 章　表　現——絵に表す活動

この章で学ぶこと

「絵に表す活動」とは，絵を描く活動を通して感じたことや知っていることなどを形と色で表す活動のことである。この感じたことや知っていることは，低学年での「感じたこと」「想像したこと」に対応し，中学年では「見たこと」，高学年では「伝え合いたいこと」などが加わり発展していく。これらの造形活動の切り口となるのは，低学年では「好きな色を選ぶ，いろいろな形をつくる」，中学年になると「形や色を生かして，計画を立てるなどをして表す」，高学年では「形や色の特徴を感じ，表し方を構想して表す」である。それらの切り口から授業を組み立て，生活を美しく豊かにする造形や美術の働き，美術文化について子どもの理解を深めていくことが重要になる。

1　絵に表す活動の特質

（1）絵に表す活動の意義

　世界中の子どものほとんどは学校で絵を学ぶ。学校で絵を学ばせる大きな理由は，絵を描く活動が子どもの発達段階と密接に連動していて，活動を通して身近な人々と会話し，自分の心を写し出すような造形的な想像力を広げていくのに重要であるという考え方による。したがって，絵に表す活動の目標は，上手な絵を描かせることではなく，人間性を育み，学習活動を通して美術文化を自然に身につけさせていくことである。

　学校は集団で学ぶところであるから，友達や大人，自分自身の作品を見たり，見られたりしながら相乗的に学ぶ。「資質・能力の三つの柱」である，1つ目の「知識及び技能」の習得，2つ目の「思考力，判断力，表現力等」の育成

図り，自分自身で比較・検討し，競争し合う集団の学び合いこそ，3つ目の柱である「学びに向かう力，人間性等」の涵養(かんよう)につながっていくのである。したがって，「一人での学び」や「集団での学び」など活動の方法にも工夫が必要となり，またこの2つの学び合いが重要になっていくのである。ここでいう，「競争」という表現の概念は，「間違ってもいい，失敗してもいい，他人と違う表現をする」という意味から捉えており，自己肯定感獲得になくてはならないもののひとつであり，よい意味での「競争」という概念である（宮脇，1970）。

（2）絵に表す活動の内容

「絵に表す活動」の内容については，現行と改訂後で変わった点は，「表現及び鑑賞の活動を通して，造形的な見方・考え方を働かせ，生活や社会の中の形や色などと豊かに関わる資質・能力」を育てるために，資質・能力を三つの柱で整理して示したことである。

「絵に表す活動」は「A 表現」の「絵や立体，工作に表す」の一部であり，児童が感じたことや想像したことなどのイメージから，表したいことをみつけ，好きな色を選んだり，表し方を工夫したりして表す活動のことである。活動によっては，目的やテーマをもとに発想や構想を行い，自分なりの技能を働かせ，表し方を工夫し，思いの実現を図っていくのである。また方法としては，自分の思いなどをもとにして発想や構想を練っていくのであるが，友達や身近な作品などの鑑賞を通して，自分なりの思いの表現に至るのである。発想や構想に関する事項について，低・中・高学年別に整理すると表Ⅱ-5-1のようになる。

これを見ると，低学年（小学1，2学年）では，感じたこと，想像したことから表したいことを見つけ，中学年（小学3，4学年）ではさらに見たことから，高学年（小学5，6学年）では伝え合いたいことから表し方を工夫していくことが求められている。高学年の「伝え合いたいこと」とは，子どもが発達に応じて自分を見つめ，他者や社会に関わろうとする意図や目的のあるもので，飾る場所を考えたり，身の回りの役に立ち，楽しくするものなどが考えられる。具体的には啓発ポスター，行事などの装飾活動などがある。

第 5 章　表　現——絵に表す活動

表Ⅱ-5-1　発想や構想に関する指導事項

低学年	絵や立体，工作に表す活動を通して，**感じたこと，想像したこと**から，表したいことを見つけることや，好きな形や色を選んだり，いろいろな形や色を考えたりしながら，どのように表すかについて考えること。
中学年	絵や立体，工作に表す活動を通して，**感じたこと，想像したこと，見たこと**から，表したいことを見つけることや，表したいことや用途などを考え，形や色，材料などを生かしながら，どのように表すかについて考えること。
高学年	絵や立体，工作に表す活動を通して，**感じたこと，想像したこと，見たこと，伝え合いたいこと**から，表したいことを見つけることや，形や色，材料の特徴，構成の美しさなどの感じ，用途などを考えながら，どのように主題を表すかについて考えること。

出典：文部科学省（2017）『小学校学習指導要領解説 図画工作編』をもとに筆者作成。

表Ⅱ-5-2　技能に関する指導事項

低学年	絵や立体，工作に表す活動を通して，身近で扱いやすい材料や用具に十分に慣れるとともに，手や身体全体の感覚などを働かせ，表し方を工夫して表すこと。
中学年	絵や立体，工作に表す活動を通して，材料や用具を適切に扱うとともに，前学年までの材料や用具についての経験を生かし，手や身体全体を十分に働かせ，表したいことに合わせて表し方を工夫して表すこと。
高学年	絵や立体，工作に表す活動を通して，表現方法に応じて材料や用具を活用するとともに，前学年までの材料や用具などについての経験や技能を総合的に生かしたり，表現に適した方法などを組み合わせたりするなどして，表したいことに合わせて表し方を工夫して表すこと。

出典：文部科学省（2017）『小学校学習指導要領解説 図画工作編』をもとに筆者作成。

　次に，技能に関する事項について，低・中・高学年別に整理してみる（表Ⅱ-5-2）。これを見ると，低学年では，身近な材料や道具である画用紙や厚紙，クレヨン，パスなどの描画材料に慣れ，手や指で絵を描いたり，型を押して写したりちぎったりと，手や体全体の感覚を働かせ，表し方を工夫して表すことが重要になる。中学年では，前学年まで使ってきた，クレヨン，パス，コンテなどの描画材に加えて，水彩絵の具が加わり，水加減や混ぜ方などに注意しながら表し方を工夫して表すことが大切になる。高学年では，前学年までの描画材や用具などの経験や技能を総合的に生かし，表現に適した方法などを組み合わせて表現することが重要になる。とくに水彩絵の具では，塗り面の重なりや筆

の動きに気づくなど,表し方を工夫し,表現の質を高めていくことが求められる。

(3) 絵に表す活動の指導のポイント
　絵に表す活動では,子ども一人ひとりの知識及び技能の経験の蓄積や生育環境の違いから,絵で表す活動を得意とする子がいたり,反対に躊躇する子がいたりするのが現実である。そうしたなかで,どの子にも「楽しかったなー」「やったなー」などの達成感をもたせる指導の工夫が大切である。以下はその例である。
　(1) 子どもが生き生きと活動できる環境づくり
　一人ひとりの子どもが感じたり,想像したことなどを安心して考え,表すことができる環境づくりが大切となる。「間違えたり,失敗したと思ったら,やり直しても構わない」という気持ちで子どもに対応していくことが必要である。次のような「造形の約束」が効果的である。
　　ア　間違ってもいい
　　イ　失敗してもいい
　　ウ　友達と違う自分らしい表現をしよう
　(2) 活動内容の精選
　生き生きと活動できる環境が整ったら,次は子どもの資質・能力をさらに発揮できる題材をいかに準備するかである。「内容」に示されているように,活動を通して「表したいことを見つけたり」「好きな形や色を選んだり」「いろいろな形や色を考えたり」「どのように主題を表すかについて考えたり」できる題材の設定が求められる。そのためには,子どもの個性や発達の特性,興味・関心がどこにあるのかなど実態把握に努めることが重要である。
　季節に関連した題材,身の回りに関した題材,素材との関わりを重視した題材,体全体を使って楽しめる題材などさまざまなものが考えられるが,子どもの発達段階における「感じたこと」「想像したこと」「見たこと」「伝え合いたいこと」など表現の切り口とよくすり合わせ,効果的な題材を選定することが重要である。題材の選定については,低・中・高各学年の「発想や構想の耕しについて」の部分で詳しく説明する。

第5章 表現——絵に表す活動

図Ⅱ-5-1 画面を見て色を決める

図Ⅱ-5-2 大きな区分で混色

(3) 描画材と表し方の工夫

　描画材については，低学年の段階からクレヨン，パスをはじめとし，色鉛筆，マーカー，コンテ，水彩絵の具，指絵の具などさまざまなものを体験できるようにしていくことが大切である。キャンバス（支持体）となるものには，（色）画用紙を中心に厚紙，クレヨンで描けるビニール袋やフードパック，新聞紙などさまざまなものがある。これら材料や用具は，活動を通して低学年のうちから繰り返し扱いに慣れるようにしていくことで，子どもの表現世界はどんどんと広がりをみせていく。描画材のさまざまな技法については随所で子どもに紹介していく。技法の提示については，低・中・高各学年の「技能の耕しについて」で説明する。

　2～3学年になると個人所有の水彩絵の具を扱うようになる。その際，個人で絵の具を持つようになった喜びとともに色の美しさを味わわせるために，パレットの小さな区分に全12色を常時並べるように指導する。その理由は12色が並んだ様子から色の美しさに感動し，この感動が彩色活動に直接反映されていくからである（図Ⅱ-5-1）。さらに，12色が目の前にあることで，使うと思いがけない混色などの発見があり，混色の色彩も広がり表し方の工夫ができるよさがある（図Ⅱ-5-2）。使った後のパレットの処理については，学年によって若干の違いはあるが，絵の具を混ぜる大きな区分だけに筆で水を加え，雑巾やティッシュで拭き取るとよい。そして，パレットは開いたまま乾燥させ，小さな区分に出した絵の具は固めておく。そうすることで，後始末の時間が短縮で

き，次回絵の具を使うとき，水を加えるだけで彩色が可能になり，絵の具を使い過ぎることなく，また濃すぎて失敗するのを防ぐこともできる。

次に「表し方の工夫」である。子どもの絵は説明的なものではなく，子どもの思いや願いが形と色で表現されたものである。しかし，ただ自由に表現させるというだけでは放任となってしまい，子どもすべてに達成感を味わわせるのは難しいのである。子どもが思いや願いを豊かに表現できるように，豊かな描画世界へつながる発想の鍵を示すことが重要である。

これらをもとに3つの造形的なポイントを示す。

○「線描」について

アジア諸国では，黒を主体とした線描が多く見られる。子どもの周囲にはカラフルな色彩が満ちあふれているので，カラフルな色彩による線描で表すように指導していくと明るさが増していく。

○「構図」について

構図の役割は，描きたいことを伝える点において重要である。そこで，「中心に描くものは大きく」「隙間をあけない」「気持ちを込めて表す」を原則にしたい。すると自然とインパクトのある表現が可能になり，描きたかったものが相手により伝わりやすくなるのである。

○「彩色の工夫」について

「彩色」にはいろいろな技法がある。うす塗り，べた塗り，かすれやぼかし，重ね塗り，水滴でぼかしたり，筆でドロッピングしたりなど実にさまざまなものがある。これらは，表したいものに応じて表わすための工夫をするときに思いついたり，友達の表現や身近な作品から学び，自然と慣れ親しんでいくものである。また，色のバランスやアクセントなどの表現をより効果的にすることにも気づいていくのである。

子どもは絵を描くことを通して友達や家族，身近な大人とコミュニケーションを図り，自分や自然，社会などについて造形的に理解を図っていく。結果として，それらは生活を豊かにする造形や美術の働き，美術文化について理解を深めていくことにつながっていくのである。

2 「絵に表す」活動の内容と展開（低学年）

(1) 低学年の実践

低学年の児童は，絵を描く活動を通して，生活の中で家族や友達，身近な大人とコミュニケーションを図って，日常世界の知識や人々の思いや感情などにも気づいていく。また，身近な描画材料を使う遊びの中から得られた形や色などを，何かに見立てたりする活動を通して形や色の面白さ，不思議さを自然に発見していく。そこには，幼児期からつながっている子どもの旺盛な好奇心や探求心などがみられる。それらをもとに言葉や実物，お話，知っていることなどにより造形的にイメージを広げたり，材料や用具を使うなかで偶然得られた痕跡から，ほかのものと関連づけて見立てをしたり，新しい材料や用具を扱うことに興味を示したりしていく。それらはすべて発達の創造性に満ちているのである。

(1) 発想や構想の耕しについて

低学年の本事項の内容は，「感じたこと，想像したことから表したいことを見つける」「どのように表すか考える」である。発想や構想の能力を伸ばすためには，題材の選定が重要な要素になるが，その例を次に示す。

○ 感じたことから発想して
- 「にゅうがくしたよ」…入学の喜びを自分の顔で表す。
- 「手のひらでペッタンペッタン」…ロール紙や画用紙に手形を付けて，できた形から新しい形を見立てて楽しむ。
- 「ゆびえのぐでたのしもう」…ロール紙や画用紙に手のひらや指に絵の具を付けて思いついたものを描いて楽しむ。
- 「えからとびだすどうぶつ」…動物園で見て感じたことを表わす。

○ 想像したことから発想して
- 「かぞく（ともだち）といえごとドライブたのしいな」…『もしも，家に羽や車がついてどこにでも行けるとしたら』…と自分なりの夢や願いを込めて空想的に表す。

第Ⅱ部　実践編

あめのひのたのしみ

もったいないおばけ

えからとびだすどうぶつ

図Ⅱ-5-3　想像からの描き（低学年）

- 「あめのひのたのしみ」…雨の日の遊びを想像して表す。
- 「もったいないおばけ」…家や学校でまだ使えるのに捨てられてしまったもったいないものに気づき，手足をつけてお化けにして表す。
- 「お花のオバケ」…花を拡大してシュールな表現を楽しむ。「朝，目を醒ましたら天井に大きな花がいっぱい咲いていてびっくり仰天！」という話をもとに，拡大した花のインパクトをカラフルに描いて楽しむ。

　これらの題材と教科書教材とを組み合わせ，児童観，教材観，指導観と照らし合わせて題材の設定にあたることが，子どもの意欲をかきたて，発想や構想する能力の伸長を促していく（図Ⅱ-5-3）。

(2) 技能の耕しについて

　「身近で扱いやすい材料や用具に十分に慣れるとともに，手や体全体の感覚などを働かせ，表し方を工夫して表す」ことが，低学年の基本事項になる。低学年の絵で表す活動でいう身近な材料とは，クレヨン，パスをはじめとし，色鉛筆，マーカー，コンテ，水彩絵の具，指絵の具等である。そしてキャンバス

になるのは（色）画用紙を中心に厚紙，クレヨンで描けるポリ袋やフードパック，新聞紙などである。

　これらの材料や用具は活動を通して繰り返し扱い慣れさせていくのである。第1学年ではクレヨン，パスが中心となるが，広い面塗りには共同で使う水彩絵の具と太筆や刷毛塗りも有効である。乾いた上からコンテを用い色にアクセントやぼかしをつけたりするなどの工夫もある。

【第1学年　かぞくといえごとドライブ】

　本題材は，小学校に入学したことを家族に喜んでもらえた，という体験をもとに，「もしも，お家に羽や車がついてどこにでも行けるとしたら，あなたは家族をどこに連れて行って，どんなことをしてあげたいですか」という発問から想像して表す絵である。子どものなかには特別な家族などの状況により預けられていたりなどして，「家族と」という設定に問題がある場合は，小学校に入学して新しく友達になった「友達と」という設定にしてもかまわないし，「誰々と」と置き換えても面白い。とにかく，自分の入学を喜んでくれた人と一緒に冒険や夢を想像して楽しむ題材である。

　本題材を展開するうえでまず事前の予告として「もしも，お家に羽や車がついて，どこかに行きたいなと思ったら，すぐにどこにでも行けるお家があったら，あなたは，どこに行きたいですか」と問いかける。そこで，「次の図工の時間は『かぞくといえごとドライブ』という絵を描いてみましょう。この次までによく考えてきてくださいね」と予告する。

　授業が始まると，「どこへ」「誰と」「何をしに」行くのかを構想するためのワークシートを用意する。シートには，「どうしてそこに行って，それをするのか」という理由を書く欄も設け，短時間で全員が構想を発表し合い，想像を膨らませることができるようにする。場合によっては，グループ内での発表であっても構わない。友達の考えを聞いて，新たに想像が膨らんだときは，その発想を赤色で書き加えさせ，自分の変化を意識化させ，安心して取り組めるようにしていくとよい。描画の約束として「中心は大きく」「隙間をあけない」「気持ちを込めて描く」の3つをあげた。線描の色は赤・黄・緑・青・紫の仲

第Ⅱ部　実践編

図Ⅱ-5-4　1年生作品「かぞくといえごとドライブ」

間の色から1色選ばせた。描画している最中，また彩色している最中に不安になったりすることもあるので，適宜「集団の学び」のなかで，全員の作品を床に並べて鑑賞し合い，友達のよいところを自分の作品に取り入れるなどして，集中力が途切れないように配慮していった（図Ⅱ-5-4）。

３　「絵に表す」活動の内容と展開（中学年）

(1) 中学年の実践

　この時期の子どもは発達上大きな変化を遂げていく。ギャングエイジと呼ばれていることはよく知られているが，彼らの行動範囲は，幼年期の身近な大人に守られて成長する時期から一気に広がりをみせ，友達や身近な大人たちなどに触れ，他人やさまざまな事象と関わり，達成感や挫折を繰り返しながら自らを成長・発展させていくようになるのである。
　「絵に表す」活動では，見たことを再現したり，いろいろな表現方法に興味を示したり，いろいろな材料や用具に関心を寄せ，扱いに慣れていこうと中学

年の子どもが積極的な行動をとるようになる時期でもある。したがって，用具や材料の扱いでは，とくに安全面に注意を図って指導にあたらなければならない。しかし，身の回りの事柄に積極的に関わり創造力をいかんなく発揮する一方で，周りの友達や大人たちの評価を気にし始める時期でもある。そのため，教師は言動の裏側にある子どもの細かな心情の把握に配慮しなければならない。たとえば，一方的に作品の出来・不出来を評価すれば，彼らがもっている創造力はたちまち不信感に変わっていってしまうのである。

(1) 発想や構想の耕しについて

「感じたこと，想像したこと，見たことから表したいことを見つける」「表したいことをどのように表すかを考える」というのが，中学年の本事項の内容になる。発想や構想の能力を伸ばすためには，題材の選定が重要な要素になってくる。その例を次に示してみる。

○ 感じたこと，想像したことから発想して
- 「ツリーハウスにようこそ」…ファンタジーの世界を楽しむ。
- 「あれれ？ 何なのかな？」…自由な線描の形から見立てて描く。
- 「虫の顔は不思議」（木版画）…拡大した虫の顔の不思議を感じて。

○ 見たこと，表したいことから発想して
- 「真っ黒のインパクト」…黒い塊のSLを見て，黒の物体のインパクトが最もよく感じられる部分を中心に大きく表す。
- 「友達ってどんな人？」…目の前の友達の好きなもの，得意なもの，性格などを聞きとり，友達の顔を横・斜め・正面を選んで描く。
- 「秋の贈り物」…秋の果物や野菜を持ち寄って描く。

これらの題材と教科書教材とを組み合わせ，児童観，教材観，指導観と照らし合わせて題材の設定にあたることが子どもの意欲をかきたて，発想や構想する能力の伸長を促していくことにつながる（図Ⅱ-5-5）。

(2) 技能の耕しについて

技能に関しては，「材料や用具を適切に扱うとともに，前学年までの材料や用具についての経験を生かし，手や体全体を十分に働かせ，表したいことに合

第Ⅱ部　実　践　編

　　　ツリーハウスにようこそ　　　虫の顔は不思議　　友達ってどんな人？
　　　　　　図Ⅱ-5-5　感じたこと想像したことからの描き（中学年）

わせて表し方を工夫」することと示されている〔文部科学省（2017）『小学校学習指導要領』「2　内容　Ａ表現(2)イ」〕。低学年で経験した材料・用具に加え，水彩絵の具の水加減や混ぜ方などに注意して表すことなどが求められている。

　描画活動では，絵で表したいテーマを強調して表現するには，低学年で培った「中心は大きく」「隙間をあけない」「気持ちを込めて描く」を積み重ね，ものとものとの重なりなど，画面の中の遠近感やものの立体感などにも気づかせていくのである。

　彩色活動では，パレットに全12色を出すように指導する。活動中には，色の濃淡が色の主と従を表すことや，色の構成（コンポジション）には画面の中でバランス（配置），アクセント（強調）などがあることにも気づかせていく。また，筆などによる痕跡から新たな形などを見つけたり，色のにじみなどから，メルヘン的な心情の表現につなげたり造形表現にも思いや願いをふくらませていくことができるように指導する。

【第4学年　秋の贈り物】
　この題材は，季節教材であるとともに植物や生き物の生き延びる力を学ぶことができる。この時期にふさわしい教材といえる。
　冬を前にして，多くの植物は秋に実を実らせ，私たちは実りの秋として収穫の喜びと食欲の秋を迎えるのである。植物は種子をつくり，種子に栄養を与えるために果実となって人間の食にも大いに貢献する。その植物の摂理を知り，

第5章 表現——絵に表す活動

感謝を込めて秋の果物などを描いていくのである。

事前の指導として，子どもに題材の意図をよく説明し，自分の身の回りにある秋の野菜や果物を準備するように伝えておく。果物や野菜はできるだけ種類が多いほうが子どもたちの意欲をよりかきたてることができる。準備のできない子も予想されるので，教師もあらかじめ準備しておく。果物はりんご，なし，ぶどうなどが圧倒的に多いが，イガ栗やどんぐり，柿，イチジク，きのこ，サツマイモ，ナス，カボチャなどの果物や野菜など形のおもしろいものもいいだろう。数週間にわたって描写するため，できるだけ腐りにくいもののほうがよい。

イガ栗を用いた実践について見てみよう。イガ栗はイガの中の栗の実が熟するとイガが割れて実を落とす。「どうしてイガで果実を包むなんて，わざわざそんなことをするんだろう」と問いかける。すると子どもたちは既習の知識や経験をもとに想像力を働かせていく。図鑑などで既習している子は，「栗の実が十分熟さないうちにイガなしで成長したら，鳥などの餌になって芽を出せなくなってしまうから」などと発表してくれる。それまでそんなことを考えてもみなかった子は，栗の生き延び方を知り眼を丸くして興味を示す。これまで食べ物として認識していなかった子どもに，新しい知識に対する好奇心が芽生え，探求心となって想像力を高めていくのである。このような導入を行うには，ワークシートを用いて考えを深めさせ，友達の考えにも触れることのできる発表会などを利用して，より考えを深められるように配慮していくことが大切である。

次は，何を中心に描くのかである。中心に描きたいものが決まれば，画用紙の画面からとび出すように拡大して描いていこうと投げかける。理由はインパクトのある表現にしたいからである。もしも，隙間ができたらほかの果物や野菜，紅葉などを書き加えていけばよい。子どもによっては人間や生き物を描き加えるかもしれない。そうした中から，自然と形の重なりの表現や画面の中の遠近描法にも気づいていくことができる。中心のものは拡大されているので，ディテール（細部）に気づく。さらに，量感や立体感としての丸みなどにも気

第Ⅱ部　実践編

図Ⅱ-5-6　4年生作品「秋の贈り物」

づいていくこともできるのである。

　これら表現の工夫は，一斉指導して教えられるものではないので，友達やよく知られている絵などを通した「集団の学び」（鑑賞）が有効である。「集団の学び」は全員の作品を床に並べ，見合うことで大きな成果を得ることができ，効果的である。

　作品の鑑賞は，自分自身との対話である。自分で判断して自分の作品に反映する判断力が鍛えられていくのである。もしも，技法面でつまずいたり，手が止まって困っている子がいたら個別指導で対応する。このように，授業の節目節目に作品の鑑賞を通して自らの表現を高めていく方法は，子どもたちにとっては自分の力で思考力，判断力，表現力等を高めていく絶好の学びの場となる。さらに，培われた自己判断力は，自己肯定感にもつながっていくのである。

　図Ⅱ-5-6はどれも伝えたいものが明確で，赤・黄・緑・青・紫色の仲間の色（可視光線）を用いて彩色が工夫されている。しかも，中心の果物や果実の周りに他のものが豊かに描かれていることで，秋の実りが表されている。

④ 「絵に表す」活動の内容と展開（高学年）

(1) 高学年の実践

　高学年になると自分の作品や発言を客観的に振り返ったり，集団や社会などとの関係で捉えたりするようになる。造形表現では，ローウェンフェルド(1995)も述べているように，ビジュアルタイプ（視覚型）とハプティックタイプ（触覚型）に分かれる傾向が顕著になってくる。一般に日本の教育では，知的な視覚型の表現が好まれ，触覚型の表現は個性的と評価されることが多い。理由はいろいろ考えられるが，視覚型の子どもは学習の取り組みが静かで真面目に取り組み，写実的表現を好む傾向があり，触覚型の子どもは直感型が多く，感情や感性に任せた力強い表現主義的表現を得意にするからだといえる。しかし，視覚型も触覚型も一人ひとりの個性であり，それぞれのよさを等しく理解して対応していかなければならない。

　(1) 発想や構想の耕しについて

　高学年は，前学年までの「感じたこと」「想像したこと」「見たこと」に加えて，「伝え合いたいこと」から，「表したいことを見つける」「どのように表すかについて考えること」となっている。「伝え合いたい」とは，作品を誰かに伝えたいという意識で表現することである。「絵で表す」では，どこに飾るかを考えて表現することであったり，ポスターという伝達表現であったり，他者を意識した表現であったりするが，いずれにしても「主題をどのように伝えるかを考える」ということは，主題がわかりやすいようにインパクトのある表現が求められる。描画では，低学年から「中心は大きく」「隙間をあけない」「気持ちを込めて描く」を積み重ねているので，高学年では画面の中心に何をもってき（描い）たほうがよいかを考えて表現させていくということになる。では，そうした発想や構想が生まれてくる題材にはどのようなものがあるのか，いくつか例をあげてみよう（図Ⅱ-5-7）。

第Ⅱ部　実　践　編

日本画に初挑戦

時間が止まったら

鴨川の自然

図Ⅱ-5-7　伝えたいことを絵に表す（高学年）

○ 感じたこと，想像したこと
- 「金のうぐいす（アンデルセン）」…コラージュで表す
- 「日本画に初挑戦」…展示場所を考えて，日本画用の絵の具で表す
- 「時間が止まったら」…ものが一瞬止まったときの事象やその表情を表す

○ 見たこと，表したいこと
- 「熱帯の植物は魅力がいっぱい」…熱帯植物園で植物を観察して表す。
- 「京野菜はステキ」…地産野菜の理解と思いを絵に表す。

○ 伝え合いたいこと（合科的扱いで）
- 各種ポスターの制作やプレゼンテーションのカットなど。

(2) 技能の耕しについて

　技能に関しては，「表現方法に応じて材料や用具を活用する」「前学年までの経験や技能を総合的に生かす」「表現に適した方法などを組み合わせる」などして「表したいことに合わせて表し方を工夫して表す」となっている。具体的には，「版で表した画面にパスで色を加える」「絵の具や墨，カラーペンなど多

様な画材から選んで着色する」等が示されている〔文部科学省（2017）『新学習指導要領 解説』〕。このように従来の絵画の枠を超えた表現の方法が示されるようになったのは，現代美術の世界で，従来の構想画，写生画というような絵画表現の枠を打ち破る表現が多数出てきたことによるものである。しかし，自分の表現に適した方法を組み合わせた表し方を工夫して表すことは，一朝一夕にできることではない。低学年からの経験や技能の積み上げがあってはじめて可能になってくる。そのように考えると，高学年においても，継続的に子どもの絵画世界を広げていくような気づきの場面を授業の中に盛り込んでいくことが極めて重要である。

　彩色を例にあげると，色のインパクトとして，赤，黄，緑，青，紫色に関連する色の中から画面上の主調色を選んだり，画面上の色のバランスやコントラストを考えて表現することの魅力を味わわせていく。

　また，画面を引き締めるには，補色効果（色相環の反対色）やアクセント効果に気づくような仕掛けを取り入れていくことも重要である。たとえば，クリスマスの赤と緑の補色の関係などは，格好の教材である。豊かで深い彩色の世界へ子どもたちを導いていくためには，描画材の扱いの基礎・基本などを繰り返し指導することも大切である。とりわけパレットの扱いでは，12色の絵の具が絶えず出ていることや水の加減を調整して扱うことが大切となる〔79頁(3)参照〕。

【第5学年 「金のうぐいす」コラージュで表そう】

　この題材では，現代絵画の表現方法のひとつであるコラージュの技法を用いて，のびのびと表現し，その喜びを味わうことを目指している。コラージュというのは，写真やさまざまな紙を切ったり貼り付けたりしながら絵画的な表現を拡げていく表現のひとつである。

　『金のうぐいす』または，『夜鳴きうぐいす』はアンデルセンの童話である。話の中で，中国の皇帝が日本の天子（天皇）から，機械仕掛けの人造うぐいすを贈られるという一節がある。人造うぐいすは，金，銀，真珠，宝石などでできた不思議な美しい仕掛け鳥であった。その人造うぐいすを思い描いて，コラージュの技法で表現していくのである（図Ⅱ-5-8）。

図Ⅱ-5-8　5年生作品　「金のうぐいす」コラージュで表そう

　制作方法は新聞広告やカタログ，婦人雑誌などの写真を切り取り，貼り付けていくというものである。人造うぐいすのガタガタ，ガラガラ鳴るねじや小さな歯車，自動ぜんまいなどは，機械の様子をよく伝えてくれる。またさまざまな貴金属などの写真は，切り抜いて構成し表現すると，人工的な高級品の仕掛け鳥になって，線描画や彩色画などに限定されていた子どもの表現のレパートリーを広げてくれる。

　一人ひとり持ち寄った写真を切り抜き，「一人の学び」で表現していくと，途中で表現の仕方や良し悪しが不安になってくる。そのタイミングを見計らって，全員の作品を床に並べ，どんな表現が可能か鑑賞し合いイメージの交流を行った。集団の学びを通した鑑賞を入れることによって，子どもたちは自分にない友達の表現から刺激を受け，もう一度自分の作品を別の角度から見つめることができる。このようにして，表したいものに合わせて自主的に材料を捜す，集める，選ぶ，切り取る，配置する，取り外すなどの活動につながっていくのである。

第5章　表現——絵に表す活動

5　授業実践例（学習指導案）

これまでに取り上げたことを踏まえ，「絵に表す活動」の学習指導案を示す。

図画工作科学習指導案

授業者　○○○○

1. 対象　第5学年○組　男子15名　女子15名　　計30名
2. 日時　令和6年○月○日（○）　第3・4校時
3. 場所　図工室
4. 題材名　熱帯の植物は魅力がいっぱい（絵に表す）
5. 題材設定の理由

〈児童観〉

　本学級の子どもたちは，とりわけ図画工作の授業に対して集中した学びを展開している。知らないことへの興味・関心が高く，具体的な活動を通しながら，造形的な要素（構図と主題や色彩の要素など）について，積極的に学んでいる。理由は自らの発想や構想，創造的な技能の資質・能力を高めていこうとする意欲によるものだと考えられる。これは，1学年からの集団での学び合いによる積み重ねの成果と，身体全体を使った総合的な学びの楽しさの積み重ねによるものである。そうした点から，個人作品の出来栄え以上に，自分自身の取り組み方に重きをおき，学びの第一の目標である自己肯定感の獲得を目指している子どもが多く，内容と技能の高い作品が生み出される。また本などの資料を集めたり，タブレットを利用した情報活用能力にも慣れている。

　※「総合的な」は，インテグレーション（綜合感覚）の意味を含む。

〈教材観〉

　「絵に表す」活動は発想や構想，創造的な技能の能力が問われる領域である。そのため，表現力を身につける過程の楽しさを理解できれば，好き・嫌いという安易な学びに陥る心配は少なくなる。

　本校の近くには京都府立植物園の熱帯植物館という施設があり，長年連携を図ってきて

第Ⅱ部 実践編

おり，熱帯の植物の特性などについての講話などもしてもらっている。講話から子どもたちは，植物の生長に「人としての生き方」を重ね合わせて学ぶ絶好の機会を得ている。

造形的には，ジャングルの中の鮮やかな花とさまざまな形をした濃緑の葉，生き物の組み合わせが予想され，植物と生き物との共存共生を学びながら，飾る場所や構図の工夫，創造的技能などの資質と能力を高めていきやすい題材のひとつとなっている。

〈指導観〉

発想や構想の段階の取材活動は4人グループで行う。発想や構想の手助けとなるワークシートや画家田中一村の絵などを鑑賞しながら，グループや全体で発表し合い，自身の発想や構想をもち，構図を決めていく。その後，一人での学びで画用紙に下描きをする。下描きの過程で，全員の作品を床に並べてみて友達の作品からヒントを得たり，アイデアを取り入れたり，自分の個性を発見したりしながら引き続き一人学びで活動し表現力を高めていく。こうした活動や集団での学び合いを通して判断力が一層鍛えられていく。また，一人学びと集団学びの繰り返しにより，主になる色，周りの色合いなど，彩色の工夫などの創造的な技能の資質・能力を高め合っていく。

完成した絵を床に並べ，全員で友達の作品を鑑賞し良いところを指摘し合う方法は，無作為に対象とする人を選び，学んだ美的要素（言葉）を用いて具体的に褒め合い，鑑賞の資質と能力を高めるようにしていきたい。

6. 題材の目標

（知・技）友達と作品を鑑賞し合い，画面の構図や色彩のバランスやアクセントなどを考えながら，水彩絵の具の濃さや主・従の色合い，混色・重色などを工夫し自分らしく表す。

（思・判・表）
- 植物などの共存・共生の生態について友達と意見交流しながら，画面の中心の色彩や画面全体の構図など，どのように主題を表すかについて考える。
- 表現の活動過程で友達の作品を鑑賞したり，完成作品を鑑賞する中で，友達や自分の良さに気づき，自分の見方や感じ方を深める。

（学び力）熱帯の植物を鑑賞する中で，植物が花を咲かせ，他の植物や生き物と共存・共生していることを理解し，その様子を自分らしく主体的に表現する。

第5章　表　現──絵に表す活動

7. 題材の評価規準

知識・技能	思考・判断・表現	主体的に学習に取り組む態度
友達と作品を鑑賞し合い、画面の構図や色彩のバランスやアクセントなどを考えながら、水彩絵の具の濃さや主・従の色合い、混色・重色などを工夫し自分らしく表している。	（表現）植物などの共存・共生の生態について友達と意見交流しながら、画面の中心の色彩や画面全体の構図など、どのように主題を表すかについて考えている。 （鑑賞）表現の活動過程で友達の作品を鑑賞したり、完成作品を鑑賞する中で、友達や自分の良さに気づき、自分の見方や感じ方を深めている。	熱帯の植物を鑑賞する中で、植物が花を咲かせ、他の植物や生き物と共存・共生していることを理解し、その様子を自分らしく主体的に表現しようとしている。

8. 題材の指導計画（全8時間）

次	時	指導内容	学習内容	学習活動における具体の評価規準		
				評価規準 （評価の観点） 〈評価の方法〉	十分満足とされる状況	努力を要する状況への手立て
1次	1・2	学びに向かう力 思考・判断・表現	熱帯の植物を鑑賞し、その魅力に興味をもち、タブレットの記録をもとに、参考資料、友達と交流などを通して構想を練る。	参考資料や友達と交流し合いながら、自分なりの画面構成ができる。 （主体的に学習に取り組む態度）（思考・判断・表現） 〈観察・ワークシート〉	友達などと交流し、自分の思いが伝わるよう、作品の掲示場所を考え、画面の構成をまとめている。	画面の構成や彩色に躓いたとき、先輩の絵や画家田中一村などの絵を見せ、中心に描かれているものに気づかせる。また、構想の手立てとする。
2次	3・4・5・6・7	思考・判断・表現 知識・技能	画面の下描きから、主となる色、全体の色彩をイメージし、主色から塗り始め、コントラスト、アクセントなどの彩色を工夫する。	友達との交流を図り、自分の思いを伝える画面構成、水彩絵の具での彩色の工夫などを自分なりに作品にまとめていく。 （知識・技能） 〈観察・作品〉	友達などとの交流を通して、自分なりの画面構成、彩色バランスやアクセントなど、友達と違う自分なりの作品にまとめている。	画面構成、彩色の意図が曖昧なとき、植物の生き方や鮮やかな色、多様な緑色、色の濃さなどに気づかせる。
3次	8	思考・判断・表現 〈鑑賞〉	・友達の作品を鑑賞し合い、そのよさを伝える。 ・シートで活動を振り返る。	友達の作品のよさについて的確に認め合うことができ、シートに活動をまとめている。 （思考・判断・表現） 〈発言　振り返りシート*〉 ※ 学習活動全体を振り返るもの。	友達のよさを構図の採り方、色彩の表し方の面から的確に認めているシートに自分の活動を振り返っている。	よさを言葉にできないとき、教師が代わって補足、シートに書けないときはキーワードを考えさせる。

第Ⅱ部　実　践　編

9．本時の目標

（知・技）画面全体の色彩をイメージし，主たる色から彩色する。

（思・判・表）

・友達と発想や構想の交流を図り，友達のよさを自分の表現に取り入れるなどして，自分の思いを画面にまとめる。

・友達の作品を鑑賞しながら，自分の思いを造形的な視点から深める。

（学び力）タブレットの記録を基に自分が興味を持った場面を主体的に画面にまとめる。

10．本時の展開（3/8時間）

過程	指導内容	指導形態	主な学習活動	指導上の留意点	教材教具	評価 （評価の観点） 〈評価の方法〉
導入	問題把握 学びに向かう力 思考・判断・表現	集団 個人	・自分の思いを発表し，思いを明確にする ・飾る場所を考えて画面構成を見直し，まとめていく。	・安易に満足せず，より思いを伝えることができるように，友達との交流を通した学び方を徹底させる。	タブレット 作品資料 画用紙 筆記具	飾る場所を考え，自分の思いが伝わるように画面構成を仕上げている。 （主体的に学習に取り組む態度）（思考・判断・表現） 〈発表・観察〉
展開	思考・判断・表現 知識・技能	個人 集団 個人	・全体の色をイメージし，主になる部分から彩色を始める。 ・友達の彩色を鑑賞する。 ・色の濃淡などを考え，周りを彩色する。 ・後片付けをする。	・主になる色は画面で一番目立つ部分なので，全体の色合いをイメージさせ彩色させる。 ・友達の良いところは積極的に取り入れ，表現力を高めさせていく。	水彩絵の具セット	画面全体をイメージして彩色しようとしている。 （思考・判断・表現） （知識・技能） 〈発表・観察〉
終末	思考・判断・表現 〈鑑賞〉	集団	本時の活動を振り返り，発表し合う。（数人）	本時活動を一人学びと集団学びから振り返らせる。		自分の思いを造形的に深めている。 （思考・判断・表現 〈鑑賞〉） 〈発表・作品〉

11. 板書計画 ①

熱帯の植物は魅力がいっぱい
1. ねらい
　鍛える力は三つ
　　ア 考える力
　　イ 決める力
　　ウ まとめる力
2. 確認事項
　① 伝えたいことは何？
　② 飾る場所は？
3. 活動
　○ 下描きを完成し、彩色に入る
　　彩色…中心の色から彩色
　① 一人学び
　② 集団学び
　③ 繰り返し
4. 獲得する能力
　① 自己肯定感
　② 他者受容能力
　③ 共生の能力と個性
5. 後片付けと振り返り

板書計画 ②

資料提示
画家　田中一村の絵　『アダンの木』
他クラスの絵

参考・引用文献

H. ブルクハルト著, 堀 典子訳 (1982)『現代ドイツにおける「美術の授業と子どもの絵」』全国造形教育連盟.

V. ローウェンフェルド著, 竹内 清・堀ノ内 敏・武井勝雄訳 (1995)『美術による人間形成——創造的発達と精神的成長』黎明書房, 321〜347頁.

学校法人立命館小学校　児童作品（指導：室田太郎教諭, 国方善博教諭).

大学美術教育指導法研究会他編著 (2015)『「図画工作科指導法」理論と実践』日本文教出版.

田中一村 (1985)『田中一村作品集』日本放送出版協会.

宮脇 昭 (1970)『植物と人間』日本放送出版協会.

文部科学省 (2017)『小学校学習指導要領解説図画工作編』.

第Ⅱ部　実　践　編

> 学習の課題
>
> (1) 低・中・高学年の児童の絵の特徴について話し合い，整理してみよう。
> (2) 子どものリアル（その子の内から湧き出てくるもの）を導き出せる各学年の題材名について話し合って考えてみよう。

【さらに学びたい人のための図書】

中沢新一（2006）『芸術人類学』みすず書房。
　　⇨「芸術」という言葉にはいろいろなものが寄り集まっている。人類の起源に沿って，「芸術」の発生を読み解いている。

学齋藤亜矢（2014）『ヒトはなぜ絵を描くのか』岩波書店。
　　⇨子どもとチンパンジーの絵の違いから，ヒトとは何か？「想像」と「創造」について論じている。

（横澤茂夫）

第6章　表現——版に表す活動

この章で学ぶこと

　版を用いた独特の表現方法を通して，豊かな表現世界を広げる。版表現は版種によってさまざまな素材・技法を用いて版をつくっていくことである。版を紙に刷ったときに，予想を超える創造的な世界が紙の上に現れてくる。その驚きと感動を存分に味わいながら，自己の豊かな表現を育てていくことを目指す。

1　版表現の特性について

(1) 版から紙への転写

　「版画」とは，さまざまな素材や手法でつくられた版に絵の具などを付け，支持体（主に紙，版種によっては布やプラスチックなど）にその形や図柄を写し取ったもののことである。

　「版画」というと，木版画や銅版画などのように高度で専門的な技法を要するものというイメージが強いが，先に述べた概念から考えれば，「手に絵の具を塗って手形を押す・野菜の断面をスタンプする」といったことも立派な版表現である。版が支持体に転写されるとき，その表面には版と共通する形，特徴が写し取られるわけだが，それが版そのものではないことはいうまでもない。版を支持体へ転写した瞬間に，「似ているがまったく異なるもの」が目の前に出現する。その驚きや面白さが版表現の醍醐味といえる。

　『小学校学習指導要領　第3 指導計画の作成と内容の取扱い 2(7)』にあるように，子どもや学校の実態に応じて，子どもが工夫して楽しめる版表現を行い，この活動ならではの醍醐味を子どもに十分体験させていく。

（2）複数性

版画はもともと「同じ図柄や文字を量産する（複数性）」ために生まれた技法であり、後に印刷技術へと発展していく。しかし図画工作科の領域においては、この複数性という特性を、単に「同じものを量産する」という意味でのみ捉えないほうがよい。それよりも1つの版から色や刷り方を変えて刷ることによって、「版は同じであるが、そこから複数の異なる作品が生まれる」という点に重点をおきたい。1つの版からさまざまな版画作品を生み出せることは、版表現のもうひとつの大きな醍醐味でもあるからである。

（3）間接性

絵画は、直接支持体に描画することから「直接技法」、それに対して版を介する版画は「間接技法」と呼ばれる。

間接技法の面白いところは、自分の予測を超えたものが作品に多々現れることである。版の素材がもつ表面の特徴が、テクスチャー（材料の質感）となって作品に意外性や面白さを付加するのである。これは、思い描いた通りにはいかないこともあるが、大体において作品をより魅力的にすることも多い。

また、予測できないがゆえに、「これを刷ったらどうなるだろう」というワクワク感や、刷りに臨む際の心地よい緊張感といった、版画制作においてのみ味わうことのできる独特の楽しさにつながっていく。

2　主な版種について

（1）凸版

版に何らかの方法で凹凸をつくり、凸の部分に絵の具などを付け刷り取る技法を用いた版種である。主な版種としては、木版画や紙版画があげられる。スタンピングやフロッタージュ（こすり出し）は、図Ⅱ-6-1の通りではないが、凸版部分を刷り取るという意味においては凸版といえる。いずれも面を主とした表現に適している。

第6章 表現——版に表す活動

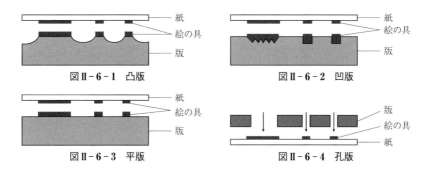

図Ⅱ-6-1　凸版　　　　　　　　図Ⅱ-6-2　凹版

図Ⅱ-6-3　平版　　　　　　　　図Ⅱ-6-4　孔版

（2）凹版

　版に何らかの方法で凹凸をつくり，その凹の部分にインクを詰め，表面（凸部分）の余分なインクは拭き取り，プレス機等を使用して強い圧をかけて刷る技法を用いた版種である。細い線を刷ることができるので，線を主とした表現に適している。代表的な版種として，銅版画があげられる（図Ⅱ-6-2）。

（3）平版

　凹凸のない平らな版面にローラーなどでインクや絵の具を付けて紙に刷り取る技法を用いた版種である。代表的な版種としてリトグラフ版画があげられるが，専門のプレス機等が必要なため小学校の授業ではあまり行われない。アクリル板に絵の具で描画してそれに紙を乗せ，圧をかけて刷り取るモノタイプ版画やマーブリングなどが行われることが多い（図Ⅱ-6-3）。

（4）孔版

　版に孔を開け，紙の上にセットして孔から絵の具等を刷り込む技法を用いた版種である。イメージが反転しない唯一の版画技法である。紙以外の素材（布など）にも刷りやすく，代表的な版種としては，シルクスクリーン版画があげられる。また，ステンシル技法も孔版の一種である（図Ⅱ-6-4）。

　児童に自分のオリジナルマークをデザインさせ，Ｔシャツやハンカチに刷るなど，実用性のある作品づくりに展開させても楽める。

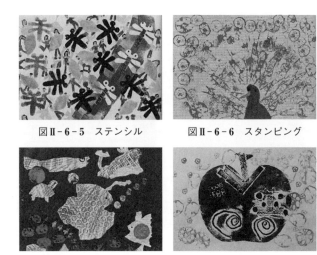

図Ⅱ-6-5　ステンシル　　　図Ⅱ-6-6　スタンピング

図Ⅱ-6-7　フロッタージュ　　図Ⅱ-6-8　紙版画とスタンピング

3　発達段階に応じた版表現

(1) 低学年（第1・2学年）の実践

　資質・能力を伸ばすための低学年における版表現は，『小学校学習指導要領　第1学年及び第2学年　2 内容　A表現 (1)イ (2)イ』で述べられているように，身近で扱いやすい材料や用具を使い，高度な技術を要さずに制作できる題材が好ましい。短時間で版が制作でき，刷り取ることに重点をおき，第1節で述べた版表現の特性を存分に味わえる題材がよい。したがって，加工がしやすい紙版画やステンシル，スタンピングやフロッタージュといった題材が適している。ステンシルとは，好きな形に紙やフィルムを切り抜き，それを型紙として紙の上に置き，パスやコンテなどを刷り込んだり，ローラーで絵の具を付けたりして，切り抜いた形を紙や布に転写する技法である。スタンピングは，さまざまなものに絵の具を付け，紙にハンコのように型を押し付けて写し取る技法である。フロッタージュは，表面に凹凸のあるものの上に薄い紙をかぶせ，パスやコンテなどでこすって凹凸面のテクスチャーを写し取る技法で，いずれも難し

い技術を必要としない（紙版画の指導については，第4項で解説する）。

（2）中学年（第3・4学年）の実践

中学年で求められる資質・能力を伸ばす版表現の題材としては，コラグラフや木版画があげられる。

コラグラフとは，紙や布など，薄くて表面にテクスチャーのあるさまざまな素材を貼り合わせたり貼り重ねたりして凹凸のある版をつくり，その表面にローラーで絵の具を付けて刷り取る技法である。大きく括ると紙版画もコラグラフの一種とみなすこともできるが，中学年のコラグラフは『小学校学習指導要領 第3学年及び第4学年 2 内容 A 表現 (2)イ』にあるように，前学年までの材料や用具の経験を生かし，表現したいものに合わせて表し方を工夫することができる題材である。つくり上げたい作品をより明確にイメージし，意識的に素材や用具を選択し，用いる力が育まれ，低学年で行った紙版画の制作の経験を生かし，より複雑な表現へと展開していくことが期待できる。

また，創造的な技能を伸ばすために，木版画も有効な題材となる。木版画は彫刻刀やバレンといった専門的な道具を扱うことで，創造的な技能が育まれる。さらに，一度彫った部分は元に戻すことはできないので，自ずと作品完成への見通しをもって慎重に作業を進める力が養われることも期待できる。

版を彫る作業は時間がかかるため，中学年の木版画では，あまり複雑なイメージを彫ることは避けたほうがよい。線彫りの表現を主として，いろいろな彫りの効果を試せるような版づくりが望ましい。

（3）高学年（第5・6学年）の実践

高学年の版表現において最もよく取り上げられる題材は，やはり木版画である。中学年で行った一版刷りの体験を土台に，さらに高度な技能や発想力が必要となる多版多色刷り版画に取り組むとよい。ただし，複数の版を彫り，ズレが生じないように刷り重ねるには，多くの時間と技術が必要となるため，高学年では彫り進み版画や一版多色刷り版画を行うとよい。

第Ⅱ部　実践編

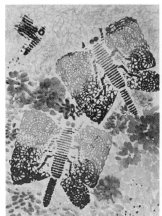

図Ⅱ-6-9　コラグラフ

図Ⅱ-6-10　木版画

図Ⅱ-6-12　写実的な木版表現

図Ⅱ-6-11　彫り進み木版

　「彫り進み版画」とは，1つの版に彫りを加えては刷るという作業を何度か繰り返して作品をつくり上げていく技法である。毎回異なる色を刷り重ねていくことで，複雑な色彩が現れる。明度の高い色から低い色へ，順番に刷り重ねていくとよい。

　小学校学習指導要領には，「形や色」という文言が頻繁に出てくるが，版の形を意識し，異なる色を刷り重ねていくこの技法は，まさに「形や色」を強く意識することにつながる。

　「一版多色刷り版画」は，図柄の線の部分を彫り，彫った線で囲まれた面をそれぞれ異なる色で刷って作品をつくり上げていく技法である。黒い紙に刷る場合は，彫った線は白い線ではなく黒い線として現れる。ある面に何度も異なる色を付けて刷ることで，豊かな色面をつくることができる。

　また，技能の習熟が進んだ高学年では，より複雑な彫りの技術が必要となる写実的な表現に挑戦してもよい。家族の肖像や静物モチーフなどをじっくりと観察し，彫りの効果を駆使して表現することにも挑むとよい。

第6章 表現──版に表す活動

4 授業実践例（学習指導案）

これまでに述べてきた内容と新学習指導要領を踏まえ，次頁に学習指導案を作成したので参照されたい。

図画工作科学習指導案

授業者　○○○○○○

1. 対象　第1学年○組　男子○名　女子○名　　計○名
2. 日時　令和○年○月○日（○）　第3校時
3. 場所　図工室
4. 題材名　「チョキチョキペッタン　なんのかたち？（紙版画）」
5. 題材について

〈児童観〉
　本学級の子どもたちは，小学校に入学してから日も浅く，図工の授業の経験もまだ少ない。技能の面でも未熟であり，集中力を維持することも難しい。反面，新しいものに出会ったときの驚きや喜びを素直に全身で表し，吸収する力をもっている。また，自分の欲求のままにのびのびと表現活動を行うことができる。子どもの興味関心をうまく引き出してテンポよく作品完成までの工程が展開され，集中力が持続できれば，魅力的な作品となることが期待できる。

〈教材観〉
　紙版画は，版画分野において初歩的な技法のひとつであり，低学年の子どもでも容易に取り組むことができる題材である。幼児期から絵を描いたり，折り紙を折ったりと身近に触れ合ってきた紙という素材に，切る・破る・貼るなどの操作を加えることで，紙のもつ新たな魅力を発見し，自己の表現につなげていくことができる。
　本題材は，最初に「○○をつくろう」と具体的にテーマを決めてから制作するのではなく，紙を半分に折りたたみ，折り目部分は切離さずつなげたまま紙を無作為にハサミで形を切り取る。切り取った紙を広げたときにできる形からイメージを膨らませて版を

第Ⅱ部　実　践　編

つくる。その理由は，最初からつくるものを決めてしまうと，それを実現することが創作活動の目的となってしまい，発想が広がりをもたず，作品も表現もこぢんまりとしたものになってしまうことを避けるためである。また，最初にあまりに固まったイメージをもってしまうと，その通りにつくれないことに苛立ちを覚え，図画工作に対する意欲を失いかねないからである。

　中学年以降には，作品完成へのより具体的なイメージをもって制作に取り組む力をつける必要があるが，低学年の始まりの時期は，目の前で変化していく形や色そのものに集中し，導かれながら「つくることは楽しい」という経験をさせることが重要である。

　そのために，本題材では，偶然生まれた形からそれをいろいろな向きで観察し，「何に見えるだろう」とイメージを膨らませることで，発想力や想像力を養い，のびのびと大きな表現が生まれることにつなげていく。

　素材は，版本体をつくる画用紙のほかに薄手の和紙やコピー用紙など，手で簡単にしわを寄せたり破いたりできるものを用意する。また，可能であればマスキングテープやドットシール，薄手の布など，版にコラージュできる素材も用意する。ただし，厚みは1ミリ程度の薄い素材とする。版にコラージュを行うことで，刷り上げたときに画用紙の平面的な表現だけでなく，それぞれの素材がもつテクスチャーが作品に現れ，おもしろい効果を生む。その効果をどのように作品に生かすのかを工夫することは，発想や構想の能力を育むことにつながる。

〈指導観〉

　図工室の大きな作業机を4～6人のグループで囲むように着席させる。これは，作品制作に1人で取り組むのではなく，お互いに意見を交換し，アイデアを共有することで，刺激を与え合い意欲を高め合って制作を進めさせようと考えたためである。とくにアイデアを膨らませる段階では自分だけの考えではなく，グループメンバーの中でさまざまな発想を出し合うことで，より豊かな作品へと展開させていくことができる。また，技法の習得も，飲み込みが早い子どもの様子をほかの児童が見て学習することで，グループ全体の習得が早まることも期待できると考えた。

　コラージュ用の素材は，作業机の中央にセットし，グループで共用することとする。

　コラージュ用の素材は，刷り上げたとき，どのような現れ方をするのか，素材ごとに簡単なサンプルをつくり児童に見せる。このとき，素材の使い方は，ほかにもあることを児童に伝え，自分達で新たな発見をするように促す。

第 6 章　表　現——版に表す活動

6. 題材の目標

（学び力）参考作品や紙を切るデモンストレーションを見て，版づくりと刷りの作業に興味をもち，意欲的に取り組む。

（思・判・表）切った紙の形をいろいろな向きから眺め，どのような形の版をつくるかさまざまにイメージを膨らませる。刷り上げたときの効果を考え，どの素材をコラージュするかを考える。

（知・技）複雑な形を切り抜くためにハサミの使い方を習得する。自分の作品のイメージに合う色を選択し，より効果的に刷り上げる。

（思・判・表）自分の作品，友達の作品のよいところ，工夫したところ，努力したところなどに気づき，お互いに認め合う。

7. 題材の評価規準（全 4 時間）

知識・技能	思考力・判断・表現	主体的に学習に取り組む態度
ハサミを的確に使用し，求める版をつくっている。インクの性質やローラーやバレン等の道具の使い方を理解し，自分のイメージする作品に刷り上げている。	切った紙の形から，どのような形の版をつくり，どの素材をコラージュするか，さまざまにイメージを膨らませている。	参考作品やデモンストレーションを見て，イメージを膨らませ意欲的に制作に取り組んでいる。自分や友達の作品の良い所，工夫した所，努力した所などに気づき，お互いに認め合い評価している。

8. 題材の指導計画（全 4 時間）

次	時	指導内容	学習内容	学習活動における具体の評価規準		
				評価規準（評価の観点）〈評価の方法〉	十分満足とされる状況	努力を要する状況への手立て
1次	1	知識・技能　思考力・判断力・表現力	・参考作品やデモンストレーションを見て，課題内容を理解する。・紙を切り，切り取られた形からさまざまにイメージを膨らませる。	・説明をよく聞き，理解しようとしている。・切った紙をいろいろな方向から観察し，イメージを膨らませている。（主体的に学習に取り組む態度）（思考・判断・表現）〈観察〉	・説明をよく聞き，課題を理解している。・意欲的にたくさんのアイデアを考えている。	・児童の興味・関心を引く説明を行う。・グループでアイデアを話し合ってもよいことを伝える。

第Ⅱ部　実践編

2次	2・3	思考力・判断力・表現力　　知識・技能	・版の形を決め，その形に近づけるための工夫を考える。 ・多種類の素材を意欲的に使い，版を完成させる。 ・刷りの技法を理解し，色や刷り方を変えて複数枚刷り，その表れ方の違いを楽しむ。	・版の形を決め，その形に近づけるための工夫をしようとしている。 ・素材を工夫して効果的に使おうとしている。 ・刷りの技法を理解し，意欲的に様々なバリエーションの刷りに挑戦している。 （思考・判断・表現）（知識・技能） 〈観察・版の写真〉	・つくりたい版の形に近づける努力をしている。 ・素材を工夫して効果的に使っている。 ・刷りの技法を理解し，様々な刷りに挑戦している。	・素材の効果を示すサンプルを見せ，特徴やできることをわかりやすく提示する。 ・インクの量やバレンの当て方をアドバイスする。 ・異なる色で刷ることを勧める。
3次	4	思考力・判断力・表現力〈鑑賞〉	・完成作品を机の上に並べ，クラス全員の作品を鑑賞する。 ・グループごとに作品の感想を伝え合う。 ・鑑賞カードを記入する。	・自分やクラスメートの作品を丁寧に鑑賞し，良い点や工夫した点を見つけ，伝え合おうとしている。 （思考・判断・表現） 〈発言・鑑賞カード〉	・自分やクラスメートの作品を丁寧に鑑賞し，良い点や工夫した点を見つけ，伝え合っている。	・それぞれの作品の好きなところを見つけていくようアドバイスする。

9. 本時の目標

　（学び力）参考作品やデモンストレーションを通して，紙版画に興味をもち，意欲的に制作に取り組む。

　（思・判・表）切り取った紙の形からイメージを広げ，自分のつくりたい形を考える。

第6章 表現——版に表す活動

10. 本時の展開（1/4時間）

過程	指導内容	指導形態	主な学習活動	指導上の留意点	教材教具	評価 （評価の観点） 〈評価の方法〉
導入	問題把握 知識・技能	一斉	・参考作品やデモンストレーションを見て，何を作るのか理解する。	・デモンストレーションは，児童に見えやすいように教師の上半身が隠れるくらいの大きな紙で行う。また，作品もなるべく大きくつくるように説明する。	・参考作品 ・大きい紙 ・コピー用紙 ・画用紙 ・ハサミ	・説明をよく聞き，理解しようとしている。 （主体的に学習に取り組む態度） 〈観察〉
展開	思考力・判断力・表現力	個別	・紙をいろいろな形に切ってみて，その形からさまざまにイメージを広げる。	・コピー用紙等，試作用の紙を用意し，ハサミの使い方の練習も兼ねて何枚か切るように促す。		・いろいろな形を切り取り，イメージを膨らませようとしている。 （思考・判断・表現）（知識・技能） 〈観察〉
終末	思考力・判断力・表現力 〈鑑賞〉	グループ	・自分のアイデアをグループメンバーと発表し合い，意見を交換して自分の作りたい作品のイメージを固めていく。	・お互いのアイデアがもっと良くなるような意見を出すようアドバイスする。		・自分のアイデアを伝え，グループのメンバーの発表を聞いて，さらに構想を練っている。 （思考・判断・表現〈鑑賞〉） 〈発表・発言〉

109

第Ⅱ部　実践編

11. 板書計画

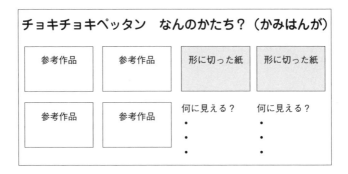

引用・参考文献
辻　正博監修（2015）『子どもの発想力と創造力が輝く絵画・版画指導』ナツメ社．
日本造形教育研究会（2016）『ずがこうさく1・2　3・4　5・6 上下巻』開隆堂出版．
日本児童研究会（2017）『ずがこうさく1・2　3・4　5・6 上下巻』日本文教出版．
牧野浩紀監修（2017）『高い表現力が身につく　木版画上達のコツ50』メイツ出版．

（学習の課題）
(1)　低学年の実践を紙版画，中学年を木版画，高学年を木版画と他の版画技法を併用した作品制作と想定し，それぞれの作品テーマを考えてみよう．
(2)　(1)で考えたテーマに沿って，それぞれの版画作品を実際に制作し，指導のポイントを具体的にあげてみよう（1テーマにつき10点以上）．

【さらに学びたい人のための図書】
辻　正博監修（2015）『子どもの発想力と創造力が輝く絵画・版画指導』ナツメ社．
　⇨小学生に学ばせたい絵画・版画のさまざまな表現方法や技法が，わかりやすく楽しく紹介されている．
牧野浩紀監修（2017）『高い表現力が身につく　木版画上達のコツ50』メイツ出版．
　⇨木版画の専門的な技法が一つひとつわかりやすく紹介されており，基本からしっかり学ぶことができる．

（川端千絵）

第7章 表　現——粘土に表す活動

この章で学ぶこと

粘土は可塑性・固着性に秀でた自由度の高い造形素材である。少しの力でも操作を加えると変形し，その形状を保ち続けるので，心の機微を敏感に写し取る素材といえる。図画工作科では油粘土・土粘土・紙粘土を用いることが多いが，その種類は多種多様であり，子どもの発達や学習の目的に合わせて選択できる幅は広い。しかし，粘土の造形学習の本質は粘土の種類如何ではなく，ダイナミックな感情の動きを引き出す粘土遊びに始まり，造形の過程での多角的な視点の習得や，造形的なよさや美しさを感じ，作品をつくり上げる表現技術の獲得にある。この章では，粘土造形学習の意義や素材の特徴，粘土造形遊びや焼き物学習，型取りを取り入れた半抽象的なレリーフ制作などさまざまな粘土の可能性を学ぶ。

1　粘土造形の特質

（1）「立体に表す」活動における粘土

粘土による造形学習は明治時代，手工科において粘土細工として取り入れられ，その歴史は長い。その後，手工科は図画科と統一され現在の図画工作科となるが，粘土学習はお手本を用いた「粘土細工」から「彫塑に表す」教育，さらには「立体に表す」へと学習の捉え方が変化している。手工科における「粘土細工」では，球や林檎（りんご），鏡餅，卵といった題材を与え，細かくそっくりにつくるというような手先の器用さを習得することに重点をおいた学習が主体であった。しかし，明治後期になると，このような強制的に与えられた題材を制作するのではなく，自分の中から湧き出た思いを表現することが粘土造形表現の根幹であるという意識の高まりにより，彫塑教育へと変遷していった。「彫

塑で表す」という表現から,「立体で表す」という文言に変わり,現在の「立体に表す」という表現が用いられるようになったのは,1989（平成元）年改訂の学習指導要領からである。これは,「彫塑で表す」という専門性の高い学習の形式から,「立体で表す」という立体造形にのみ立脚した学習に移り変わり,さらに「立体に表す」という子どもの表現欲求とその内容を大切に捉えることに学習のあり方が変化したことによるものである。2020年改定の新学習指導要領では,現行と同様に「絵や立体,工作に表す」とし,絵や立体,工作の垣根は設けられていない。子どもが表現活動をするとき,絵を描いていてふと思いついて粘土を貼り付けたり,瓶のコルクや毛糸など身近なものからイメージを喚起され表現に取り込んでいくということは頻繁に見受けられる。自由な活動の中では,絵画や立体という枠組みは無意味である。「絵や立体,工作に表す」という記載は,以前の手工科や図画科のように科目に分けたり,「彫塑で表す」や「立体で表す」のように,形式のなかで表現をするのではなく,絵画や立体の垣根を越えて子どもの内なる発現欲求に寄り添うことができるような学習・指導内容の方向性を示したものである。

（2）素材との対話

　粘土という可塑性に富んだ素材に触れると,さわればさわるほど形が変わっていくように,制作途中の気持ちも柔らかく動き変化していく。時には,最初の意図とはかけ離れたものになることもあるが,指導者は制作過程において子どもの心の変化を適切に捉え,その気持ちに寄り添う姿勢を大切にすることが求められる。粘土素材と直接的に触れ合うことで視覚的な刺激はもちろん,柔らかさや硬さ,温かさや冷たさ,粒子の荒さや細かさなどによる材質感などの触覚の刺激に加え,臭覚や聴覚からの刺激も受ける。素材を体全体で感じることで,子どもは内面から創造的欲求を喚起され,自発的な思いをもって素材と対話しながら,滑らかに表現活動へと繋げられていく。

　(1) 穴をあける

　初めて粘土に触れたとき,多くの子どもがとるのは「押す」という行為である。

第7章　表　現——粘土に表す活動

図Ⅱ-7-1　粘土の感触を楽しむ

粘土の塊を前にして，初めは遠慮がちに，やがて深く指を押し沈めながら穴をあけていく。ほとんどの子どもは1つではなく，いくつも穴をあける。さらに，手で粘土をつかみ取り，握ったり丸めたり叩きつけたりし，丸めた塊にまた指を沈み込ませたりする。今度は指を引き抜かず指人形のように乗せて，粘土の重みを感じながら太く大きくなった指を見て思わず笑顔が溢れる。このように掘る・穴をあけるという行為は，私たちにとって最も身近な造形の一歩であり，素材に触れながら思考している。穴をあけながら抵抗を感じ，その深さに奥行きを感じ，感覚的に試行錯誤を楽しんでいる。大きな粘土の山ができると，山のこちら側と向こう側からトンネルを掘り合い，粘土の山の中で友達と手が触れるまで掘り進んでいく。掘ることに費やした労力は掘り出した粘土の山と開通したトンネルとなって現われ，掘り出した量の塊と奥行きという立体を実感させてくれるのである。

(2)　心で感じる粘土

粘土を山のようにして用意すると，1人また1人と来ては裸足になって山に登ったり，粘土の上で飛び跳ねたりする。子どもたちはどんどん大胆になり，足をすっぽり粘土で覆い，粘土の重さで足が動かせなくなっている子もいる。仮面のように顔に乗せ，ひんやりとした感触を楽しんでいる子もいる。粘土の柔らかさと感触を楽しんだり，重みに驚いたりしながらも自己と素材の自然な交流を楽しむ喜びが生まれている。粘土の種類は多種多様にあるが，感触遊びなどに適しているのは自然素材が原料の土粘土である。土粘土は水分を調整することで可塑性（粘土の硬軟）を変化させ，泥状にしたり硬くしたりできる。

第Ⅱ部 実践編

泥状にしてその感触を味わったり，水分を蒸発させ硬くした粘土をハンマーなどで打ち砕いたりするのも子どもにとっての楽しみのひとつであり，それらのどの状態も自然素材ならではの荒々しさや繊細さに由来するものがある。それゆえ，時には扱いに困る場面もあるが，その困難さが子どもの心に自然とのつながりを語りかけるのではないだろうか。

(3) 立体的な視点・思考，身体感覚

　立体作品を制作する際に大切なことは，多角的な視点をもつことである。立体物は360度どこから眺めてもそこに形が存在することを意識しなければならないので，粘土を盛り付けたり削ったりという操作を向こう側の視点から想像し，制作を進める感覚が必要である。もちろん立体的に物事を捉える力はすぐに身につくものではない。モチーフや作品の向きを変えたり，時には教室を歩き回って遠く離れて作品を眺めたりというように物理的に視点の変化を与え，立体を客観的に把握することも大切である。視点を変えることで物の見方が変わると，自ずから思考回路も多角的・多面的なものとなっていくことが考えられる。これらのことは，粘土造形に関するだけではなく，児童生徒の日常生活においても，他者の立場で物事を理解しようとしたり，心情を想像したりするという，生きていくうえで大切な能力に通ずるものといえる。

（3）粘土の種類と焼成

(1) 粘土の種類

○ 硬化性粘土

　時間の経過により自然硬化が生じる特性をもつ。主原料により土粘土，紙粘土，樹脂粘土などに分類される。主原料を練り上げる成分は水であり，蒸発により硬化する。

- 土粘土…掘り出した粘土に砂などを混ぜて練り上げたもので，乾燥して硬くなっても，水に戻し練り上げれば繰り返し使用できる。土粘土の使いやすい硬さは，耳たぶに例えられる。固すぎる粘土は，子どもにとって制作に困難を与えるだけではなく，表現意欲を減少させるので，子どもの握力

で扱える状態に保つことに留意する。焼成が可能である。
- 紙粘土…紙の原料パルプを接着剤で練り上げたもの。乾燥して硬化すると丈夫になる。硬化後の再利用や焼成は不可能である。

○ 不硬化性粘土

時間の経過により自然硬化が生じない特性をもつ。
- 油粘土…天然の土の微粒子を不乾性油で練り上げたもの。低温で硬くなり，高温で柔らかくなる。

○ その他の粘土
- 樹脂粘土・硬化性樹脂粘土…主原料を酢酸ビニルエマルジョンで練り上げたもの。原料はパルプや小麦粉，トウモロコシ，その他のでんぷん質など多岐にわたる。
- ポリマークレイ…家庭用オーブンで，130度で30分ほど加熱すると硬化する粘土。硬化後は耐水性のプラスチック素材になる。
- 手づくり粘土
  - 小麦粉粘土（パン生地粘土）…小麦粉や強力粉を水で練り上げたもの。
  - 塩粘土…コーンスターチと塩を加熱しながら練り上げたもの。
  - 木粉粘土…木を切るときに出る細かな粉を小麦粉と水で練り上げたもの。

(2) 焼成について

焼成までの制作工程に見通しをもつことは，スムーズな活動を展開するうえでも，また，作品を破損せずに成立させるうえでも大切である。
- 土練り…土練りの目的は，粘土の水分を均一にすることと内部の空気を抜くことである。親指のつけ根から体全体の力を使いしっかりこねたり，粘土板に叩きつけたりなど，児童でも可能な土練りを指導する。
- 成形…手びねり・ひもづくり・板づくり・くり抜きなど。
- 乾燥…土粘土を焼成する場合，内部まで乾燥させることが重要である。乾燥が不十分で行うと焼成時に粘土内部の水分が膨張し，作品が破損する恐れが生じる。とくに児童の作品は厚みが不均一であったり，空気抜きが不十分であったりするので，余裕をもって乾燥期間を設定する。

第Ⅱ部　実践編

- 素焼き…乾燥させた粘土の作品を700〜800度で焼成させること。とくに200〜400度程までの間は，作品だけではなく窯自体の水分が抜けるので，蓋を少し開けてゆっくり温度を上昇させる。
- 施釉…素焼き作品の上に掛けて本焼きし融解させることで，作品の表面に艶や色などの装飾性をもたせたり，吸水性をなくし汚れにくくしたりするといった実用性を高める効果が得られる。流し掛け・浸し掛け・塗り掛け・吹き掛けなどの施釉方法がある。
- 本焼き…約1250度の温度で焼成することをいい，粘土や釉薬の種類でさまざまな温度の上げ方があるので，作品に合わせて焼成の計画を立てる。

2　粘土造形学習の内容と展開

　粘土に表す学習は，「立体に表す」のほかに「造形遊び」「工作に表す」の内容に含まれる。まず子どもの表現意図があり，それに応じて素材や表現方法が選択されるのが「立体に表す」であり，それに対してまず場や材料，環境があり，そこから発想し活動を展開していくのが「造形遊び」である。「立体に表す」が子どもの想像や感情など心象的なテーマを表現するのに対し，「工作に表す」は，実用性や装飾性を意識し，日常生活に取り入れられる造形物を制作する学習内容である。2020年改訂の学習指導要領に沿いながら，各学年の指導内容の理解を深める。

（1）第1学年・第2学年

（1）内　容

　低学年では，「表したいことを見つけ」たり，「好きな形や色を選んだり，いろいろな形や色を考えたりしながら表すこと」を目標としている。また，「手や体全体の感覚などを働かせて表したいことを基に表し方を工夫して表すこと」を指導する。「感じたことや想像したこと」とは，日常生活の中でこれまで経験した喜びや怒り，悲しさや嬉しさ，心に浮かんだ夢やお話など，子ども

の内面から湧き出る思いを指している。さらに，「絵や立体に表す活動を楽しむ」なかで「表したいことを見つけること」と続けて説明されている。造形活動では，手を動かすことで伝わってくる素材の触感，色彩を観て感じる視覚的な刺激などから，新たなアイディアやイメージが膨らんでくるものである。子どもの造形において，制作過程で表出される形はめまぐるしく変化し，当初の意図とはまったく異なった作品になることもある。このことは，粘土造形では前向きに捉えるべきであり，とくに低学年の実践で子どもの思いが即時性をもって変化していくこと自体が望ましいことである。粘土造形では得てして最終的な完成形に重点がおかれ，技術指導に陥りがちである。ときには作品が完成しないことも許容し，制作途中で語りだす子どもの話に耳を傾け内面世界にともに浸り，共感することも大切である。指導者の受容的な態度が子どもを安心させ，より自由にダイナミックに粘土との対話を引き出していく。

　低学年における粘土学習の指導事項としてあげられる特徴は，「好きな色を選んだり」「いろいろな形をつくって楽しんだり」することや，「身近な材料」や「扱いやすい用具を」手を働かせて使うことである。この年齢の子どもの発達段階を踏まえた指導の要点であることから，題材の設定や実践内容の検討，評価に際して必ず念頭に入れておくことである。

　個人制作では土粘土，紙粘土，油粘土を用いることを想定し，思い思いの形をつくったり，好きな動物や食べ物，夢のお菓子をつくったりといった題材が考えられる。また，レリーフ表現を取り入れた題材として，お面（鬼やお化けなど，イマジネーションから造形する題材など）をつくったり，描画的な表現（細い紐状に伸ばした粘土で輪郭造形するなど）をしたりすることも可能である。

　共同制作では，学習指導要領　A　表現（1）ア　の造形遊びの項目より，土粘土を用いて「感覚や気持ちを生かしながら楽しくつくること」を目標に，子どもがその時に興味のある題材を取り入れ，班ごとに取り組むようにする。たとえば，「恐竜の世界」「あったらいいなこんな街」「不思議なお城」など，親しみやすく，子どもどうしがイメージを容易に共有できるテーマを設定することで，一人ひとりの子どもの造形に対する思いを尊重しつつ，友達の考えや思

第Ⅱ部　実践編

いに刺激を受け，活動に広がりが生まれると考えられる。また，「並べたり，つないだり，積んだりなど体全体を働かせてつくること」を目的に，ゲーム感覚で共同で造形を楽しむことも可能である。泥遊びや砂遊びを敬遠するような子どもは，粘土素材に対して抵抗感をもつ場合がある。このような子どもには，「造形素材」として粘土に対峙させるのではなく，「遊びの道具」として粘土に触れる機会をもつようにすると，より自然に粘土に親しむことができる。題材は，大量の粘土の山にビー玉を隠したり，探しだす「宝探し」や「たくさんの球体」など，クラスの雰囲気や個性に合わせてさまざまな可能性が模索できる。

(2) 題材例「たくさんの球体」

○ 題材設定の理由

本題材は，粘土造形の最も基本的な操作である"丸める"行為を繰り返し行い，粘土の重みを感じながら球体を積み上げることで，立体を構成する要素である塊をつくることを共同で制作させる取り組みである。この学年の子どもは，好奇心旺盛で感触遊びや泥遊びに抵抗感は少ないが，立体的なものの見方は未発達な部分がある。本題材は，目的をもって立体造形をつくる前段階として，丸めた"点"である球体を並べると"線"になり，"線"をいくつも合わせると"面"となり，球体を積み上げていくと"塊"になることなど，たくさんの球体が生み出す姿を実感し，遊びのなかから自然に立体感覚を獲得していく学習である。"丸める"という操作のみであるが，それぞれの子どもの手の特徴

図Ⅱ-7-2　たくさんの球体

が表れており，味わい深い表情の球体が制作される。決して機械的操作に陥るものではないことを特筆したい。材料は，題材の特性から，土粘土を用いる。

○ 題材の目標
- 丸める操作をリズミカルに楽しんで行う。
- できるだけ高く球体を積み上げることを班ごとに協力して行う。
- 小さな球体が集合して大きな立体になることを知る。

○ 授業計画（全1時間）
- 大小取り混ぜた球体をできるだけたくさんつくるように促す。
- 班ごとに丸めた球体をすべて積み上げ，高さを競うといったゲーム的展開を行う。

○ 準　備
- 材料…土粘土（班ごとに20～30kg程度）
- 道具…ブルーシート，古タオル

(2) 第3学年・第4学年
(1) 内　容

中学年では，低学年の内容「感じたこと，想像したこと」に加え，「見たこと」から「表したいことを見付け」て表す学習を目標にしている。この学年の子どもは，身体的にも精神的にも発達が目覚ましく，運動能力や思考力にも大きな変化が生じる。物事に興味・関心をもつ範囲も広がり，そのなかから自分の意図において選択したり，見聞きしたり，触れたりする姿が見受けられる。表現活動でも，想像力がより豊かに働き，表現や技術においても自分なりに試行錯誤しようとする気持ちが芽生えてくる。こうした発達の特徴を十分踏まえたうえで学習内容を検討する。

個人制作では，子どもの豊かな想像力を大切にしつつ，立体的に表現することを追求するために，ペットボトルやプラ容器などを芯材とした紙粘土造形などが考えられる。テーマは，たとえば身近な動物を観察し，観察体験と子どものもつイメージが自然に融合するような動物表現や，空想の生き物を想像し，

第Ⅱ部　実践編

図Ⅱ-7-3　水の路をつくろう

　異素材（枝や木の実などの自然物や毛糸，キャップや何かの部品など）を組み合わせたり，自由に着色したりする不思議な生き物の造形などがあげられる。また，「用途などを考えながら」表すことを目標に，焼き物の取り組みも考えられる。

　集団制作として，低学年の取り組みを発展させた内容であるA 表現（1）ア「新しい形や色などを思いつきながら，どのように活動するかについて考えること」を目標にした，土粘土を用いた「水の路をつくろう」を紹介する。この課題は粘土を積み上げたり，伸ばしたり，支えをつくったり，表面を滑らかにしたりしながら高低差をつくり出し，水が流れる装置をつくる課題である。どうすれば水が流れるかということを試行錯誤し，自分の考えをほかの人に示したり，言葉で伝えたりしながら相談して共同制作をすることで大きな装置をつくり上げる。身近な遊具やおもちゃなどから発想することも可能であるが，思いがけず新しい形が生まれたり，不思議な造形物に見えてきたりする楽しさもある。低学年の取り組みで紹介した，球体を粘土の重みに負けないよう積み上げる経験を思い出し，高低差をつくりだすことで，場の中にダイナミックな立体感が生まれる。重量のある粘土を思い通りに扱えない場面も想定されるが，繰り返しつくり直すことが可能な土粘土の特性を生かし，粘り強く取り組む経験を育んでいく。始点から勢いよく水が流れ，終点に到達したとき，粘土まみれになった手と顔が喜びに溢れる活動である。

(2) 題材例「板をつくって,ガラスのお皿」

○ 題材設定の理由

本題材は土粘土を板状に伸ばしたり接着したりして皿を造形し,施釉した作品にガラス片を敷き,本焼きする。この制作で用いる主な操作は,板状に伸ばす,接着するという行為である。この課題では,板状にすることで粘土内部の空気が抜け焼成時に破損しにくくなることを学んだり,型紙の段階で形を検討することが可能なので,技術的な指導も子ども一人ひとりに落ち着いて対応できる。

図Ⅱ-7-4 板をつくって,ガラスのお皿

○ 題材の目標
- 作品を使用することを想定し,生活に即してデザインを考える。
- 焼き物学習の工程を理解し,見通しをもって取り組む。
- 粘土を伸ばす・切る・接着するといった基本的な操作を行う。
- 友達と互いの作品のよさを理解し,伝え合うことができる。

○ 授業計画（全4時間）
- 自分なりの形で構想し,型紙をつくる。
- 粘土を伸ばし,型紙に沿って切る。皿の立ち上がりの壁を切り,接着する。
- 乾燥させ,素焼きした作品に釉薬を施し,ガラスの破片を乗せ本焼きする。
- 焼成した作品を相互鑑賞する。

○ 準　備
- 材料…土粘土（本焼きすると白色になるもの・1人2kg程度）
　　　　ガラスの破片（透明・緑・茶色・青・黄色など）
- 道具…粘土べら,のし板,のし棒,ガーゼ,粘土板,古タオル

(3) 第5学年・第6学年

(1) 内　容

　高学年では,「感じたこと,想像したこと,見たこと」に加え,「伝え合いたいこと」から表したいことを見つけて表すことが目標である。このことは,描

第Ⅱ部 実践編

図Ⅱ-7-5　蟹を観察して
（紙粘土造形）

図Ⅱ-7-6　そっくりドーナツ
（樹脂粘土造形）

画造形活動を通して社会とコミュニケーションを図ることを重要視している表れである。高学年は物事を客観的に見ようと努めたり，新しい知識や経験を積み重ね，自己と周りの世界を確立しようとする段階にある。表現活動でも自分の思いを一方的にぶつけるのではなく，素材との丁寧な対話を探り，そこから返ってくる充実感や技術的な手応えを感じ，より創作意欲を高めて取り組む姿が見られるようになる。「自分はこうである」「こうありたい」という思いや憧れが作品にも投影され，表現（＝自己表出）に対する他者の評価も重要な意味をもつ。物事を観察する姿勢としては，内部の構造を想像しながら，全体かつ細部の形を丁寧に捉えることを大切にしたい。また，構成の美しさやバランスなどにも気を配り，さまざまな技法などを取り入れる総合的な表現力，思考力，構想力の育成を追求していく。題材としては，土粘土・紙粘土，樹脂粘土，ポリマークレイによる制作が考えられる。これまでの学年で取り組んだ学習内容を踏まえ，表現したい内容に合わせて素材・道具を選択し，巧みに使うことが求められる。「粘土クロッキー」として形や質感の差異，みずみずしさなどの特徴を捉えてそっくりに表現する学習や，芯材を使った造形などが想定できる。

３　授業実践例（学習指導案）

本節では，これまでの学習を踏まえた学習指導案の具体例を次に示す。
本題材で用いる土粘土の特徴については，第1節の2項(2)および第3節(1)，

(2)で述べた。石膏技法については,「さらに学びたい人のための図書」で参考文献を紹介する。石膏は,取り扱いに知識と経験が必要であるが,白色の美しい質感をもち,化学反応により硬化する性質も大変興味深い立体素材である。

図画工作科学習指導案

授業者　○○○○

1. 対象　第5学年1組　　男子14名　女子13名　計27名
2. 日時　令和6年10月9日（水）第5校時
3. 場所　図工室
4. 題材名　凸凹・あらわれるカタチ（粘土に表す）
5. 題材設定の理由

〈児童観〉

　本学級の子どもたちは,どちらかというと運動が好きな活発な子どもと,読書や音楽が好きな子どもに分かれる傾向がある。図画工作に対しては興味をもつ子どもが多いが,じっくりと絵を描くことよりも,いままで経験のないことや一捻りのあることに意欲をもつ。

〈教材観〉

　本題材で取り組むA　表現（1）イ「絵や立体・工作に表す」は,初めての取り組みとして土粘土で造形し,石膏で型をとるという工程を経験する。学年が上がるにつれて,汚れることへの抵抗感などから粘土への関心が薄れる子どもが見られるが,本題材は,未知の素材・技法への興味からも立体造形に対する関心を呼び起こすことが期待できるものである。また,身近な気に入った形を粘土に写し取るので,立体的な造形の得手不得手にかかわらず,発想の豊かさを発揮できることにも意義を見出せる。鑑賞においても,半抽象的な造形から喚起されるイメージは,子どもにとって感想を伝え合いやすいものであることがわかる。何よりも粘土を洗い流した石膏の美しい質感が,豊かな魅力となる題材である。

〈指導観〉

　この題材では,粘土に転写する物を丁寧に選択することが最初の大切な段階である。

ボルトやナット,ネジやクギなど機能的な美しさがあるもの。貝殻や石,木の実や種など一つひとつ魅力的な形をもつもの。ハサミやカッター,筆記用具など,身近な物の形を観察し,面白い・好き・かっこいい・きれい,など何か心に響くものを自分に問いかけながら選択する。形に愛着をもつことで,粘土に転写する際の構成や配置にも思いが込められ,手わざの少ない制作でもそれぞれに個性的であり,鑑賞者に語りかけてくる作品として昇華できると考察される。造形上で注意すべき点は,粘土のベースに物を型押しする際の深い浅いを十分意識することである。粘土を柔らかく調整していても,子どもにとっては深く押しつける感覚をもちにくい場合があるので,本制作の前に試作として,粘土板に届くほど体重をかけて深く押したり,ごく浅く押したりすることなどを体感させておきたい。また,押しつけるだけでなく,物を転がしてみたり,擦ってみたり,手指を使ったりといった柔軟な発想も引き出す。この題材は,粘土に写した反転した形が,石膏に置き換えると再び浮き上がる凸凹の反転の面白さがある。立体的なものの見方を育むひとつの発想の転換が期待できる。

6. 題材の目標

(思)身近な物をじっくり観察し,自分の好きな形を丁寧に検討し,選択する。

(判・表)自分が選んだものを粘土に押しつけ,反転した凸凹から意外な形を発見し,作品に応用するとともに全体のイメージや構成を思い浮かべる。凸凹が反転することを理解し,反転した完成形を想像したうえで粘土のベースに転写する深さ(石膏に置き換えたときの高さ)のリズムを構想し,工夫する。

(知・技)粘土を板状に伸ばしたり,物を押しつける力加減をコントロールしたり,石膏を撹拌したりするなどの動作を研究し,工夫する。

(思・判・表〈鑑〉)友達の選んだ物と構成をじっくり鑑賞し,制作中の思いを想像してみたり,作品の形を味わう。

第7章 表現——粘土に表す活動

7. 題材の評価規準

知識・技能	思考力・判断力・表現力	主体的に学習に取り組む態度
（知識）物の形が反転することで見える形（凹面）から，石膏を流し込んでできる形（凸面）を理解している。 （技能）たたら板とのし棒を用いて粘土を均一な厚さに伸ばしている。 （技能）物を転写する時の力加減や角度などをコントロールしている。 （技能）石膏を攪拌する際，均質にヘラを動かしている。	（表現）自分の選択した物の良いと思った部分を重ねて型押ししたり工夫している。 （表現）粘土のベースとなるフォルムを自分なりに工夫している。 （表現）粘土のベースの形に合わせ凸凹の深さのリズムや全体の流れを意識している。 （表現）押し付けるだけでなく，転がしたり擦ったり，さまざまな型押し方法を発想している。 （鑑賞）友達の選んだ形や構成の良さを見つけている。 （鑑賞）素材の美しさを感じ取っている。 （鑑賞）物の造形的な良さ，面白さを感じている。	・身の回りの物から自分の心に響いた形を丁寧に選んでいる。 ・いろいろな物を転写して試作している。 ・物だけでなく，指などで粘土の感触を確かめながら楽しんでいる。

8. 題材の指導計画（全4時間）

次	時	指導内容	学習内容	学習活動における具体の評価規準		
				評価規準 （評価の観点） 〈評価の方法〉	十分満足とされる状況	努力を要する状況への手立て
1次	1・2	学びに向かう力 思考力・判断力・表現力〈表現〉 知識・技能	・身の回りの物から自分の気に入った形を丁寧に選ぶ。 ・試作をしたうえでベースの形を構想し，型紙に起こす。型紙の中で配置や構成を検討する。 ・3 cmほどの厚みの粘土の板を制作し，型紙に沿って粘土ヘラで切り抜く。 ・選択した物を，構想した配置や構成に基づいて転写する。	・身の回りのものを観察し，自分の気にいる形を丁寧に選んでいる。 ・ベースの形を工夫して構想し，選んだ物に合わせて構成を自分なりに検討している。 ・道具を巧みに使い，粘土を伸ばす操作をしている。 ・力加減をコントロールし，凸凹のリズムをつくり出している。	・丁寧に物を選び，それぞれを関連づけて用いたりしている。 ・ベースのフォルムに自分なりのこだわりや意図をもっている。 ・道具を自ら選択し，美しく粘土を切っている。 ・型押しだけでなく，転がしたり擦ったりといった独自の操作を行っている。	・選択の幅が広がるように，さまざまな種類の物を用意する。 ・ベースの形に迷ったら，型押しの後で決めてもよい。 ・粘土の板をヘラで切る際の角度など指導する。 ・転写する際の力加減などをの声かけをする。
1次	1・2	思考力・表現力・判断力〈表現〉 知識・技能	・短冊状の粘土で型枠をつくり，石膏を攪拌し流し込む。 ・振動を与え空気を抜く。	・攪拌や流し込みなど，生活にも必要な動作を丁寧に行う。 （主体的に学習に取り組む態度） （思考・判断・表現） （知識・技能） 〈観察〉	・見通しをもって制作を順序よく進め，無駄なく動作を行っている。	・攪拌が不十分にならないよう，底やボールの淵まで丁寧に混ぜる。
2次	3	知識・技能	・粘土を剥がし，石膏に付着した粘土を洗う。	・こすり過ぎず，筆やスポンジで丁寧に洗浄する。 （思考・判断・表現） （知識・技能） 〈観察〉	・作品に愛着をもち，型に付着した細かい粘土までしっかり洗浄し，美しく仕上げる。	・必要以上にこすり過ぎない。
3次	4	思考力・判断力・表現力〈鑑賞〉	・壁に作品を並べ鑑賞する。 ・横や斜めからライトを当てたりしてみる。	・発見や思わぬ面白さを伝え合う。 （思考・判断・表現〈鑑賞〉） 〈鑑賞カード〉	・転写された形から自分なりに読み取る。	・何の形を型押ししたか一緒に見つける。

125

第Ⅱ部 実践編

粘土の板（ベースをつくって）

いろいろなものを型押ししてみよう

型押しができたら，周りに壁をつくる

石膏を流し込もう

石膏が固まり粘土を剥がして洗ったら，不思議な凸凹が現れた

9. 本時の目標

（学び力）粘土で形を写し取る面白さから，全体のイメージやフォルムを思い浮かべる。

（思・判・表）自分が選んだものを粘土に押しつけて反転した凸凹から，意外な形を発見し，作品に応用する。押す，転がす，引っ掻くなど，手指も使いさまざまな方法を発見し，作品に取り入れる。

10. 本時の展開（1/4 時間）

過程	指導内容	指導形態	主な学習活動	指導上の留意点	教材教具	評価 （評価の観点） 〈評価の方法〉
導入	問題把握 学びに向かう力 思考力・判断力・表現力	一斉	・粘土に形を写し取ることを試す。 ・自分の好きな形のものを選択し粘土に押しつけ形を写し取る。	・自分の心に響く形を丁寧に選ぶことを大切にする。	身近な物 粘土 粘土べら 粘土板	・形を丁寧に選べているか。 ・興味をもって試作しているか。 （主体的に学習に取り組む態度）（思考・判断・表現） 〈観察〉
展開	思考力・判断力・表現力 知識・技能	個人	・ベースとなる形を構想し型紙におこし，粘土の板を切る。 ・選んだものの形を生かして凸凹の深さを調節し型押しする。	・こだわりをもってベースの形を構想するように指導する。 ・平坦な凸凹にならないよう指導する。	選択した物 型紙 粘土 へら 粘土板	・構成を十分検討しているか。 ・さまざまな型押し方法を取り入れているか。 （思考・判断・表現）

第7章 表現──粘土に表す活動

						(知識・技能)〈観察〉
終末	思考力・判断力・表現力〈鑑賞〉	一斉	・班ごとに相互鑑賞し，凸凹のリズムなど意見を伝え合う。	・何度でもやり直せることを伝え，納得できる造形に近づける。	鑑賞ノート	・自分なりに感じたことを伝える。(思考・判断・表現)〈鑑賞〉〈鑑賞ノート〉〈発言〉

引用・参考文献

有田洋子（2012）『美術関係教科の内容構成に関する歴史的考察──粘土細工から彫刻への変遷』島根大学教育学部紀要第45号別冊27〜37頁。

大学美術指導法研究会・藤江充・岩﨑由紀夫・水島尚喜編著（2001）『平成20年告示 新学習要領による「図画工作」指導法』日本文教出版社。

学習の課題

(1) 各学年の共同制作のテーマを考え，粘土の種類を想定し，展開を計画してみよう。
(2) 指導者として子どもの制作過程の気持ちに寄り添えるように，さまざまな種類の粘土で造形をしてみよう。

【さらに学びたい人のための図書】

河村熹太朗（1965）『新技法シリーズ やきものをつくる』美術出版社。
　⇨焼き物学習について，工作に表す粘土造形の領域の技能が大変参考になる。

中川織江（2005）『粘土遊びの心理学』風間書房。
　⇨粘土造形について丁寧な考察と実践例の記録が興味深い。指導者としての心構えの指針を与えてくれる。

柳原明彦（1993）『新技法シリーズ 石膏技法〜正しい石膏の使い方〜』美術出版社。
　⇨石膏技法の初歩から応用まで，わかりやすく解説されている。

レッジョ・エミリア市乳児保育所と幼児学校（2001）『子どもたちの100の言葉』学習研究所。
　⇨子どもの創作意欲と発想の根源的な魅力を実践を通して紹介されており，描画造形の楽しさを再発見できる。

（高石麻代）

第8章 表現——立体・工作に表す活動

この章で学ぶこと

「立体」は，自分の感じたことや思ったことなどを表すこと，「工作」は，使えるもの，遊ぶものなど，意図や用途があるものと分類される。しかし，題材によっては，「立体」「工作」と関連し合うこともある。また，「A 表現」では「絵や立体，工作に表す」と「造形遊び」に分類されていることから，この章では立体と工作を合わせてあり方を探っていきたい。

1　立体・工作の特質

「工作に表す」活動は，意図や用途などがあるものをつくったりする造形活動である。新学習指導要領では，各領域および〔共通事項〕の「工作」の内容において，「『工作』とは，意図や用途がある程度明確で，生活を楽しくしたり伝え合ったりするものなどを表すことである」と記述している。しかし，実際の子どもの表現では，絵に立体的なものを加えたり，工作に絵を描いたりするなどの「表す」過程では関連させて学習することが多い。そこで表したいことから学習が広がることを重視し「絵や立体，工作に表す」とまとめて示されている。

『新学習指導要領 解説』では，指導計画の作成と内容の取扱いには，次のような記述がある。「児童が手や体全体を働かせてものをつくる活動の機会が減少しているといわれている。ものをつくる経験は，単に技術の習得という観点だけでなく，よさや美しさを大切にする気持ち，自発的に工夫や改善に取り組む態度の育成などの観点からも重要である。このことから，工作に表すことの内容に配当する授業時数が，絵や立体に表すことの内容に配当する授業時数と

およそ等しくなるように指導計画を立てることの必要性を示している」このように，「ものをつくる活動」が減少しているという現状も踏まえながら，子どもの資質・能力を高めていく授業を具体的に考えていく必要がある。

まず，つくる活動を楽しむことを大切にした授業展開を考えたい。日常より慣れ親しんでいる用具や題材，多くの種類の材料との触れ合いが十分にでき，表現する喜びを感じられる環境づくりを目指したい。また，子どもが主体的に表現方法を試したり考えたりするなかで，自分なりの表現を見出していくことができるような環境に整えることが望まれる。そのために指導者は，材料や表現方法に対し，理解を十分に深めておくことが求められる。

2 立体・工作の内容と展開

(1) 低学年の実践

学習指導要領において，低学年の立体・工作では，発想や構想に関する事項として2点があげられている。1点目は，感じたこと，想像したことから，表したいことを見つけること。2点目は，好きな色や形を選んだり，考えたりしながら表現方法を考えることである。技能に関する事項としては，身近で扱いやすい材料や用具に十分に慣れるとともに，手や体全体の感覚などを働かせ，表現方法を工夫してつくることが求められている。

低学年の子どもは，幼児期より馴染んできた周囲の環境変化により，不安をもちながらも学校生活に慣れようとしたり，他者への関心をもって関わったりしようとする時期である。自分なりの感じ方や考え方をもち，他者と関わりながら表現活動ができるような環境構成が必要である。

低学年の立体・工作では，自分の思っていることを素直に表現できることを大切にしたい。つくりたいものを計画的につくるよりも，つくっている過程で周りとの関わりからアイデアを深めたり，新たなアイデアを発見したりしながらつくるようにしたい。また，日頃から子どもが興味や親しみを感じているものを調査し，題材を工夫することも大切である。

第Ⅱ部　実践編

【低学年の授業実践例】

　上述の内容と新学習指導要領を踏まえ，低学年の授業実践を紹介する。

　　題材名：「うみのいきもの　たいりょうだ！」（1年生）
　　材料：厚紙（全紙大サイズの半分），色紙，ホイル色紙，箱，モール，ひも
　　用具：はさみ，絵の具セット，木工用ボンド
　　題材のめあて：
　　　・大きな紙に大きく描く活動を楽しむ
　　　・海の中にいたらいいなと思う生き物を思いつく
　　　・身の回りの素材を生かして「うみのいきもの」を飾る
　　活動内容：
　　　本題材は，大きな厚紙に海の中の生き物を描き，切り取り，彩色し，身近な材料を接着して仕上げていく課題である。つくる場所は，教室の机では手狭なので，図工室のテーブルや床，図工室近くの空いたスペースも使用した。広い場所を使用することで，開放的な活動ができると考えた。
　　　海の中を想像することから始めた。「自分が海の中にいたらどんな感じかな？」「どのように泳ぐかな？」の導入により，図工室を海と見立てて，魚になりきって泳いでみたり，ワカメになってゆらゆら漂ってみたり，全員で体を動かすことにした。実際にいる魚や貝，生き物以外でもよいことも伝えた。
　　　十分想像する時間をとった後，言語化をねらいとして，どんな生き物がつくりたいかを発表することにした。その際に大切なことは，特徴も含めて発表していくことである。「ヒレが長い！」とか，「目が物凄く大きい！」「体がトゲトゲしてる！」「カラフル！」など，形・色の特徴についてやり取りすることで，これからつくる海の生き物をより具体化することができる。
　　　次に，大きな厚紙を配布し，そこに描いてみようと促す。まず，鉛筆で下描きした後，輪郭をはさみで切り取る。普段と違う点は切るサイズが大

第8章 表現——立体・工作に表す活動

作品づくりの様子

展示

図Ⅱ-8-1 低学年の実践「うみのいきもの たいりょうだ！」（1年生）
出典：ノートルダム学院小学校（1年生の学習風景）。

きく，厚紙であるため画用紙よりも切りにくい。指導を繰り返し行うことではさみの基本的な使い方の定着を図る。思いの形に切り取ることができれば，絵の具を使用して色をつけていく。大きな面積を塗ることになるため，筆の太さにも目を向けさせ，どの筆が適切であるか，また，パレットを出す絵の具の量や，絵の具の使い方の基本である絵の具と水の量の比率にも注意し，作品づくりを進めていく。

最後に，身の回りにある「うみのいきもの」に使えそうな材料を選んで接着剤を使用して飾りつける。事前に家庭で材料を集めてもらうように呼びかけておくことが必要である。また，普段から身の回りにある作品づくりに使えそうな材料を子ども自身が見出すことができるように家庭に協力してもらうことも学習のひとつである。

展示の際には，サッカーのゴールネットを使用し，それを網と見立てる。海のいきものの裏にはハンガーを貼り付け，ゴールネットにつり下げると，網にかかったように演出することができる。展示の工夫によっても子どもの作品づくりの達成感をより高めることができる。

（2）中学年の実践

中学年の立体・工作において，発想や構想に関する事項については，表したいことや用途を考えて表現を工夫すること，技能に関する事項としては，材料や用具の経験を生かし，適切に扱い，手や体全体を十分に働かせ，表し方を工

第Ⅱ部　実　践　編

夫して表すことが求められている。

　中学年の子どもは，低学年と比べると，視野も広くなり，多様なものへの興味や関心が高まり，個性がより目立つようになる。また，仲間意識が強くなり，知的好奇心や科学的探究心も高まって，より活発な活動ができるようになり，面白さや楽しさの広がりを実感する時期でもある。いろいろな材料や用具に興味をもち，積極的に取り組む姿がみられる。

【中学年の授業実践例】
　上述の内容と新学習指導要領を踏まえ，中学年の授業実践を紹介する。

　題材名：「〇〇やさんの紙ぶくろ」（3年生）
　材料：四ツ切り色画用紙，色紙
　用具：はさみ，木工用ボンド，でんぷんのり，はとめパンチ，はとめ，ひもまたはリボン
　題材のめあて：
　　・1枚の画用紙から実際に使える，マチ付きの紙袋の組み立て方を知る
　　・考えたお店の紙袋を楽しく飾る
　活動内容：
　　本題材は，1枚の色画用紙からマチ付きの紙袋をつくり，色紙を使って紙袋を装飾する。家庭にもある身近な紙袋は興味や関心を寄せやすいと考えた。普段お店でもらう紙袋が自分たちの手でつくることができるということや1枚の紙から紙袋ができる驚きを体験させたいと思い題材とした。また，つくった紙袋は実際に使えるものであり，持ち帰る時に読書の本や筆箱などを入れて持ち帰る児童が多くいることから，自分の作品により愛着を感じることのできる題材であると考えられる。
　　色画用紙は，身近な材料であり使い慣れているものであるが，まっすぐに折ったり，ボンドの量を調整したり，低学年で学習してきたことの復習，確認のみならず，正確さや丁寧さに留意しながら作品づくりを行う。

第8章　表　現——立体・工作に表す活動

〈マチ付きの紙袋の提示〉

　　マチ付きの紙袋は，店で商品を購入し，商品を入れてもらう時に目にしているであろうし，家庭にもあるものである。身の回りにあるマチ付きの紙袋を実際に見せて，それを1枚の色画用紙からつくることを伝える。

〈色画用紙選び〉

　　四ツ切りの色画用紙はできる限り多くの色数を用意し，つくりたいお店の紙袋のイメージに合った色画用紙を選べるようにする。子どもの色画用紙選びは，色彩感覚が磨かれる経験であり，できる限り多くの色を用意しておくとよい。

〈色画用紙を折り，紙袋をつくる〉

　　角と角を合わせ折ることや，折り目のつけ方などを適宜伝える。接着する際のボンドを付ける場所や量などの指導が重要である。ボンドを多く付ければよくつくと考える児童もいるため，作品の見栄えにも反映してくることを個人指導などを行う必要もある。

〈はとめパンチで穴を開け，はとめを付ける〉

　　はとめは，簡単に穴が広がらない部分に取り付ける。穴を開ける場所にも留意し，紙袋の中心から左右対称にバランスよく穴を開ける。はとめを付けるときには，はとめのセットの仕方を間違えないように，またしっかりと紙に食い込むように，はとめパンチで留めることを指導する。

〈持ち手づくり〉

　　実際の紙袋が持ち手のひもやリボンの通され方について，普段から観察している子どもは少ない。まずは，子ども自身の紙袋で試させ，ひもの結び目が表に出ないように，そしてひもが2本とも同じ長さになるように調節するよう指導する。できた後に，実際の紙袋の持ち手部分をOHCでクローズアップし，自分の結び方と比較させる。

〈紙袋のデザインを考える〉

　　実際の紙袋を多数提示すると，すぐに「これ，○○百貨店の！」とか「これ家にある！」「この間，僕がもらった紙袋と同じだ！」などと声があ

第Ⅱ部　実践編

　　　鬼のお面やさん　　　　　　おばけやさん　　　　　　　レストラン
　　　　図Ⅱ-8-2　中学年の実践「○○やさんの紙ぶくろ」（3年生）
出典：ノートルダム学院小学校（3年生学習風景）。

　がる。そこから，「どんなものが紙袋にデザインされていれば，みんなに一目でわかるかな？」「持ちたい紙袋のデザインはどんなのがいいだろう？」と発問する。反応として，「マークがあるとわかりやすい！だから私は可愛いマークを考えてみる」「売ってるものを並べてみれば，一瞬で何屋さんかわかる！」と意見が出た。これをきっかけにデザインを考え，色紙を使った装飾へと展開していった。

　色紙の下描きは，色がついていないほうにすることや，文字を切り取る場合は，文字が反転することにも気づかせる。また，色紙を単色で使用したり，鉛筆やペンで模様を描いたりだけではなく，貼り重ねて模様をつくることに重点をおきたい。たとえば，車の形に切った色紙の上に，タイヤや窓ガラス，ドアノブ，サイドミラーなどを上から貼り重ねて色紙だけで形をつくる。その際，はさみやカッターでの細やかな作業が必要となる。はさみやカッターの基本的な使用方法の確認などについて，全体指導や机間巡視による個人指導をすることが大切である。

　この題材は，紙袋の折り方のように知識的な指導と，紙袋の装飾という無限にひろがる創造性を養う教材である。どちらかに偏った学習でなくうまく織り交ぜながら学習させたい。

第8章 表現──立体・工作に表す活動

【授業実践例（学習指導案）】
　次に，これまで取り上げてきたことを踏まえ，題材「〇〇やさんの紙ぶくろ」の学習指導案を以下に示す。

図画工作科学習指導案

授業者　〇〇〇〇〇

1. 対象　第3学年〇組　男子〇名　　女子〇名　　計〇名
2. 日時　令和6年9月6日（金）　第5校時
3. 場所　図工室
4. 題材名　〇〇やさんの紙ぶくろ（工作）
5. 題材設定の理由

〈児童観〉
　3年生になると発達的に周囲への認識が広がり，身の回りのものに興味をもち始める。新しい材料や技法にも興味をもち，指先まで力が入るようになり微細に手先を使って細やかな作業ができるようになってくる。また，作品づくりに計画性をもつようになり，順序を考えながら表現ができるようになってきている。
〈教材観〉
　身の回りのものに興味をもつこの時期に，身近にあるマチ付きの紙袋をつくる。一枚の画用紙を折って紙どうしを接着することにより，紙袋ができ上がることに喜びをもたせたい。また，色画用紙の色数もできる限り多く提供し，児童が想定するお店に合った紙袋になるようにしたい。さらに，多くの色を用意することにより，並べた色画用紙の美しさにも気づかせたい。また，装飾に使用する色紙も多くの色数を用意したい。
〈指導観〉
　紙袋を折る活動では，完全に教師の指導のもと行う学習であり，紙袋のデザイン活動では，子ども自らの発想を大切にする学習とが組み合わせた学習となる。紙袋を折る学習では，紙の折り方と接着剤の使い方を重点的に指導する。紙をまっすぐ折ること，折り目のつけ方により，紙袋の見栄えが変わることに気づかせる。この出来栄えにより次の学習である装飾へのモチベーション（意欲）が変わることにも注意を払い指導する。

第Ⅱ部　実　践　編

また，行程のなかでは接着剤の量にも気をつけさせる。子どもの中には，接着剤をたくさん付けたほうがよく付くと思っている児童もいるので，はみ出すほどにたくさん接着剤を付けると，ずれてしまったり，ほかのところにくっついてしまったりするので見本を示すなどして，丁寧に指導していく。

紙袋のデザインでは，色紙を貼り重ねて模様をつくるなどの指導をする。紙の上に鉛筆やペンで模様を描くのではなく，模様もすべて色紙で表現することにより，細かな部分もはさみや接着剤を使う学習にもつながる。また，作品や作業をする机を接着剤で汚さないために下に敷く紙を用意し，その上で糊づけをするよう指導する。

6. 題材の目標

（知・技）色画用紙や色紙などを適切に扱い，前年度でのはさみや接着剤などについての経験を生かし，手や身体全体を十分に働かせ，表したいことに合わせて表わし方を工夫して表す。

（思・判・表）自分の選んだお店に合った紙袋のデザインを考え，紙袋を美しく見せるために形や色，材料などの特性を生かしながら，どのように表すかについて考える。

（思・判・表〈鑑〉）材料の特徴を生かした造形的なよさや面白さ，いろいろな表現方法をみつけ，自分の見方や感じ方を広げる。

（学び力）つくりだす喜びを味わい，形や色などに関わり楽しい生活を創造しようとする。

7. 題材の評価規準

知識・技能	思考・判断・表現	主体的に学習に取り組む態度
（知識）お店のイメージに合わせ，形の感じ，色の感じ，それらの組み合わせによる感じなどが分かっている。 （技能）前学年までの紙工作についての経験を生かし，手や体を十分に働かせ，表したいことに合わせて表し方を工夫して表している。	（表現）選んだお店のイメージを持ちながら，表したいことを見つけ，いろいろな形や色を考えながら，どのように表すかについて考えている。 （鑑賞）形の感じ，色の感じ，それらの組み合わせによる感じなどを基に，お店のイメージをもちながら表したいことを見つけ，形や色，材料などを生かしながら，どのように表すかについて考えている。	つくりだす喜びを味わい，進んで紙袋をつくる学習活動に取り組もうとしている。

8. 題材の指導計画（全4時間）

次	時	指導内容	学習内容	学習活動における具体の評価規準		
				評価規準 （評価の観点） 〈評価の方法〉	十分満足とされる状況	努力を要する状況への手立て
		学びに向	・マチ付きの	マチ付きの紙袋の機能	マチ付きの紙袋に	どの部分をつくっ

第8章　表　現——立体・工作に表す活動

次							
1次	1	かう力 思考力・判断力・表現力	紙袋の仕組みに興味をもち，折り方を考えながらつくる。	に気づき，折り方を考えながら使える紙袋にしようとしている。 （思考・判断・表現） 〈観察〉	するために，どのように折ればよいかか考えている。	ているのか，折りながら理解させてつくらせる。
2次	2・3	思考力・判断力・表現力 知識・技能	・紙袋を美しくデザインする。	材料を巧みに使い紙袋を美しく装飾しようと工夫している。 （思考・判断・表現） 〈観察　対話・作品〉	材料を巧みに使い紙袋を美しく装飾したり，試行錯誤している。	材料の扱いが美しさにつながることをアドバイスする。
3次	4	思考力・判断力・表現力 〈鑑賞〉	・つくった紙袋を紹介し，お互いの表現を鑑賞する。	自分の作品を紹介したり，友達の作品を鑑賞しながら，そのよさや美しさを伝え合っている。 （鑑賞の能力） 〈対話・作品　作品紹介カード　鑑賞カード〉	自分の作品を紹介したり，友達の作品を鑑賞しながら，そのよさや美しさを伝え合い，認め合っている。	自分の作品の紹介のため，作品紹介カードを記入させる。

9．本時の目標

（関）身近にあるマチ付きの紙袋の仕組みに関心をもとうとしている。

（発）マチ付きの紙袋の機能に気づき折り方に留意しながらつくろうとしている。

10．本時の展開（1/6時間）

過程	指導内容	指導形態	主な学習活動	指導上の留意点	教材教具	評価 （評価の観点） 〈評価の方法〉
導入	問題把握 学びに向かう力	個人 グループ	・さまざまなデザインの紙袋を提示し，持ち歩きたくなるような紙袋はどのようなものなのか伝え合う。 ・マチ付きの紙袋をつくるにはどうすればよいかについて交流する。	・できるだけ多くのマチ付きの紙袋を用意し，児童の関心を高める。 ・マチをつくることで厚みのあるものが入れられることに気づかせる。	・さまざまな形やデザインの紙袋	紙袋のデザインに興味をもち，マチ付きの紙袋の構造を考えている。 （主体的に学習に取り組む態度） 〈対話・発表・観察〉
展開	思考力・判断力・表現力 知識・技能	一斉	・マチ付きの紙袋をつくる。 ・どの部分をつくっているか理解しながら，紙を折る。	・自分がつくったものが実際に使えることの喜びを意識させながら制作させる。 ・ボンドの量に気をつけながら，塗る場所にも気をつけさせる。	・四ツ切り色画用紙 ・木工用ボンド	どの部分をつくっているか理解して紙を折っている。 （知能・技能） 〈対話・作品・観察〉

137

		一斉	・1枚の紙から，折り方を工夫することでマチ付きの紙袋ができたことを振り返る。 ・次の時間に紐を取り付けたり，飾りの模様を付けたりしていくこと知る。	・どこに気をつけながら紙袋をつくったか，つくって感じたことなどを伝え合う。		友達の発表を聞きながら，本時の学習を振り返っている。 〈観察・対話・作品・ワークシート〉
終末						

11. 板書計画

準備する物：OHC，色画用紙，色紙，木工用ボンド，マーカー

（3）高学年の実践

　高学年の立体・工作では，発想や構想に関する事項として，感じたこと想像したこと，伝え合いたいことや表現したいことを見つけ，形や色，材料の特徴，構成の美しさ，用途を考えながら，主題を工夫してつくることが求められる。

　高学年の子どもは，思春期を迎え，自分自身を客観視することや自分らしさを意識する時期である。表現へのこだわりが出てくる時期であり，納得いくまで作品と向き合う姿も多くみられる。そのため，技法に対する関心が高まり，経験から手応えのある表現方法をさらに突き詰めたいと思う子どもの様子もある。既習した内容を大いに生かし，より高度な技法や新たな材料や用具とも出会えるようにする。

第8章　表　現——立体・工作に表す活動

【高学年の授業実践例】
　上述の内容と新学習指導要領を踏まえ，高学年の授業実践を紹介する。

　題材名：「未来都市」（5年生）
　材料：スチレンボード（土地用）5ミリ厚（20×20センチサイズ）　1枚
　　　　スチレンボード（A4サイズ）3ミリ厚　4枚，2ミリ厚　2枚
　　　　ケント紙（8ツ切）　2枚程度
　用具：カッター，カッティングマット，接着剤，コンパス，定規
　題材のめあて：
　　・未来をイメージ，「あるといいな」と思う建物を想像する
　　・カッターを自由自在に使う
　　・水平垂直を正しく測り，組み立てる
　　・紙の特性を生かしながら，建物の形にこだわってつくる
〈素材の扱いについて〉
　5ミリ厚のスチレンボードを土台（土地）として使用する。そこにA4の2ミリ厚と3ミリ厚のスチレンボード，8ツ切のケント紙を使って組み立てていく。スチレンボードは，上質紙の間に発泡スチロール素材が挟んであるもので，その特徴を生かし，カッターで片側の紙の部分を切らずに残すことにより，のりしろをつくらず立体にできる。のりしろをつくらない太鼓張りの方法を指導する。また，個人的に素材を持参してよいことにしている。ただし，色は透明，白，シルバーの素材とし，自分で加工できるものに限ることにする。「形にこだわる」を題材のめあてとしているためである。
活動内容：
　まず，現在の建物の写真をどんな建物があるのか OHC・プロジェクター，パソコンなどの視聴覚機器を使ってみせる。世界の有名な建築物や設計士さんからお借りした模型なども提示し，つくりたい建物の形のイメージを膨らませる。自分自身が住みたくなるような，歩き回りたくなるような建物を設計する。

第Ⅱ部　実践編

形にこだわった建物を
建てていこう

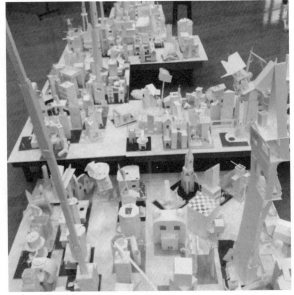

集合させた「未来都市」

図Ⅱ-8-3　高学年の実践「未来都市」（5年生）
出典：ノートルダム学院小学校（5年生学習風景）。

〈アイデアスケッチ〉

　　アイデアスケッチは，立体的なイメージがもてるように，建物の正面，横面，後面の3面を描く。この題材は立体作品で，どの角度から見ても美しい形を目指し，正面，横面，後面を意識させるためである。展開図が十分に描けなくとも，実際の素材を手にすることでアイデアがまとまりやすい子どももいるため，それぞれに合った方法で進めていく。建築の雑誌や写真集，広告などを持参し参考にする子どももいる。

〈作品づくり〉

　　1人あたりの敷地の面積は，20×20 cmとした。敷地の広さは，つくる前は狭いと感じるようだが，建物をつくり上げていくと，意外と広いと感じるようである。また，材料の素材が白いため，敷地には色紙を貼り付け

る。それにより,いっそう白い建物の形が際立つ。与えられた素材の量は基本的に一定であるが,その素材を最大限に生かし,敷地にいかに背の高い建物を建てるかに挑戦する子どもや,1つの建物の細部にまでこだわる子どももいる。さらに,素材の特徴を生かし,スチレンボードの紙をはがし,発泡スチロールの素材を使用して建物の材質に変化をつける子どももいる。

友達どうしで敷地を連結して作品を繋げる計画をし,互いに形の確認などについてコミュニケーションをとりながら作品づくりをしている姿もある。

最終的に完成したら全員の作品を集合させ,展示する(図Ⅱ-8-3)。

引用・参考文献
ノートルダム学院小学校(授業と作品の撮影協力)。
文部科学省(2017)『小学校学習指導要領』。

学習の課題

(1) 「うみのいきもの たいりょうだ!」(1年生)の授業において,使用した厚紙を使ってほかの題材を考えてみよう。
(2) 「○○やさんの紙ぶくろ」(3年生)の授業のように,身の回りにある"使えるものをつくる"題材を考えてみよう。
(3) 「未来都市」(5年生)の素材を,紙粘土,アルミ針金,ケント紙など材料を変えて題材とした際,それぞれの材料の特性を生かすためにはどのような指導が必要か考えてみよう。

【さらに学びたい人のための図書】
岡田京子編(2015)『わくわく図工レシピ集』東洋館出版。
　⇨全国で実践された低学年の図画工作科の題材を紹介された書。
西尾 環・森實祐里編著　大橋 功監(2016)『ゼロから学べる小学校図画工作授業づくり』明治図書。
　⇨児童を理解する手立てとなる入門書。図工室の準備や材料集めのポイント,実際の指導アイデアなども掲載されている。

(田中聖子)

第9章　鑑　賞——作品を鑑賞する活動

> **この章で学ぶこと**
>
> 　小学校図画工作科における「鑑賞」の学習は，「表現」と深い関連性をもち，感性を育み，豊かな情操を培うものである。
>
> 　鑑賞学習は，ただ見るだけではなく，対象から発信されたものを受け取り，自分なりに感じたり考えたりする対象物と鑑賞者の対話である。対話とは一方的なものでなく，双方のやり取りにより成立する。鑑賞者である子どもが対象物の語りかけてくる美的な言葉を発見するために教師はどのような作品を準備し，どのように作品と関わらせ，何を学ばせるか，授業での大切なポイントを学ぶ。

1　鑑賞の特質

（1）鑑賞学習の必要性

　鑑賞学習は，多くの子どもが生涯にわたり親しんでいく大切な学習と捉えられる。鑑賞教育は，美的環境づくりから始まる。大人になるにつれて薄れてしまう直感的な感覚や感受性を児童期に耕すことはとても重要である。人は，早い段階に感銘を受けたものはいつまでも記憶に残ることも多いことから，低学年から芸術作品に触れ，「みる」学習を大切にしなければならない。みることは子どもの喜びとなり，子どもそれぞれの見方・感じ方が教師や友達に受け入れられることによって，鑑賞への興味が深化していく。また，自己肯定感を高めることができる。友達の見方・感じ方を受け入れることで，より鑑賞学習が深まっていく。さらに，四季折々の変化，校舎内や街の中などの児童を取り巻く環境に好奇心をもってかかわり，友達どうしや教師とともに意見を共有することも鑑賞学習では大切なことである。

第9章 鑑　賞——作品を鑑賞する活動

　生涯教育として子どもが自分なりの見方で美術に親しむことを生活の楽しみのひとつとできるような素地をつくることも初等教育において重要である。そのためには，美的感覚・美意識の発達途上にあり，無限の多様性を宿す児童期から，自ら「みよう」とする態度を育て，普遍的な美の価値観だけでなく主体的な美の価値観や造形的観点からの美意識，生活の中の美的感覚を育てる鑑賞学習が必要である。

　子どもが鑑賞学習で培うことができる資質・能力をあげると次のようなものがある。生涯にわたって「美」を追求する力，「感じる力」「観察力・読解力」，表現活動に関連した「美」への関心などがあげられる。

（2）表現と鑑賞の関係

　新学習指導要領の図画工作科の内容は，「A　表現」と「B　鑑賞」に分けて表記されている。しかし，表現と鑑賞はそれぞれ分離できるものではない。表現活動の経験にもとづいて鑑賞活動が行われ，その活動により充実した表現活動で身につけた能力は，鑑賞活動をさらに高めていくのである。また，表現活動中でも子どもの鑑賞活動は行われており，教師に作品の説明をしたり，教師から共感を得たり，友達が対話に参加したりと，その対話の中からヒントを得て，再び表現活動に戻っていくのである。同じ時間，同じ場所で，同じ題材に取り組む友達からの意見や感想は刺激となり，積極的に取り組む動機となる。自分が表現したことを他者に伝えることで客観的に作品をみることができ，さらにイメージが広がっていく。このように，表現活動の過程を見せ合ったり，伝え合ったりすることで表現活動もより深まっていくのである。

　鑑賞学習の一つの手法であるアートゲームをあげる。これはアメリカで考案された美術鑑賞教育のプログラムである。美術作品の複製図版などを使ってゲーム的要素を取り入れ，楽しみながら作品を鑑賞する力をつける手法である。美術館や博物館などで販売されているポストカードなどが使用しやすい。美術館によっては，ツールの貸し出しも行っている場合もある。場所を選ばず，手軽に扱いやすく，多くの作品と出合うことができる。また，お互いを認め合い

ながらコミュニケーション能力も養える要素がある。「神経衰弱ゲーム」「展覧会づくりゲーム」「お話づくりゲーム」などがあり，子どもの実態や発達段階に応じて学習の工夫が必要である。

ほかに，美術館などの公共施設と連携した鑑賞学習をあげる。学校の近隣に美術館や公共施設がある場合，作品のよさや美しさを味わわせるとともに，美術の世界の多様性や美術が担う役割についても視野を広げる機会ともなる。校外に出る機会は児童にとって大変楽しみなものであり，教室とは違う環境は好奇心を高めさせ，新たな発見が生まれやすい。他教科との連携もとりながら，計画的に進めていく。独自に教育プログラムの考案をしたり，児童向けワークシートの作成や展覧会に関係するワークショップにも力を入れている施設が増加してきており，学校との連携も積極的に行われている。鑑賞学習は学芸員任せではなく，教師が児童の実態に応じ何を学ばせたいのか明確にし，学芸員と教師が互いに協力し合ってプログラムを組むことが必要となる。

(3) 鑑賞の内容

新学習指導要領の「鑑賞」に関しては，現行のものと従来のものとで内容に大きな変化はない。ただ，表記の仕方は大きく変わっており，鑑賞する活動における思考力，判断力，表現力等に関する事項という項目として表記がなされている。低・中・高学年別に整理すると表Ⅱ-9-1のようになる。

表Ⅱ-9-1に示されるように，鑑賞の対象を自分たちの作品はもちろんのこと，低学年では，身の回りの作品，中学年では身近にある作品，美術作品と製作の過程，高学年では，わが国や諸外国の親しみのある美術作品や生活の中の造形へと発展させ深めていくことが求められる。また，低学年や中学年では造形的な面白さや楽しさ，表したいこと，表し方を，高学年では造形的なよさや美しさ，表現の意図や特徴，表し方の変化と，発達段階に応じて鑑賞の視点を深化させていくことが求められている。全学年を通して大切なのは，鑑賞対象から感じ取ったり，考えたりし，自分の見方や感じ方を広げ深めることである。

第9章　鑑　賞——作品を鑑賞する活動

表Ⅱ-9-1　鑑賞に関する指導事項

低学年	身の回りの作品などを鑑賞する活動を通して，自分たちの作品や身近な材料などの造形的な面白さや楽しさ，表したいこと，表し方などについて，感じ取ったり考えたりし，自分の見方や感じ方を広げること。
中学年	身近にある作品などを鑑賞する活動を通して，自分たちの作品や身近な美術作品，製作の過程などの造形的なよさや面白さ，表したいこと，色々な表し方などについて，感じ取ったり考えたりし，自分の見方や感じ方を広げること。
高学年	親しみのある作品などを鑑賞する活動を通して，自分たちの作品，わが国や諸外国の親しみのある美術作品，生活の中の造形などの造形的なよさや美しさ，表現の意図や特徴，表し方の変化などについて，感じ取ったり考えたりし，自分の見方や感じ方を深めること。

出典：文部科学省（2017）『小学校学習指導要領 解説』。

（4）鑑賞学習の指導と指導計画

　鑑賞学習の指導計画は，題材などの内容や時間のまとまりを見通し，「造形的な見方・考え方」を働かせ，「主体的・対話的で深い学び」が実現されるように，表現および鑑賞に関する資質・能力を相互に関連させた学習の充実を図り，図画工作科の特質に応じた授業改善を進めることを新学習指導要領で新たに求めている。また，子どもの作品を校内の適切な場所に展示するだけでなく，今回新たに学校や地域の実態に応じて校外に展示する機会を設けることがつけ加えられた。

（5）鑑賞学習の課題

　新小学校学習指導要領第3の2「各学年の内容の取り扱いについて」の（8）では，「各学年の「B　鑑賞」の指導にあたっては，子どもや学校の実態に応じて，地域の美術館などを利用したり，連携を図ったりすること」と示されている。地理的な問題や学校と美術館の位置づけの相違，企画展や常設展の選択など考慮しながら利用を考えたい。また，美術館によっては出張授業も行っているところもあるのでこれについても吟味が必要である。常設の作品であれば，子どもが再び作品と出合える機会がある。企画展であれば，名画と呼ばれる作品や，何処かでみたことがある作品に出合える可能性もある。

　本物に出会う体験に勝るものはないが，それが叶わなくとも教材のソースは

第Ⅱ部　実　践　編

多様に広がっている。DVD や OHC，大型液晶テレビなど各教室に情報機器の整備も進んでいる。その機器をどのような場面でどのように活用して学習を深めていくのか，それぞれの機器の特性を把握し活用していく必要がある。

2　鑑賞の内容と展開

(1) 低学年の実践

　低学年の鑑賞では，自分たちの身の回りの作品や材料などから，造形的な面白さ・楽しさなどの表現方法について，自分の見方・感じ方を広げることが求められている。

　低学年の子どもは，友達と関わり合いながら楽しく活動することで鑑賞活動を充実させていく。そのためには，自分と友達の作品を鑑賞対象の中心とし，自分の作品については，表したかったことを伝えられるようにすることが大切である。友達の作品についての話を聞いたり，友達の作品の面白さや楽しさについてみつけたりすることで，自分以外の表現にも関心をもたせるようにする。友達と交流して造形に対する面白さや楽しさを伝え合うことで，自分の見方や考え方も広げ，自分とは違う見方や考え方を受け止めることも学習の大切な要素である。自分の思いを語ることのできる場面を設定することで，自分の見方や考え方に自信をつけていくことになる。教師は，子どもが鑑賞活動を持続して楽しいと感じることのできる導入や展開，発問を工夫する必要がある。

【1年生　かんしょうツアーにでかけよう！】

　本題材は，子どもが表現した作品を学級の友達の作品とともに見合う学習活動である。活動の目的（主題）は，自分の作品だけでなく，友達の作品にも関心をもたせることである。相互に見合うなかで造形的な面白さや楽しさを学び合う機会としていく。正解が1つではない学習活動であるので，子どもどうしの相互理解，学び合いの場となるようにする。

　春には，全校で学校の近くにある植物園に写生会に出かける。1年生は「はるのしょくぶつえん」というテーマで，「実際にさまざまな自然に触れるなか

第9章 鑑　賞——作品を鑑賞する活動

図Ⅱ-9-1　写生展の鑑賞風景

出典：ノートルダム学院小学校（1年生）。

で，心を動かされたことを思い思いに表現すること」をめあてに四ツ切りの画用紙に24色セットのクレパスで描く。写生場所の範囲を決め，描きたい場所を自分で選び，約2時間かけて植物を目の前にして描いていく。次の図工の授業で仕上げをし，全学年の写生展で全員の作品を校内各所に展示する。講堂や室内の広場を利用し，選出された作品を並べ，写生展の期間中の図工の授業ではどの学年も鑑賞学習を実施する（図Ⅱ-9-1）。上級生と同じ鑑賞時間となった際は上級生の鑑賞態度をお手本にできる。1年生の段階で鑑賞態度と注意点を確認して鑑賞に行くため，高学年ではしっかり身についており，下級生の態度が悪い場合には，注意をする姿もみられる。

　まず，個人で掲示板に展示された作品を見て回った後，友達と静かに話しながら見て回るように伝え，同時にワークシートにも記入させる。ワークシートの内容は，見る目的意識をもたせるには有効である。選出作品の中から，クラスの中で「はるのしょくぶつえん」らしい作品を1点選ぶことと，全学年の作品の中で「お家に飾りたい絵」を1点選ばせる。自由に見て回り作品を選んだ後，クラス全体をクラスの友達の作品の周りに集合させ，選んだ作品について，選んだ理由も含めて発表したり，作者に質問したりする。また，自分の作品についても「クレパスの色を重ねて本物の花の色に近づけた」や「このチューリップはとってもきれいだったから一生懸命描いた」と次々に発言が出てきた。写生範囲を決めた場所で描いたため，自分と同じ花を描いている友達の絵について「○○さんの絵のこのお花，一つひとつがとっても小さくて描くのが大変

第Ⅱ部　実践編

だったと思う」など褒める発言もあった。

（2）中学年の実践

　中学年では，鑑賞する活動における思考力，判断力，表現力等に関する事項として，身近にある美術作品や制作過程などのよさや面白さを感じとったり考えたりし，自分の見方や感じ方を広げることが示されている。

　低学年と比べると，生活の行動範囲も広がり，関心の対象も広がってくることから，鑑賞の対象を身の回りだけでなく身近な美術作品へと広げる。また，中学年は客観的な見方が育ちはじめる時期でもある。鑑賞の対象から受ける好き嫌いから造形的なよさに面白さに目を向けるようになり，自分自身の表現の参考にしていく力も育っていく時期となる。

【4年生　絵巻にもどしてあげよう！】

〈題材のねらい〉

　物語性に焦点を当てた深い鑑賞を意図して絵巻を扱う。作品を「一部みせる」方法で国宝『信貴山縁起絵巻』（紙本着色，作者・制作年不詳）の物語性に焦点を当てた鑑賞として2時間の授業とした。

〈『信貴山縁起絵巻』について〉

　庶民に奇蹟や霊験を物語と絵を媒介として信仰唱導することを目的につくられた説話絵巻で，三巻から成り立っている。「山崎長者の巻（飛倉の巻）」は修行を積み重ね托鉢の鉢を飛ばす法力を得た命蓮が，その法力で托鉢を行っていた。山崎に住む長者が，飛んできた鉢を倉の中にしまい込んでしまったため，鉢が倉ごと命蓮のいる信貴山まで運んでしまう。長者はあわてて倉を追いかけ，命蓮に倉の返還を願い出る。しかし，命蓮は倉をこの山に残させ，鉢に米俵1俵を乗せて飛ばすと，米俵が山崎の長者の家のもとへ戻っていくという内容である。

【絵巻物の形式】

　絵巻は日本固有の物語絵画であり絵と言葉で語られる。一般的に横に長く継いだ紙を軸に巻き，内部を保護するために表紙を付けて紐で結んだ形態である。

第9章 鑑　賞——作品を鑑賞する活動

絵巻物が語ろうとしているものを，物語の時間的進行と空間的展開による表現から，鑑賞者は視覚的に追いながら内容を読み取っていくのである。

〈学習の内容〉

図Ⅱ-9-2　『信貴山縁起絵巻』倉を追いかける人々（部分）

授業の導入場面では大型テレビを使用し，絵巻の一部分である絵巻冒頭を映し出した（図Ⅱ-9-2）。倉が鉢によって飛んでいく様子は映し出さず，見せるのは人物のみとし，人物の動きと表情に注目させる。児童は，人物たちが左上を見上げていることから何か重要なもの，または目的のものがあると考え，「バーゲンに行くため急いでいる」「花火を見ている」「神様がいる」「みんな踊っているからお祭りをしている」「かぐや姫のように天に昇る美しい人を追いかけている」などさまざまな意見が出た。

その後，この作品が絵巻であること，絵巻の形状と右から左にストーリーが展開される絵巻の規則や，内容に関わる地理的情報などの予備的知識を学習する。

次に題材の主題である『信貴山縁起絵巻』「山崎長者の巻（飛倉の巻）」の物語の場面を想像し絵巻物を描く。

登場人物に関する情報源としては，絵巻に登場する人物5人の周囲を少し残して切り取った画像のコピーを配布した。表情が豊かな人物や重要な人物，動作が物語の鍵になる人物を選ぶ。視点を絞ることで絵巻の特徴である人物の表情や動きを細部まで読み取ることが可能となる。また人物の背景を少し残すことで，その人物がいる場所を想定しやすくなる。さらに，よりよく観察をして表情を捉えることにつながる。

実際の絵巻のようにどんどん紙を継いでいったり，1枚をじっくり詳細に仕上げたり，それぞれに絵巻づくりを楽しんでいる様子がみられた（図Ⅱ-9-3）。

米俵が飛んでいく様子を描く

ヒントになる人物を描く

絵巻を描く様子

教室廊下の図版を鑑賞する児童

図Ⅱ-9-3 「絵巻にもどしてあげよう!」(4年生)活動の様子
出典:ノートルダム学院小学校(4年生学習風景)。

　絵巻づくりを終えた後,大型テレビに図版の絵巻を映し,全員で物語を追いながら鑑賞した。同じ人物が何回も登場することに気づいたり,指標にした人物5人の居場所を探したり,人物の動作や表情に目を向ける発言があった。

　授業の後,教室廊下の子どもの目線の高さの壁面に,みんなでつくった絵巻の図版を掲示した。すると,休み時間や放課後などにも,友達と命蓮の登場回数を数えたり,長者の従者を指差し,「ただいま,戻って参りました」「ご苦労であった」などと人物の会話を思い浮かべ物語を振り返りながら鑑賞する姿があった(図Ⅱ-9-3)。

　『信貴山縁起絵巻』の鑑賞後の児童の感想を分類し,以下にあげる。

〈内容面について〉
- 米俵が勝手に飛んでいっているところを想像すると面白い
- いまではあり得ないことが起きていて面白い
- 額縁に入った1枚の絵よりわかりやすくて気に入った
- 物語があるので,一目見てどんな話かわかる

〈技術面について〉
- 色使いがすごい
- 命蓮が山崎に向かって米俵をいっぱい飛ばしていくところが面白い
- 一つひとつとても細かく描かれていてすごい
- 丁寧に赤い葉っぱの木が描かれている
- ちゃんと鉢に米俵がのっている
- 絵を見ただけで物語が想像できるのですごい

〈その他〉
- 米俵が山崎から信貴山までの遠くの距離を飛んでいったことがイメージできた
- もっと違う絵巻を見てみたい
- 頭の中で想像していた部分と違うところを探すのが面白い

　この鑑賞で自分の作品を手元に置き,絵巻を見比べながら,同じように描かなければならないと考えている子どもはいなかった。つまり「似ている・似ていない」の視点からではなく,内容や技術的なところに焦点を当てて鑑賞している。『信貴山縁起絵巻』のみの鑑賞であれば,細部までよく見ることはなかったと考える。自分の手を動かし描くことでより絵巻への関心が高まり,「知りたい」「見たい」と思う部分に焦点を当て自分なりの鑑賞をすることができた。その人物を自分の作品の中に入れ込んでいくことで,自作の絵巻の物語も発展し,より注意深く人物を描くようになった。鑑賞の際には,その人物に焦点をおきながら,人物の周辺風景にまで関心をもった表現がみられた。

第Ⅱ部　実　践　編

【授業実践例（学習指導案）】

次に，「絵巻にもどしてあげよう！」を使って実践的な学習指導案を紹介する。

図画工作科学習指導案

授業者　○○○○○

1. 対象　　第4学年○組　男子○名　女子○名　　計○名
2. 日時　　令和6年9月12日（木）　第3校時
3. 場所　　図工室
4. 題材名　「絵巻にもどしてあげよう！（鑑賞）」
5. 題材設定の理由

〈児童観〉
　4年生の子どもは，自分の想いや考えに，より自由な発想で，表現を大胆に行える時期である。このことから，日本古来の芸術のよさに触れ，表現の楽しさや多様な表現方法が発見できると考える。作品を見て感じたことを言葉で表現して伝えることに苦手意識をもっている子どももいる。学習過程において，自分が手を動かして描く学習により，よさや面白さを感じ取ることができ，これにより言葉での表現がしやすくなると考える。
〈教材観〉
　日本の伝統や文化に触れ，そのよさを十分に味わわせたい。絵巻は日本独特の物語絵画であり，絵と言葉で語られている。絵巻の物語性を捉え，それが何を語ろうとしているのか，時間的進行と空間的展開により表現されている。『信貴山縁起絵巻』は他の絵巻物に比べ人物の表情や動作が豊かであり，感情が読み取りやすい人物表現がされ，絵巻の中で次々に出来事が起こっていくテンポがよい。また，この絵巻は近畿圏内の話で，社会科の地理で学習する事項となることから4年生の子どもたちには，関心が高まると想定される。
〈指導観〉
　鑑賞の学習で，単に見て意見を述べるような内容であれば，子どもが主体的に見ようとする学習にはならない。子どもに主体的に見ようとする態度を育てるために，作品に対して多くの情報を与えないことで，見ることへの渇望感を引き出す。つまり，初めから作品全体を見せるのではなく，一部のみを見せる。本題材では，絵巻の物語について

第9章　鑑　賞——作品を鑑賞する活動

伝え，登場人物に関する情報として絵巻に登場する人物の周囲を少し残して切り取った5人の絵を配布する。その5人の絵（絵巻の一部）を見せることの意味，視点を絞りこの絵巻の特徴である人物の表情や動きを細部にまで読み取ることが可能になる点にある。子どもが自分の手を動かし，描くことで絵巻への関心が高まり，自分の「知りたい，見たい」と思う部分に焦点を当てた鑑賞ができる学習としていく。

6. 題材の目標

（知）与えられた絵巻物の人物に注目し，想像を広げながら人物の様子が分かる。

（思・判・表）絵巻物の内容から人物のいる風景のイメージを感じ取ったり考えたりし，自分の見方や感じ方を広げる。

（学び力）進んで人物の表情や姿に注目しながら絵巻物をみて，絵巻物のよさや面白さを感じ取る活動に取り組み，つくりだす喜びを味わうとともに，形や色などにかかわり楽しく豊かな生活を創造しようとする。

7. 題材の評価規準

知識・技能	思考・判断・表現	主体的に学習に取り組む態度
（知識）絵巻物の人物の表情や姿に注目しながら，人物とその周りの風景を想像し，その組み合わせの感じが分かっている。（技能）和紙を適切に扱うとともに，描画材についての経験を生かし，表したいことに合わせて工夫して表している。	（表現）絵巻物の内容から，人物のいる風景について思い付いたことに合うように表現方法について考えている。（鑑賞）絵巻物や自分や友達の作品のよさや面白さ，互いの感じ方の違いなどを感じ取ったり，考えたりし，自分の見方や感じ方を広げている。	つくりだす喜びを味わい，進んで絵巻物の人物の様子に注目してみて，筆ペンでためしながら，よさを味わう学習活動に取り組もうとしている。

8. 題材の指導計画（全4時間）

次	時	指導内容	学習内容	学習活動における具体の評価規準		
				評価規準（評価の観点）〈評価の方法〉	十分満足とされる状況	努力を要する状況への手立て
1次	1・2	学びに向かう力　思考力・判断力・表現力	・絵巻の仕組みに興味を持ち，表現を考えながら描く。	絵巻物の形態について理解し，描き方を考えながら，絵巻を描こうとしている。（主体的に学習に取り組む態度）（思考・判断・表現）	絵巻物の人物を自分が描く絵巻に取り込み，どのように描こうか考えている。	絵巻物の人物が何をしているか理解しながら，絵巻物に描くように促す。

第Ⅱ部　実践編

| 2次 | 3・4 | 鑑賞する能力 | ・自分が描いた絵巻物と絵巻物を照らし合わせながら，鑑賞する。 | 自分が描いた絵巻物と絵巻物を比較しながら，鑑賞しようとしている。（思考・判断・表現〈鑑賞〉）〈観察・対話・発言〉 | 自分が描いた絵巻物と比較しながら，切り取った5人の人物に興味をもち鑑賞している。〈観察〉 | 自分が描いた絵巻物と比較しながら，絵巻物の表現方法に気づくように促す。 |

9. 本時の目標

　（学び力）絵巻物の形式や様式に興味を持ち，絵巻のよさを味わう学習活動に取り組もうとしている。

　（思・判・表）切り取った5人の人物のイメージを感じ取ったり，考えようとしたりしている。

10. 本時の展開　（1/4時間）

過程	指導内容	指導形態	主な学習活動	指導上の留意点	教材教具	評価（評価の観点）〈評価の方法〉
導入	問題把握　学びに向かう力　思考力・判断力・表現力	全体	・絵巻物の歴史・形式・様式について学習する。・絵巻物の内容を理解する。・切り取った5人の人物について感じたこと，想像したことなどを交流する。	・子どもが関心を寄せ，探究心をもって絵巻物を見ることができるように環境を整える。	・絵巻物（一部）OHCまたは画像データ	絵巻物に興味をもち，人物の登場する場面を思い浮かべている。（主体的に学習に取り組む態度）（思考・判断・表現）〈観察・対話・発表〉
展開	思考力・判断力・表現力　知識・技能	個人	・切り取った5人の人物の表情や動きをよく見て，想像し，自分が描く絵巻にその人物を入れ込む。	・絵巻が右から左へ時間が進んでいくことを理解しているか確認する。・人物の表情や動きに注目させ，思い付くことを問いかけ，見通しや意欲をもてるようにする。	・横長和紙・筆ペン・絵巻の人物コピー	絵巻の型式を理解し，人物表情や動きに注目しながら，描いている。（発想・構想，創造的な技能）〈観察〉
終末	思考力・判断力・表現力〈鑑賞〉	一斉	・本物の絵巻と自分の描いた絵巻を見比べながら，絵巻の内容や技術面について鑑賞する。	・本物の絵巻の物語性に注目させ，どこに目を向け絵巻を描いたのかを発表させ，意見交流させる。	・絵巻物OHCまたは画像データ	友達の発表を聞きながら，本時の学習を振り返っている。〈観察・対話・発表・作品〉

第9章 鑑　賞——作品を鑑賞する活動

11. 板書計画

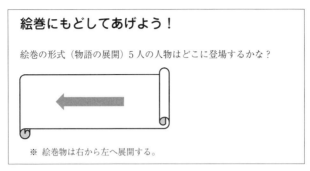

準備する物：大型テレビ，OHC またはパソコンなど

（3）高学年の実践

高学年では，発想や構想に関する事項として，社会や文化も対象に入れた分析ができるようになる。

中学年より知的判断力がつき，観察力が鋭くなることで，客観的なものの見方や感じ方が高まってくる時期であり，それらをより深めることが求められている。そのため，表現の意図を汲み取ったり，作品のよさを感じ取ったりする学習を計画する必要がある。また，高学年では，わが国や諸外国の親しみある作品まで対象が幅広くなるため，自分たちの伝統的な文化を大切にし，諸外国の文化も尊重できるように育成していく。

【5年生　どの額縁がお似合い？】

本題材「どの額縁がお似合い？」では，作品をより効果的に見せる額縁に視点をおき，鑑賞学習を行う。

はじめに，額縁専門店の方に来てもらって，額縁についてその役割や効果，制作工程など約1時間の解説を受けて予備知識をつける。それをヒントに額縁選びをしていく。数十種類の額縁を借用し，実際の作品を前に額縁を選んでいく。まずは個人で，その後グループで一番合う額縁を見つけてワークシートに書き込む。児童には，多数決ではなく選んだ理由が最も教師を納得させた額縁を実際に選出すると伝える（図II-9-4）。

155

第Ⅱ部 実践編

複製画を実際の額縁にはめて印象の違いを感じる

額縁の一部を作品に当ててみる

クラス全体で意見発表

選んだ額縁が取り付け、校舎内に展示

図Ⅱ-9-4 「どの額縁がお似合い?」(5年生)活動の様子
出典:ノートルダム学院小学校(5年生学習風景)。

　この実践では、実物の額縁を選ぶ機会に恵まれたが、校舎内にある複製画や、近隣にある美術館の常設されている絵画を教材としてもよい。アートゲームに使用するカードやポストカードも教材となるであろう。絵画に注目することは多いが、額縁に目を向けて鑑賞することは稀である。額縁が主張せず、作品との調和を考えて素材や色、装飾を選ばれていることに目を向けさせることで絵画の鑑賞をさらに深めることができる。

引用・参考文献

田中聖子(2009)「美術作品の物語性に焦点を当てた鑑賞学習——図画工作における『村の秋』と『信貴山縁起絵巻』を扱った実践を通して」大学美術教育学会誌 第42号。
ノートルダム学院小学校、1年生、4年生、5年生(授業と作品の撮影協力)。
文部科学省(2017)『小学校学習指導要領 解説』。

第9章 鑑 賞——作品を鑑賞する活動

学習の課題

(1) 高学年の「信貴山縁起絵巻」を題材に鑑賞授業を計画してみよう。起点や中心となる発問についても考えてみよう。
(2) 低・中・高学年それぞれにふさわしい相互鑑賞の方法を考え，まとめてみよう。

【さらに学びたい人のための図書】

奥村高明（2010）『子どもの絵の見方——子どもの世界を鑑賞するまなざし』東洋館出版社。
　⇨1枚の絵から子どもの世界を捉え，子どもたちから学習指導や題材開発，評価方法の参考になる内容が掲載されている。1枚の絵で子どもと対話したり，ギャラリートークしたりする方法も取り上げられている

フィリップ・ヤノウィン（2015）『学力をのばす美術鑑賞 ヴィジュアル・シンキング・ストラテジーズ——どこからそう思う？』淡交社。
　⇨「何が起こっているだろう？」「どこからそう思う？」「もっと発見はある？」この3つの問いかけからはじまる，「VTS——Visual Thinking Strategies」対話型鑑賞教育について掲載されている。

東京国立博物館監（2006）『日本美術の授業——東京国立博物館の名品による鑑賞授業の手引き』日本美術出版。
　⇨東京国立博物館の収蔵品の代表的な美術作品から，日本美術鑑賞入門にふさわしい作品20点を題材にした作品解説や授業展開案が掲載されている。

（田中聖子）

第Ⅲ部
基礎知識編

第10章 子どもの成長・発達と学びの連続性

この章で学ぶこと

　　教育は，子どもの成長・発達を目指して行われる社会的な営みである。子どもがひとりの個性的な存在として，また社会的な存在として，自己実現を図り，生涯にわたり豊かに幸せに生きていくための力を培い，育んでいくのである。教育をする側には，個々の子どもの成長・発達，生活する姿，それまでに経験し学んできたことを深く理解する姿勢が求められる。そのうえで課題を明確にし，必要となる教育の内容を計画，実施していくことが求められる。そうしたことは，表現および鑑賞の活動を通して，造形的な見方・考え方を働かせ，生活や社会の中の形や色などと豊かに関わる資質・能力の育成を目標とする図画工作科においても同様のことである。ここでは，教育を進めるうえで基盤となる表現に関する発達と幼児教育・保育と児童期における表現の連続性について学ぶ。

1　子どもの成長・発達と教育の意味

（1）成長・発達とは

　古代ギリシャ期より多くの哲学者・教育学者などが，人間の存在と教育の意味について語ってきた。近代以降の民主教育，とりわけ児童中心主義による教育となってからは，「学校教育の過程における人間の成長や発達，学習が，その社会といかに関係をもっているかを追求し，関係づけていくこと」に示されるように，学校教育は子どもを個性化・社会化していくなかで，個々の成長・発達，自己実現を目指して行われる社会的営みと考えられるように至ったのである。
　そもそも人間の成長・発達とは，生誕以降のことと思いがちであるが，受精から死に至るまでの間の心身の変化・変容を前提に，身長・体重など量的な側

面の形態変化を「成長」という。また，成長により身体諸器官の構造がさらに複雑化し，より多くの高度な機能が使用される状態になることでもたらされる諸能力の変化などの機能的側面の変化を「発達」としている。教育の目的である人間形成を進めていくうえで，人間の成長や発達の過程を理解することは，その時々の発達の段階を理解し，発達に必要な経験（学習のねらいや内容，方法）などを計画し，実施するなどの教育を進めるうえでの必須条件となる。したがって，教師が成長・発達の一般的な傾向を理解しておくことは，子どもの実態を把握し，教育プログラム作成する際の基本的な指標となる。発達の基本的指標とは以下の8点で，これらはすべての発達に共通する一般的な傾向である。

① 分化と統合：心身の機能発達は，細かい分化から始まり，次第にそれらにまとまりが生じる。
② 方向性：発達には，「頭部から尾部へ」と「中心部から周辺部へ」という大きな二つの方向性がある。
③ 順序性：発達には，共通する順序・段階があり，順序の乱れや大きな飛躍は，発達異常が疑われることもある。
④ 臨界期：それぞれの発達には特有の適期があり，その時期を逸すると発達に困難が生じる場合もある。発達段階や発達課題の素地となる。
⑤ 個人差：発達の生じるスピードやタイミングには個人差があり，順序性に問題がなく調和のとれた発達を示している場合には，ある程度の遅れなどは個人差の範囲と解されることが多い。とくに乳幼児などの年少期ほど発達の個人差は著しい。
⑥ 成長率の違い：心身の発達の種類によっては，時期により成長率に差異が生じる。たとえば，身体の発達においては，筋肉・脂肪などの体の組織が主に形成される充実期と，骨などが伸びる伸長期とが青年期までの間に交互に出現する。
⑦ 順応性：発達特有の適期である臨界期はあるが，発達に遅れがみられても，条件が整うことで正常に回復・改善していく可能性ももつ。

⑧ V字型変化：発達の質的な変化が生じる前には，一旦発達が停滞・沈降したようにみえるが，やがて跳ね上がるように発達を遂げていく。

　上述したことは，学校教育における図画工作科が何を担い，どのように展開されていくべきなのかを裏づける根拠となるものである。図画工作科は単に造形活動のための知識や技能を習得させることが目的ではないし，教師の思いや考えを子どもたちに忠実に具現化させることでもない。また，画一的な方法や進め方で作品づくりを目指し，完成した作品のみを評価することでもない。子どもの個々の個性や発達の実態などを深く把握し，発達段階に沿って適切な時期に適切な経験を教育活動において提供していくことで，子ども自らがイメージや想いを形にしていく造形表現の楽しさを十分に感じ，結果として豊かな情操が育まれていくのである。

（2）発達段階と発達課題と教育

　教師が何をどのように教育するかを検討する際に指標となるのが発達段階である。そこから導き出された発達課題が教育のねらいとなり，教育の内容につながる。

　種々の発達は連続的・継続的に進展していくものであるが，特定のある時期には他の時期とは異なる発達的に特徴のあるまとまりの姿（質）を示しており，これを発達段階という。先に成長・発達の一般的な傾向について示したが，発達の「方向性」や「順序性」，「臨界期」などは，発達段階の存在を裏づける根拠となるものである。

　また，「発達課題」という捉え方を提案したのが R. J. ハヴィーガーストである。「発達課題」の意味について次のように説明している。人間が健全で幸福な発達を遂げるためには，それぞれの発達段階において，それぞれの時期に達成すべき課題があるというものである。それらの課題は，発達の各時期に解決することが必要で，適切に解決されれば次の発達段階への移行や適応がスムーズに行われるが，解決されなければ移行や適応が困難になるというのである。

つまり，発達課題の意義は，自己と社会に対する健全な適応にとって必要な学習であり，特定の時期に学習されることが望ましく，その後継続していく課題もあるが意義は弱まっていく。

さらに，発達課題は，子どもの発達の進展に伴い，新たな発達の局面へと移行し，新たな経験を積み上げていく過程とも捉えられる。子どもにとっては，発達の進展により新たな感覚や認識などが芽生えることで，遭遇した事象が新鮮なものと感じられ，興味や関心が引き起こされることも多い。そうしたことが，「自発的使用の原理」といわれる子どもが身につけつつあるものや身につけたばかりのものを盛んに使用し，活動・行動しようとすることにつながるのである。そこに，発達的な視点に基づって，子どもの本能的な要求から生じる内発的な動機づけにより，主体的な学習活動が展開されることのヒントがある。

(3) 発達について学ぶ必要性

基本的には，発達はある段階での経験を十分に重ねることで，自然に次の段階に漸次移行していく。心理的な問題などによって退行する場合などを除いては，極端な逆戻りはなく，一度発達を遂げてしまえば以前の発達の情況には戻れないのである。以前の発達の段階について「○○は理解できない」や「△△はできない」と予想することはできるが，あくまでそれは予想であり実際の情況とは遙かに異なると思われる。そこに教師が「子どもの立場に立って感じ，考える」ことの難しさがある。ときに教師は，「何でこんなことがわからないのか」「何度もわかりやすく説明しているのに」と思ったり，考えたりしてしまうこともある。実際，教師と子どもは発達段階の異なる者どうしであることから，教師は子どもの発達について深く理解し，発達段階を把握し，それに応じた慎重な配慮が必要になる。

2　子どもの成長・発達と表現

（1）描画の発達

　幼少期の子どもはなぜ「お絵かき」をするのであろうか。子どもの気持ちになって考えると，「そこに紙と画材があった」「描くのが楽しい」「お母さんに見せたい」「お母さんに褒めてほしい」「周りの子が描いているから」などさまざまな情況や思いが要因となっていることがわかる。したがって，描画の開始時期は，母親などの子どもの周囲の人や画材などのものなどといった環境に大きく作用されていると考えられる。周囲の大人が子どもの「描く」という行為に関心をもち，それを認め賞賛したり，描くためのペンやクレヨンなどが日常的に周囲に準備されていれば，比較的早くに「描く」という行為が出現し，繰り返されていくことは想像に難くない。個人差はあるものの，1歳半から2歳頃の間に，絵を描き始めるようになるといわれている。

　ここでは，個々の子どもの造形表現の発達について理解し，適切な指導を計画・実施するうえで必要となる描画発達の理論について，ローウェンフェルド[1] (Lowenfeld, V. 1903〜61) の描画の発達段階をもとに学んでいく。

（2）描画の発達段階

(1) 錯画期（なぐり描き期）（2〜4歳）

【この時期の特徴】

- なぐり描き (scribble；スクリブル) の時期。「はいはい」（四足歩行）からやがて2本足で立ち，歩行が可能になり，手を外界の世界を認知する手段として盛んに使用しはじめるようになる。なぐり描きは錯画，乱画ともいう。
- 紙の上に出現した線に興味を示したり，運動や感覚を楽しむように線を描いたり，自分の手を動かした後に残る線の痕跡や軌跡を発見し，その過程を喜び楽しむようになる（図Ⅲ-10-1）。
- なぐり描きは，左右運動の繰り返し　→　上下運動の繰り返し　→　渦巻き

第10章　子どもの成長・発達と学びの連続性

型・らせん型　→　円運動へと変化していく。
- 子どもの身の回りに紙や適当な画材があり、描きたいという思いが生じるような環境が重要である。

パイナップル

おもうがままに

消防車

図Ⅲ-10-1　錯画期（なぐり描き期）

(2) 象徴期（3～4歳）

【この時期の特徴】

- 身体運動や感覚的な活動が次第に象徴的な意味をもつようになり、自分の思いや考えなどを図式的に記号化して表そうとするようになる。
- 何を描くのかが明確であったり、具体的なものを描いたりするわけではなく、描いた結果の線や形などにイメージ（象徴的意味）を与える段階。
- 手と目が連動して動くようになり、思うような線や閉じた円などを描くことができるようになる（図Ⅲ-10-2）。

動物園に行ったよ！（ゾウ）

イカ

図Ⅲ-10-2　象徴期

(3) 前図式（様式）期（4～7歳）

【この時期の特徴】

- 描こうとする対象が単純化され，子どもなりの形の認識（schema；シェマ）が定着してくる。
- 描こうとする対象が意図的になり，描かれたものが周囲の大人にも理解できるようになってくる。
- 画面上に羅列された線描は，相互に無関係なイメージにより描かれる。それらが無関係にバラバラに並置され，あたかも物品が紹介されている商品カタログのようであることから，「カタログ期」とも称される。

【この時期の特徴的な表現】

- 自己中心性の強い心性の発達段階において，視覚やその他の感覚によって顔面を中心に自己の認識ができることの表れとされる。頭足人（目や口のある頭部のような場所から手足の出ている生物画など）などの表現（図Ⅲ-10-3）。

頭足人

アジの開き

図Ⅲ-10-3　前図式（様式）期

(4) 図式（様式）期（7～9歳）

【この時期の特徴】

- 図式的な表現に意識的・無意識的に意味をもたせ，特徴を強調的に表すようになる。
- 感じたこと，認識したことをもとに描かれる，いわば心の表現の時期である。
- 心に浮かんだイメージを平面に羅列して表現するようになり，全体を1枚

の「絵」として意識しはじめるようになる。
- 画面に対して自分の位置が明確になるとともに空間意識が生まれる。

【この時期の特徴的な表現】
- 拡大描写・誇張表現・強調表現…描き手にとってとくに大切なもの，印象に強く残ったもの，伝えたいものなどを，無意識的に大きく誇張したり，強い色彩で描いたりするような表現。
- 抹消…描き手にとってとくに忌み嫌うもの，敵視するもの，都合の悪いものなどを，無意識の内に抹消したり，隅に追いやったり，小さく表したりするような表現。
- 基底線…画面の上下関係が意識されることで，画面下部に示された線で地面などを表し，その上に人や家，動植物等を描くように表現。
- 展開図描法…視覚的よりも対象を認識することによる表現であり，机の脚が四方に突き出た展開図のような表現。
- レントゲン（X線）描法…実際には見えない部分であっても，知っていることや描きたいことをレントゲンで映し出したような表現。
- 正面表現…体がどちらの向きであろうと，顔を正面から捉えようとするような表現（図Ⅲ-10-4）。

こぶとりじいさん

鼓隊演奏をしたよ！

図Ⅲ-10-4　図式（様式）期

第Ⅲ部　基礎知識編

- 同存表現…1つの画面の中に時間的経過やいくつもの焦点が存在するような表現。
- 積み上げ表現…遠近を表現しようとする工夫で，遠くにあるものから順に積み上げて表そうとするような表現。
- 擬人化…アニミズム（「あらゆるものには命があり，生きている」という独特な心性）により，生きものであるか否かにかかわらず，描くものすべてに目・鼻・口を描き込もうとするような表現。

(5) 初期写実の時期（9～11歳頃）

【この時期の特徴】
- 心身の成長に伴って客観的な認識と思考が高まってくる時期。
- それまで描いていた主観的な世界から，現実に自分の目で見える世界を描こうとする（図Ⅲ-10-5）。
- ものの重なり，大小の関係，遠近の表現などにも目が向く。

友　達　　　　　　　お地蔵さんと彼岸花

図Ⅲ-10-5　初期写実の時期

(6) 擬似写実の時期（11～13歳頃）

【この時期の特徴】
- 知的能力の発達に伴い，観察力，判断力が高まり，合理的，客観的な表現をしようとする（図Ⅲ-10-6）。
- 正確な再現表現を行おうとする傾向がみられる反面，自由な発想で描くこ

とが減少していく。

お話の絵『小象のパウの大冒険』

お話の絵

図Ⅲ-10-6　疑似写実の時期

(7) 決定の時期（14〜17歳頃）

【この時期の特徴】

- それなりに写実的に描くことはできるようになるが、表現に行き詰まりを感じ、描くことへの興味を失い、遠ざかっていく子どもも増える。
- 社会的な関係に対して意識するようになるとともに、周辺のファッション、デザイン、芸術作品等に対する関心が高まる。
- 意識的に表現しようとする際に、テクニックの未熟さから思ったように表現できずに悩んだり、描くことをあきらめたり、レタリング、デザイン等の構成的作業に興味をもったりする子どもが多くなる（図Ⅲ-10-7）。

学校の周りの風景

剣道のこて

図Ⅲ-10-7　決定の時期

(2) 発達がもたらす絵の変化

ある小学校では近隣に牧場があり、全校児童が毎年度、継続的にその牧場の牛の絵を描いている。図Ⅲ-10-8は、ある子どもの1年生から6年生までの

間の作品であり,表現の変化に着目することで,絵を描く発達の過程が明らかとなる。全体的な構図や空間認識,視点の位置,重なり,色の変化などについて詳細に変化を鑑みてほしい。

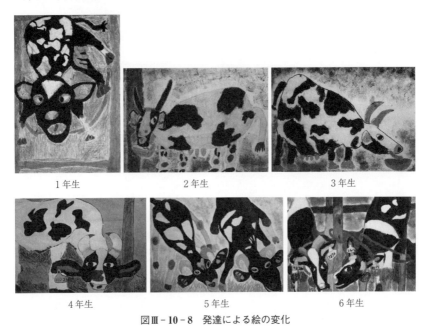

図Ⅲ-10-8 発達による絵の変化

3　子どもの発達と表現および指導

『新学習指導要領 解説 図画工作科編』には,子ども個々の個性的な感性に基づく感覚や活動により形や色などを捉えること,さらに自分ならではのイメージをもつことが共通事項として示されている。

「感覚や活動」とは,五感など体に備わったすべての感覚,全身を使ってものを動かす,変化させるなどの操作や活動を表しており,誰かに言われたからではなく,子ども自らが主体となり生じるものである。「形や色など」とは,対象の形や色,線や面,動きや奥行き,重なりなどの特徴のことである。また,

自分の「イメージ」とは,子どもが心象につくりだすイメージや全体的な感じ,情景や姿,様子などのことである。

以上に示した形や色,イメージなどは,「表現」および「鑑賞」の活動のなかでそれぞれが互いに関わり合い,相互に働く共通の資質や能力であり,豊かな造形・表現活動の要因となるものである。

「形や色,イメージなど」に関する低・中・高学年の発達の特性からみた指導の方向性については,次のように示されている。低学年では,感覚や活動を通して形や色などを捉えるとともに,自分らしいイメージをもつことであり,感覚とのつながりによってそれらが育成されていくことを目指している。中学年では,感覚や活動を通して形や色,組み合わせなどの感じを捉えるとともに,自分なりのイメージをもつことであり,他者と自分との相互関係からそれらが育成されていくことを目指している。高学年では,感覚や活動を通して,形や色,動きや奥行き,重なりなどの造形的な特徴を捉え,自分なりのイメージをもつことで,社会や文化との関係からそれらが育成されていくことを目指している。

次に,低・中・高学年の時期の発達の特徴を踏まえて,表現の特徴と指導の要点を整理する。

(1) 低学年における表現と指導

生活の中で生じるさまざまな人・ものとの出会いや出来事により,子どものなかに多様な情動が生まれ,それらを表情や動作,バーバル,ノンバーバル,音やリズム,身体の動き,平面や立体の造形などの方法によって伝えようとする。こうした活動は,まさに子どもにとっては,自己発露であり自己発現そのものなのである。つまり,身近な存在に気づき,心を動かし,心を通わせ,イメージを豊かにし,自由に表現を楽しみ成長していく時期である。

多くの場合,この時期の子どもは,表現については未分化な面もあるが,上手に描きたいとかつくりたいといった気持から表現するのではなく,描いたりつくったりすること自体が楽しい,先生や友達に観てほしいなどの内面を表出する自己発現の時期である。したがって,この時期の子どもに「本物のよう

に」を強調したり，画一的で技術面に偏った，いわゆる「描かせる」指導をしたりすることで，描くことへの内発的な動機が低減していくことが考えられる。

低学年の子どもは，造形活動を行う際に，見通しをもって計画的に進めていくというよりは，つくりながら考え，考えながらつくるといったことを繰り返すなどの試行錯誤的に活動を進めていく。そうした点から，子どもの感覚やイメージ，発想をもとに，自由に，楽しく，伸び伸びと活動できる雰囲気を大切にし，思いや考えを認め，励ますなどの子ども主体の指導が求められる。教師は子どもの思いや発想をゆっくりと聞きながら，共感・共有していくことが大切である。また，子どもへの言葉のかけ方や関わり方は，指示的，評価を示すような類のものは避け，活動や作品を通してその子どもなりの感じ方や努力したところ，着目してほしいところなど，について受容的なやりとりを大切にする。

子ども一人ひとりに個性があり，そこから生じる表現もまた個性的なものとなり，それぞれの表現のなかによさと可能性が秘められている。学校教育は，基本的には集団による教育である。集団での教育は，個の教育を否定するものではない。互いを思いやり，個々の存在やよさを認め合える集団の中では，個々の成長・発達が高まり，育った個により集団はさらに豊かなものとなる。集団の中で子どもが互いに思いや感じ，イメージ，経験などについて自由に話し合い，認め合い，高め合えるような授業のあり方が求められる。いうまでもないが，学校生活の全体において，友達のよさや工夫，努力した点などを見つけ，認め合う場と時間を意識的に位置づけ，望ましい学級風土を育てていくことが必要である。

低学年についていえることであるが，とくに就学直後の1年生は，学校生活や学習の仕方，雰囲気などに不慣れなこともあり不安も大きい。そのため教師には，個々の子どもの思いを傾聴し，受容的で細やかな関わりが求められる。

（2）中学年における表現と指導

中学年においても，まずつくりだす喜びを十分に味わうことができるように，

子どもが主体的に造形活動に取り組めるように配慮する。指導においては，子どもの造形活動にみられる写実的傾向の現れや客観的表現の芽生えを評価していくのみならず，その子どものもつ個性的な表現の価値を見出すことを基本とする。したがって，指導の方向性は，発達から生じる子ども個々の興味や関心の広がりや深まりなどの変化を起点に，対象への気づきの変化や表現様式を見つめ・考え直そうとする瞬間を共感・共有し，大切にすることである。

　この時期，知的な発達も進み，それまでの生活や活動の経験とを関連づけて考えたり，判断したりすることが可能となる。そのため，表現にはもとの形を変形させたり，さまざまな形や色を組み合わせたりするなどの傾向がみられるようになる。そのため，中学年では，低学年の学習成果を踏まえながら，ものとものとを関係づけたり，思い思いに形や色を変化・変質させるなどの操作をしたり，対象の仕組みや機能を探り理解したりするなどの構成力が身につくようにしていく。自らの表現したいイメージに合わせ，形や色，大きさ，広さ，深さ，感じ，雰囲気などを表現したり，繰り返し試行錯誤しながら構成を考えたりするなかで，自分なりの関係づけや意味を考え，気づき，発見し，表現していくことができるような授業づくりが大切となる。

　さらに，この時期の表現の特徴として，写実的な表現の表れとともに事物を簡略化し，象徴的に捉える傾向もみられ，形や色を組み合わせたり，つなぎ合わせたりすることで，意味のある形をつくり出そうとするようになる。そのように，造形活動のなかで目的を見つけ，実現のための表現方法を考え，選択できるようになることで，活動を繰り返したり，組み合わせたりすることを通して，自らの表現の意味を見出したり，創造していくことが可能となる。そのためには，繰り返し活動することで，表現や活動に変化が生じたり，意味や価値が明確になったりすることを子どもが実感できるような指導を構想していく。

　個性的な表現を育てていくには，その子どもの表現に必要な場やものなどの環境を整えていく必要がある。表現の対象と材料および場所との関係を意識し，それらを関係づける力を育てるには，対象が際立ち，意味や価値をもつ場所の選定，材料，形や色の組合せなどを学ぶことのできる指導を構想することであ

る。ものなどが偶然に織りなす形や色からの連想や，さまざまな材料から生まれる発想から，子どもなりの自由な関わりが生じる。それらの過程を教師は受容・共感し，認め，支援していくことが必要である。子どもは身近にあるさまざまなものの特徴を捉え，それにふさわしい場所に並べたり，配置したり，組み合わせたりするなどの操作を通して，ものと環境がつくり出す世界の意味を創造し，豊かな表現につなげていく。中学年の表現においては，これまでに関わった経験のある事象を多角的に捉えたり，意識していなかったり，気づかなかったりした事象を見出したりするなかで，形や色，大きさ，深まり，組合せなどを意識し，構成していく力を培うことができるように取り組んでいく。

（3） 高学年の表現と指導

　高学年になると，運動能力や知的発達が一段と進み，手先の巧みさや形式的思考への展開から客観的・抽象的な思考も可能となっていく。ものの大小や位置関係，時間経過などの理解が進むなど創造的な思考につながる発達が著しくなり，構想を立てたり，見通しをつけたりしながら制作する能力が深まり，充実した造形活動が展開できるようになる。しかしながら，表現に対する価値志向は，現実を追求しようとする意識が強まるなかで，視覚的な認識や思考と自らの表現力との差を痛感させるようになる時期でもある。こうした状況を十分配慮しながら子どもが創造力を発揮し，表現活動ができるように指導を構想していくことが求められる。また，精神的・身体的発達も充実してくることから，失敗や苦労を乗りこえて描いたり，つくったりすることの喜びを十分味わえるように配慮する。

　形を誇張・変形したり，対象の特徴を生かしたりするようになることから，それらを使った指導に積極的に取り組み，子どもがそれらに個性的価値や意味を見出し，表現や鑑賞できるような授業づくりをする。また，学習成果が積み重ねられ，十分に発揮されるように材料や用具，場所の特徴や状況などの吟味や系統性に配慮する。

　表現しては鑑（かんがみ），鑑みては表現することの繰り返しから，子ども自

身が表現したものを鑑みて,確認しながら,形や色に関する情報を得て,それをもとに思考・判断し,自らの体験を重ねて表現に工夫や改善を加えていけるように指導する。

　子どもが表現する際には,対象や材料などを探し,見つけ出すことから始まる。この過程は鑑賞の入口とも考えられ,材料や造形操作の鑑賞から子どもの造形作品や美術作品の鑑賞まで,子どもの造形活動は表現と鑑賞の繰り返しにより展開されることから,美術作品のみならず子どもの活動の過程や作品の鑑賞を組み込んだ授業づくりが必要となる。そこでは自分の作品について振り返るのみならず,友だちや周囲の造形に関わる人々との交流も大切になる。

　高学年においても,個性の違いや努力,互いのよさや美しさを認め合える集団づくりを行い,個人と集団が相乗的に向上できるよう指導していくことが求められる。それには,普段から学校活動の全体を通して自らが主体的に活動を振り返ったり,他者の存在を尊重し,友達と交流したりできる場や時間を十分確保する。高学年では,授業の導入段階で子どもどうしが関心をもっていることや発想について自由に交流し,互いの違いやよさ,独自性を認め合い,友だちの活動や作品に対してよさや努力を発見するとともに,「自分ならこうする」などのアイデアを率直に発言できるように個人や集団への指導を行っていく。

4　幼保小連携と学びの連続性

(1) 学びの連続性における幼保小の連携

　2020年度実施に向けて（幼稚園教育要領などは2018年度より実施）,新学習指導要領と同様に幼稚園教育要領,保育所保育指針,幼保連携型認定こども園教育・保育要領も告示された。この度の教育改革は,文部科学省は幼稚園から高等学校までとしているが,実際には幼保園から小中高大までの一貫した育てたい人間観を明確にし,それを具現化する教育・保育観を示し,目指すというものである。

　『幼稚園教育要領』の理念を表す冒頭において,小学校以降の校種との連携について次のように示し,そのつながりの重視を明示している。

第Ⅲ部　基礎知識編

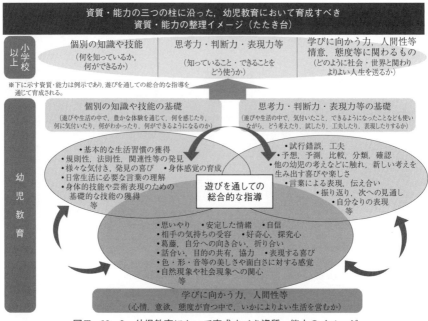

図Ⅲ-10-9　幼児教育において育成すべき資質・能力のイメージ
出典：文部科学省中央教育審議会・教育課程部会・幼児教育部会（2016）『幼児教育部会における審議の取りまとめについて（報告）』。

「(略) 小学校以降の教育や生涯にわたる学習とのつながりを見通しながら、幼児の自発的な活動としての遊びを通しての総合的な指導をする際に広く活用されるものとなることを期待して、ここに幼稚園教育要領を定める」。

小学校以降の学習指導要領に示される「資質・能力の三つの柱」を踏まえ、幼児教育においても育成すべき資質・能力として、「個別の知識及び技能の基礎」、「思考力、判断力、表現力等の基礎」、「学びに向かう力、人間性等」があげられている。学校教育法第22条幼稚園教育の目的に「義務教育及びその後の教育の基礎を培う」という一節があるが、それをさらに具体的にしたものといえる（図Ⅲ-10-9）。

学校教育の全体において育んでいく力（広い意味での学力）を「生きる力」と称し、幼児教育においても「生きる力の基礎」として位置づけている。幼稚園

教育要領において,「1 幼稚園においては,生きる力の基礎を育むため,この章の第1に示す幼稚園教育の基本を踏まえ,次に掲げる資質・能力を一体的に育むよう努める」としている。「幼稚園教育の基本」とは,幼稚園教育を進めていくうえでの基本となる事項を示したものであり,幼児の教育は環境（幼児の身の回りのすべての存在）と幼児自らが関わり,その関わりを通して生きる力の基礎となる心情・意欲・態度を育んでいくというものである。そうした「環境を通して行う教育」により,資質・能力である「(1) 豊かな体験を通じて,感じたり,気付いたり,分かったり,できるようになったりする『知識及び技能の基礎』,(2) 気付いたことや,できるようになったことなどを使い,考えたり,試したり,工夫したり,表現したりする『思考力,判断力,表現力等の基礎』,(3) 心情,意欲,態度が育つなかで,よりよい生活を営もうとする『学びに向かう力,人間性等』」を育んでいくというのである。

(2) 小学校教育との接続に当たっての留意事項

幼稚園教育要領では,幼稚園教育と小学校教育との連携について以下のように示している。

(1) 幼稚園においては,幼稚園教育が,小学校以降の生活や学習の基盤の育成につながることに配慮し,幼児期にふさわしい生活を通して,創造的な思考や主体的な生活態度などの基礎を培うようにするものとする。

(2) 幼稚園教育において育まれた資質・能力を踏まえ,小学校教育が円滑に行われるよう,小学校の教師との意見交換や合同の研究の機会などを設け,「幼児期の終わりまでに育ってほしい姿」を共有するなど連携を図り,幼稚園教育と小学校教育との円滑な接続を図るよう努めるものとする。

連携については,小学校以降の生活や学習を想定し,その基盤となる「創造的な思考や主体的な生活態度などの基礎を培う」としている。ここで重要なのは,「幼児期にふさわしい生活」を通して培うということで,幼児期の発達を

踏まえた，遊びを中心とした幼児らしい生活のもとで行うということである。

　幼保小の連携への取り組みが活発化した経緯は様々に捉えられるが，主なものに「小1プロブレム」がある。幼稚園や保育所などから小学校に就学した幼児たちが学校生活や授業などに適応できず，場合によっては「学級崩壊」を引き起こすといった状況が発生し，社会問題化した。そうしたことを契機に，幼稚園や保育所などと小学校での生活や保育・学習の接続性・連続性に焦点を当てた連携が検討された。当初は行事的・形式的な連携であったが，状況の沈静化に伴い，取組みは保育や教育の内容に踏み込んだものとなり，地域によっては保育や教育の効果性から発想された「アプローチ・カリキュラム」「スタート・カリキュラム」が展開されるようになっている。小学校に入ってから実施される「スタート・カリキュラム」では，とくに図画工作科，生活科，音楽科などにおいて，幼稚園や保育所などの保育・教育を踏まえた授業が単独の教科あるいは合科で展開されている。以下はそれに関する学習指導要領の記述である。

小学校学習指導要領　図画工作科　第3　指導計画の作成と内容の取扱い
1　指導計画の作成に当たっては，次の事項に配慮するものとする。
(7)　低学年においては，第1章総則の第2の4の(1)を踏まえ，他教科等との関連を積極的に図り，指導の効果を高めるようにするとともに，幼稚園教育要領等に示す幼児期の終わりまでに育ってほしい姿との関連を考慮すること。特に，小学校入学当初においては，生活科を中心とした合科的・関連的な指導や，弾力的な時間割の設定を行うなどの工夫をすること。

出典：文部科学省（2017）『小学校学習指導要領』。

（3）幼児の教育・保育における表現

　幼児教育においては，幼児の資質・能力が育まれ，就学直前の具体的な姿であり，教師が指導を行う際に考慮するものとして「幼児期の終わりまでに育ってほしい姿」を示している。それらは，「(1) 健康な心と体」「(2) 自立心」「(3) 協同性」「(4) 道徳性・規範意識の芽生え」「(5) 社会生活との関わり」「(6) 思考力の芽生え」「(7) 自然との関わり・生命尊重」「(8) 数量や図形，標識や文字などへの関心・感覚」「(9) 言葉による伝え合い」「(10) 豊かな感

性と表現」である。

　後にも示すが，幼児が描いたり，つくったりする表現活動は，その多くを"遊び"のなかで行っており，子どもの成長・発達の姿が集約された生活そのものである。描画の発達段階でも示したが，たとえば"お絵かき"についても，描きたいものがあり，見せたい相手がおり，楽しいから描くのである。また，手を動かすことと線が連動する軌跡に興味があるのであり，いろいろな画材や色・形を使い表したいのであり，大好きな母親や保育者などに褒めてほしいのであり，仲間と一緒に描きたいから描くのである。「お絵かき」はそうした身体的，社会的，認知的，言語的な発達の姿として生じた遊び・活動そのものなのである。したがって，お絵かきには，多様な発達を促進していくための経験がそこに内在されるということになる。

　「幼児期の終わりまでに育ってほしい姿」において，表現に関係の深い「(10) 豊かな感性と表現」では，「心を動かす出来事などに触れ感性を働かせる中で，様々な素材の特徴や表現の仕方などに気付き，感じたことや考えたことを自分で表現したり，友達同士で表現する過程を楽しんだりし，表現する喜びを味わい，意欲をもつようになる」と育成すべき姿を示している。幼児は，周囲のさまざまな環境との関わりのなかで感性を働かせ，心を動かし，感じたことや考えたこと，思ったことなどを表現しようとする。そうした過程のなかで，身近にある素材の存在や特徴，さまざまな表現の仕方などがあることに気づき，試し，また友達とともに楽しむことを経験することで，表現の喜びを知り，意欲が育っていく。これらが小学校以降の創造活動や生活に息づいていくのである。

(4) 幼稚園教育要領および保育所保育指針などにおける領域「表現」について

　幼児の表現に関する教育の内容については，幼稚園教育要領などにおける領域「表現」に示されている。領域という概念は，小学校以降の教科とは異なり，幼児教育や保育における独特な概念であり，幼稚園教育や保育所保育などにおいて培うことが望ましい生きる力の基礎となる「資質・能力」を子どもの生活する姿から整理したものである。心身の健康に関する領域「健康」，人との関

わりに関する領域「人間関係」，身近な環境との関わりに関する領域「環境」，言葉の獲得に関する領域「言葉」および感性と表現に関する領域「表現」の五つの領域から示されている。

『幼稚園教育要領』の「第2章 ねらい及び内容」において各領域の「ねらい」や「内容」について示されている。「ねらい」とは幼稚園教育において育みたい資質・能力を幼児の生活する姿から捉えたものであり，「内容」とは「ねらい」を達成するために指導する事項のことである。領域「表現」については，以下の通りである。

表　現

〔感じたことや考えたことを自分なりに表現することを通して，豊かな感性や表現する力を養い，創造性を豊かにする。〕

1　ねらい
(1) いろいろなものの美しさなどに対する豊かな感性をもつ。
(2) 感じたことや考えたことを自分なりに表現して楽しむ。
(3) 生活の中でイメージを豊かにし，様々な表現を楽しむ。

2　内　容
(1) 生活の中で様々な音，形，色，手触り，動きなどに気付いたり，感じたりするなどして楽しむ。
(2) 生活の中で美しいものや心を動かす出来事に触れ，イメージを豊かにする。
(3) 様々な出来事の中で，感動したことを伝え合う楽しさを味わう。
(4) 感じたこと，考えたことなどを音や動きなどで表現したり，自由にかいたり，つくったりなどする。
(5) いろいろな素材に親しみ，工夫して遊ぶ。
(6) 音楽に親しみ，歌を歌ったり，簡単なリズム楽器を使ったりなどする楽しさを味わう。
(7) かいたり，つくったりすることを楽しみ，遊びに使ったり，飾ったりなどする。
(8) 自分のイメージを動きや言葉などで表現したり，演じて遊んだりするなどの楽しさを味わう。

出典：文部科学省（2017）『幼稚園教育要領』。

ここに示されるように，表現に関して育てようとする資質や能力は，自分なりの表現を楽しみながら，「豊かな感性」や「表現する力」「創造性」である。そのための教育の内容は，左記のように示されているが，子どもの表現活動や創造活動に関する広範囲にわたるものである。それらは，描くこと，つくること，歌うこと，楽器を奏でること，体の動き，言葉で演じることなどにより，自らの内面を表出することなのである。そうしたなかで子どもは，周囲のさまざまなものと関わり，音，色や形，感触，動きなどに気づいたり，感じ取ったりする。また，美しいものや心を動かすような出来事に遭遇することでイメージを豊かにし，心に残ったことを相手に伝えたいという思いを育てるとともに，伝え合う楽しさを感じることができるようにしていく。日々の生活の中で感じたこと，考えたことなどを自由に描いたりつくったりするなかで，さまざまな素材に出会い，親しみ，工夫して遊ぶことなどを楽しみ，遊びに取り入れていこうとする態度を育てていく。

　以上のような領域「表現」にみられる幼児教育や保育のあり方は，小学校低学年の指導の方向性である感覚や身近な生活，日常の経験・体験を重視することにつながるものである。幼児期の教育において培われ，育まれた力をいかに小学校以降の教育が受け継ぎ，さらに育てあげていくのかは，教育のあり方や教師の資質に委ねられることになる。

注
(1) ローウェンフェルド　オーストリア生まれであるローウェンフェルドは，ウィーンの美術アカデミーとウィーン大学で美術と教育について研究を始め，盲学校勤務時代にその後の美術教育理論構築のための重要な経験と基礎資料を得たといわれる。芸術学の表現様式や芸術起源論，当時の心理学などを手がかりに，子どもの作品を中心とした創造活動のタイプに関する研究を手掛けた。その後，アメリカに渡り，ペンシルベニア州立大学で美術教育に関する多くの研究者を育て，今日の美術教育に多大なる貢献を果たした。

引用・参考文献
大学美術指導法研究会編（2009）『「図画工作科」指導法』日本文教出版。
佛教大学編（2001）『美術教育概論』日本文教出版。

文部科学省中央教育審議会・教育課程部会・幼児教育部会(2016)『幼児教育部会における審議の取りまとめについて(報告)』。
文部科学省(2017)『小学校学習指導要領』。
文部科学省(2017)『幼稚園教育要領』。
エンク著,外山卯三郎訳(1957)『児童画の心理』暁教育図書。
V. ローウェンフェルド著,水沢孝策訳(1960)『児童美術と創造性』美術出版社。
V. ローウェンフェルド著,竹内 清訳(1963)『美術による人間形成』黎明書房。

―学習の課題―

(1) 身近な子どもの描画作品(記録写真なども含む)を集めて,発達の観点から分析してみよう。「図Ⅲ-10-8 発達による絵の変化」や異なった年齢期の子どもの作品を入手し,発達段階に留意して分類してみよう。
(2) 幼稚園・保育所などの表現活動と図画工作科に関連するアプローチ・カリキュラムやスタート・カリキュラム,それらに関連する実践について調べてみよう。

【さらに学びたい人のための図書】
H. リード(1971)『芸術による教育』美術出版社。
　⇨美術など芸術を通した教育の本質や人間の成長発達における意味などについて学び,人間形成のための教育について考えるうえでの素地を築いてくれる文献である。

(三宅茂夫)

第11章 図画工作科教育の歴史

この章で学ぶこと

図画工作の授業を実施するとき,「どのような力を育てようとしているのか」「どうすればそうした力をつけられるか」を考えることがある。図画工作科教育の歴史を学ぶことは,この教科の本質をさらに深く理解することになり,自身の授業実践力を強化することにもなる。近代化が始まる明治初頭から現在に至るまで国のあり方は変遷し,教育に対する考え方や制度も大きく変化した。図画工作科がどのように生まれ今日まで続いてきたかを知り,今後のよりよい図画工作科教育の実践に役立ててほしい。

1 図画工作科と美術教育

(1) 図画工作科という名称

図画工作科という名称は,1947(昭和22)年5月に公布された学校教育法施行規則に小学校・中学校における教科名として登場した〔中学校は1958(昭和33)年の技術科新設の際に美術科と改称〕。したがって,1947(昭和22)年から現在までの戦後約70年間が図画工作科の歴史となる。この教科名は戦前の1941(昭和16)年から始まる芸能科図画,芸能科工作を統合した名称で,さかのぼれば戦前の図画科,手工科につながっている。すなわち図画工作科教育の歴史は,初等教育における美術科教育の歴史の一部である。戦前の図画科は1872(明治5)年,学制に規定された「画学」が始まりであるが,それ以前に幕末の蕃書調所でも画学教育が行われた。

(2)「図画」の導入

図画は西洋諸学校の「素描」(drawing, dessin)という教科を導入したもので

ある。西洋では19世紀になってから小中学校の教科として図画が課せられたが，現在のようなものではなく手本を模写するものであった。

　普通教育における図画が，今日のような手本に頼らない，子どもの表現を肯定する内容に大きく変化していった経緯には，児童美術の発見と後に続く数々の試行や実践の影響があった。

2　明治時代の図画・手工教育

　1872（明治5）年の学制により，わが国の近代教育制度がスタートするが，江戸時代にはすでに近世学校の体制がつくられ，司馬江漢（1747～1818）や亜欧堂田善（おうどうでんぜん）（1748～1822）らが油絵や銅版画を制作している。また，葛飾北斎（1760～1849），歌川広重（1797～1858）らは浮世絵で透視図法による遠近を表現するなど西洋画の表現を巧みに取り入れた。

　図画教育においては幕末の蕃書調所（後の開成所（かいせいじょ））が洋学流入の窓口となり，川上冬崖（かわかみとうがい）（1827～81）が洋学についての調査研究にあたり，開成所に画学局を設けて指導に当たった。

　小学校では「罫画（けいが）」，中学校では「画学」として出発したが，普通教育のなかでの美術教育というよりは，近代化・西欧化に向けた手本を写す「臨画（りんが）」による実用的な教育を目指すものであり，現代の美術教育と直接つながるものではなかった。

　工作教育は欧米で生まれた教科（manual training）が，1886（明治19）年「手工」という名称で導入された。当初は高等小学校の加設科目，尋常師範学校の必修科目としての設置であった。内容をそのまま導入するのではなく，日本の実情に応じて木工を主な内容としたり，後藤牧太（1853～1930）はスウェーデンのネース工芸学校長　オットー・サロモン（Salomon, O. 1849～1907）の提唱した北欧の手工芸や民芸に通じる手技をもとにしたスロイド・システムを学び，竹工を内容に加えたりした。科目の設置直後は人材が不足しており，教員の養成が急がれた。

第11章 図画工作科教育の歴史

図Ⅲ-11-1 『鉛筆畫帖』表紙
出典：文部省（1910）『鉛筆畫帖』。

図Ⅲ-11-2 種種の略図（『鉛筆畫帖』）
出典：図Ⅲ-11-1に同じ。

図Ⅲ-11-3 表紙（『毛筆畫帖』）
出典：文部省（1898）『日本臨畫帖』。

図Ⅲ-11-4 灯篭（『毛筆畫帖』）
出典：図Ⅲ-11-3に同じ。

(1) 鉛筆画・毛筆画論争

　当時の「西洋の図画は一つの学問であり東洋の絵画にみられる気品のある趣よりも，その客観性・合理性・体系性，用具供給の利便性などによって優れている」という考え方から，明治10年代から鉛筆が普及し，鉛筆画も定着し始めた。
　1884（明治17）年，「図画取調掛」によって「普通学校教科用図画調査」の報告書が作成された。この審議会を動かしていたのは岡倉覚三（天心，1863～1913），フェノロサ（Fenollosa, E., 1853～1908），狩野芳崖（1828～88）ら日本美術復興に尽力する人たちも含まれていた。やがて，西洋の教育方法を根拠とした図画教育に力点をおいた鉛筆画を推進派（図Ⅲ-11-1, 2）と，日本固有の美を大切とする毛筆画推進派（図Ⅲ-11-3, 4）との間で論争が起こる。論争は描く際の材料と方法の違いにとどまり，鉛筆画と毛筆画の併用ということに

 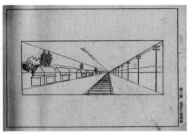

図Ⅲ-11-5 『新定畫帖』(表紙)　　図Ⅲ-11-6 景色の透視図(『新定畫帖』)
出典:文部省(1910)『新定畫帖』。　　出典:図Ⅲ-11-5に同じ。

落ち着いた。その後『新定畫帖』(詳しくは後述)に反映されたが,必ずしも使いやすいとはいえない毛筆画の導入が,初期の実用第一主義から美的要素を少しは盛り込むこととなり,後の美術教育への萌芽とも考えられる。

(2) 新定畫帖

　1900(明治33)年パリで第一回世界図画教育会議が,翌年ドイツのドレスデンで第一回芸術教育会議が開かれたのをきっかけに美術教育の方向性に変化が生まれた。

　国内の普通教育の図画の見直しの機運から,1902(明治35)年「図画教育調査委員会」が文部省(当時)に設けられた。西洋諸国の図画教育の実態調査がなされ,調査後には東京美術学校に師範科が設置されたり,図画教師の講習会が開かれたり,日本の美術教育にも変化の兆しがみられた。

　1903(明治36)年,小学校教科書の国定制度が実施され,1905(明治38)年『尋常小学鉛筆画手本』『高等小学毛筆画手本』などが第一期国定教科書として発行された。

　1910(明治43)年,シルエット画,図案,色彩,構図法,透視図などを導入し,描画材料に色鉛筆も採用した画期的な『新定畫帖』が国定教科書として発行された(図Ⅲ-11-5,6)。しかし,取り上げられる題材は「…の練習をなす」としてほかの何かに役立つ図画として指導者が描き方を示すものであり,子どもたちが手本に捉われず自由に表現するというものではなかった。

3　大正時代の図画教育

　明治期は日本の近代化の大きな流れのなかで社会の制度が整えられ，大正期に入ると第一次世界大戦などによりもたらされた欧米の社会的変化や，大正デモクラシーと呼ばれる社会の動きのなかで，「個性」や「創造」を核にした自由画教育が提唱されるようになった。

（1）自由画教育
　画家であり版画家でもあった山本　鼎（やまもと かなえ）（1882～1946）は，1906（明治39）年東京美術学校西洋画選科を卒業後，その活動を開始し，1912（大正元）年フランス遊学，革命直前のロシア滞在を経て，のち児童の自由画，農民美術の展開を帰国後の事業にすることを決意した。1918（大正7）年，長野県神川小学校で「児童自由画の奨励」という演題で講演と実作指導を行い，翌年同小学校において第一回児童自由画展覧会を開催し，大きな反響を得る。日本児童自由画協会を設立し，自身の画業よりも優先してその普及に努めた。次に彼の著書『自由畫教育』の一節を紹介する。

> 　自由畫といふ言葉を選んだのは，不自由畫の存在に對照してのことである。云ふまでもなく不自由畫とは，模寫を成績とする畫の事であって，臨本―扮本―師傳等によって個性的表現が塞がれてしまふ其不自由さを救はうとしてあんぜられたものである。…（中略）…
> 　子供にはお手本を備へてやらなければ畫は描けまい，と思ふのならば，大間違ひだ。吾々を圍んで居るこの豊富な「自然」はいつでも色と形と濃淡で彼れ等の眼の前に示されて居るではないか，それが子供らにとっても唯一のお手本なのだ。それらのものが直覺的に，綜覺的に，或は幻想的に自由に描かるべきである。教師の任務はたゞ生徒らを此自由な創造的活機にまで引き出す事だ。

　全国各地で児童の自由画運動が展開されるようになるが，運動が広がるにつれて批判的な意見や趣旨を十分理解しない実践もみられるようになり，1928

第Ⅲ部 基礎知識編

図Ⅲ-11-7 『ヱノホン』(表紙)
出典:文部省(1941)『ヱノホン 四』。

図Ⅲ-11-8 勇ましい兵たい(『ヱノホン』)
出典:図Ⅲ-11-7に同じ。

(昭和3)年,自ら運動の打ち切りを宣言した。しかし,山本の考え方は戦後の美術教育に大きな影響を与えることになる。

(3) 手工教育

1923 (大正12) 年,千束小学校訓導 石野 隆ら(2)が創作手工協会を結成した。彼らは模倣製作第一の教育を批判し,手工は創作を目標とした児童工芸美術でなければならないとした。従来の手工の実用重視の実態は「心の慰安である処の美」の欠けた間に合わせ仕事であり,「美が加わらなければものを製作するという価値はない」とした。こうした,創作に臨む児童の心持ちとかたちこそが生活に即した真実の美であるとする考え方は,模倣製作による鍛錬や技能獲得に価値を見出す考え方とは相入れず,次第に運動に対する熱気も失われていった。

［4］ 戦前・戦時下の図画・手工教育

1923 (大正12) 年に関東大震災が起こり,その後軍部の台頭や大陸への進出などがあり,1941 (昭和16) 年第二次世界大戦が始まる。同年国民学校令が公布され,第一条は「国民学校ハ皇国ノ道ニ則リテ初等普通教育ヲ施シ国民ノ基礎ノ錬成ヲ為スヲテ目的トス」とあり,以降天皇制国家主義的色彩を強めることとなる。

教科書『ヱノホン』(1941),(図Ⅲ-11-7,8)や,『初等科図画』(1941)の題材

には「グンカン」、「防空演習」など戦時色の強い主題が取り入れられた。戦局が進むにつれ国民学校初等科の児童も運動場の開墾作業に従事するなど、徐々に授業をすることが困難な状況も生まれた。都市部への空襲が激化するにつれて初等科三年生から六年生は農山村へ学童の集団疎開が実施され、疎開先での図画・手工の授業は材料入手が困難で実施ができなかったところもあったという。

5　戦後の図画工作教育

　1945（昭和20）年に敗戦を迎えた日本は、それまでの軍国主義的かつ国家主義的な教育を改め、民主主義にもとづく国家体制を築くことを要求された。1946（昭和21）年には第一次米国教育使節団が派遣され、日本の戦後教育の方向が模索された。

（1）占領下の教育

　戦後の教育は軍国主義と国家主義の排除を基底に、民主主義社会を支える市民の育成を目的に連合軍総司令部（GHQ）の指導のもとスタートした。昭和22年版『学習指導要領　図画工作科編』（試案）が発表されるまでの唯一の基準は、「図画工作指導上の注意」であった。その項目は以下の通りである。

> 1．創造力の養成、個性の伸長に留意すること。
> 2．つとめて共同製作を多く課し、協力して働くという精神を養成すること。
> 3．道具や材料の性質をよく教へ、そのものの中に含まれてゐる科学的法則を知らしめ、それから正しい使用法、手入れの仕方を教へ、道具、材料を愛護する精神を養ふこと。
> 4．理科の教材と密接な関連をもたせ、自然美の再構成である図画、工作の作品にも自然界の真実の法則をそのまま正確に表現するやうに指導すること。
> 5．教材を身のまはりから豊富に取り入れること。
> 6．地方に特有な工芸品、生活必需品の製作を取り入れて指導すること。
> 7．見学、鑑賞などを適当に取り入れること。

終戦前の教科書の使用は禁止されたが新しい検定教科書は発行されず，1947〜48（昭和22〜23）年頃は準教科書，参考書と呼ばれるものが多数発行された。

 1949（昭和24）年から「描画」「竹工」など項目別の「図画工作科 学習資料」が発行され，1950（昭和25）年にはジャンル別の「図画工作科 鑑賞資料」が発行された。1953（昭和28）年に小学校図画工作科の検定制度が発足し1955（昭和30）年から使用となった。

（2）学習指導要領（試案）

 1947（昭和22）年5月に『学習指導要領 図画工作編』（試案）が発行された。「試案」とはこれをもとに各地域で独自の学習指導要領を作成するようにとの考えによるものである。図画工作科の目標として，①発表力の養成，②技術力の養成，③芸術心の啓培，④具体的・実際的な活動性の助長，などがあげられている。

 また，図画工作科教育の目標としては次の3点があげられた。

> 1．自然物や人工物を観察し，表現する力を養う。
> 2．家族や学校で用いる有用なものや，美しいものを作る能力を養う。
> 3．実用品や芸術品を理解し鑑賞する能力を養う。

 1951（昭和26）年12月には『学習指導要領 図画工作編』（試案）が改訂，発行された。小学校用の図画工作教育の一般目標は以下の4点である。

> 1．造形品の良否を判別し，選択する能力を発達させる。
> 2．造形品を配置配合する能力を発達させる。
> 3．造形的表現能力を養うこと。
> 4．造形作品の理解力，鑑賞力を養うこと。

 昭和22年版では「観察し，表現する力」の養成を最初にあげているのに対して，昭和26年版は生活主義・実用主義が基調となった。CIE（民間情報教育局）の意向であろうともいわれている。

（3）民間教育運動の発生

　戦前および戦時中，教育は国家の強い統制下に置かれていた。戦後は連合国主導の教育改革によって教師，保護者らによる自主的な教育再建への関心も高まった。科学的，系統的な教育方法や教育の自主性，自立性を志向するなど，さまざまな民間教育団体が各地に設立され盛んに活動するようになった。

【創造美育協会の活動】

　創造美育協会は，1952（昭和27）年5月に美術評論家 久保貞次郎に賛同する人たちによって結成された。久保は「子供が生まれつき持っている創造力を子供の精神の発達段階に応じてその子供の持っている欲望を基本的に尊敬しこれを励ます。これを美術を媒介しておこなう教育で，それによって子供は創造力を高めることができる」と定義した。家庭・学校・社会の抑圧から子どもたちを解放することができるのが美術であるとの考えから，これまでの美術教育を変えようとした。戦後の美術教育の新しい指針が模索されている時期でもあり，各地でセミナーと呼ばれる研究会が行われ運動は全国的な広がりをみせた。

【新しい絵の会】

　1952（昭和27）年に結成された「新しい画の会」は，1954～55（昭和29～30）年にかけて井手則雄，箕田源二郎，上野省策らの入会とともに，会の目標を創造美育協会とは異なった社会的現実認識の教育のために生活画を育てていくこととした。1959（昭和34）年には「新しい絵の会」と改め，教科性，民族性，生活画を軸に今日に至る研究と実践を重ねてきている。

【造形教育センター】

　1954（昭和29）年，バウハウス(3)（Bauhaus）の初代校長であったワルター・グロピウス（Gropius, W. 1883～1969）の来日を契機に，1955（昭和30）年造形・デザイン教育に関心をもった人たちによって「造形教育センター」として研究組織が結成された。勝見勝，高橋正人らが中心となり新しい生産・消費社会に対応する造形・デザイン教育の推進を目的とした。

【日本教育版画協会】

　版画は戦前から文集表紙絵などに取り入れられていたが，1950（昭和25）年

に太田耕士を中心に恩地孝四郎などの版画家も参加し,「日本教育版画協会」が結成された。作文によって教育の改革をはかろうとする生活綴り方とも関係が深く生活版画といえる表現も盛んに取り上げられ,一時期は絵画領域の重要な題材となった。

6 学習指導要領と図画工作科教育

(1) 昭和33年改訂の学習指導要領

1958(昭和33)年10月に初の文部省(当時)による小学校『学習指導要領 図画工作科編』が告示され,そのなかに5つの目標が記された。この時より学習指導要領は法的拘束力をもつものとなった。教育課程審議会答申に基づき科学技術的内容を取り入れながらも,創造主義的色彩の強い目標を掲げるものとなった。

> 1. 絵をかいたりものを作ったりする造形的な欲求や興味を満足させ,情緒の安定を図る。
> 2. 造形活動を通して造形感覚を発達させ,創造的表現の能力を伸ばす。
> 3. 造形的な表現や鑑賞を通して,美的情操を養う。
> 4. 造形的な表現を通して,技術を尊重する態度や,実践的態度を養う。
> 5. 造形活動を通して,造形能力を生活に生かす態度を養う。

内容は絵・粘土(彫塑),模様をつくる(デザインをする)・いろいろなものをつくる,鑑賞で構成された。また,全学年に「版画をつくる」,4年生以上に「機構的玩具・模型」が入れられた。版画教育の高まりや科学技術教育の向上などが背景と思われる。

週当たりの授業時数は,第1学年は週3時間,2～6学年はそれぞれ週2時間と定められた。

(2) 昭和43年改訂 学習指導要領

昭和43年の図画工作科の目標は次頁の枠内の通りである。

第11章　図画工作科教育の歴史

図Ⅲ-11-9　『新図画工作』（表紙）

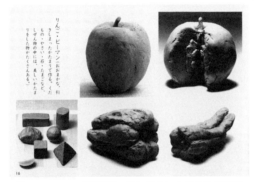

図Ⅲ-11-10　『新図画工作』粘土による立体の表現

出典：図Ⅲ-11-9、10ともに伊藤他（1977）『新図画工作　4』光村図書出版。

　　造形活動を通して美的情操を養うとともに，創造的表現の能力をのばし，技術を尊重し，造形能力を生活に生かす態度を育てる。このために，

1．色や形の構成を考えて表現し鑑賞することにより，造形的な美の感覚の発達を図る。
2．絵で表す，彫塑で表す，デザインをする，工作をつくる，鑑賞することにより，造形的に見る力や構想する力をのばす。
3．造形活動に必要な初歩的な技能を理解させるとともに，造形的に表現する技能を育てる。

目標は全教科統一の記述形式で示され、これまでの情緒の安定を図るといった心理主義的側面から造形主義的方向へと変化した。内容は絵画、彫塑、デザイン、工作、鑑賞の5領域とされ、教育内容は高度かつ豊富になった（図Ⅲ-11-9, 10）。

週当たりの授業時数は、第1学年が週3時間、2～6学年はそれぞれ週2時間となった。

（3）昭和52年改訂 学習指導要領 小学校学図画工作編

昭和51年「教育課程審議会答申」における図画工作科教育に関する改革の基本方針は、従来にはなかった「ゆるやかな教育課程」を目標として次のように示された。

> 創造的な表現製作の喜びを一層深く味わわせることに重点を置くとともに、指導の効果を高めるために、領域を整理統合するなどして、内容を精選する。その際、小学校の低学年において、より相互的な造形活動が行われるようにする。
> 　　　　　　　　　　　　　　　　　　　　　　　　　　　　　　（後略）

この方針に沿って絵画・彫塑・デザイン・工作・鑑賞の5領域を表現と鑑賞の2領域と変更した。

また、低学年に「造形的な遊び」という新しい内容が導入され、週当たりの授業時数は第1～6学年それぞれ週2時間となった。

7　新学力観と学習指導要領

（1）平成元年改訂 小学校学習指導要領

図画工作に関係する改善の基本方針は次の通りである。

> 　小学校、中学校及び高等学校を通じて、造形的な創造活動を一層重視し、表現製作の能力を高める指導の充実を図るとともに、情操を豊かにする指導が適切に行われるようにする。
> 　その際、小学校においては、手を十分に使った創造活動の喜びを味わわせることに一層重点を置くこととし、中学校及び高等学校においては…　　　（後略）

目標は「表現及び鑑賞の活動を通して，造形的な創造活動の基礎的な能力を育てるとともに表現の喜びを味わわせ，豊かな情操を養う」とされた。

内容は表現と鑑賞の2領域で，昭和51年の学習指導要領に登場した「造形的な遊び」が「造形遊び」として中学年でも学習内容として取り入れられた。

（2）平成10年改訂 学習指導要領 図画工作

図画工作・美術に関して次の「改善の基本的方針」が示された。

> （ア）表現及び鑑賞にかかわる幅広い活動を通して，美術を愛好する心情と美に対する感性を育て，造形的な創造活動の基礎的な能力を伸ばし，豊かな情操を養う指導が一層充実して行われるようにする。
> （イ）児童生徒が生活を明るく豊かにし，生涯にわたって楽しく描いたりつくったりする創造活動を促すことを重視し，表現や鑑賞の喜びを味わうとともに，豊かな表現活動や鑑賞活動をしていくための基礎となる資質・能力を一層育てられるようにする。
> （ウ）各学校段階の特質に応じて，各学校がゆとりを持ち，創意工夫をした教育活動を展開できるよう，内容をまとめて示し，それらを選択したり一体的に扱ったりできるようにする。
> （エ）各学校段階の特質に応じて，我が国やアジアなど諸外国の美術文化ついての関心や理解を一層深められるよう鑑賞の充実を図る。その際，地域の美術館等の活用も図るよう配慮する。

小学校図画工作科に関する改善の具体的事項は次の通りである。

> （ア）学校や児童の実態等に応じて弾力的な指導が行われるようにするため，目標と内容を2学年まとめて示す。
> （イ）「表現」の領域については，多様で創造的な表現を促す観点から，現在低学年と中学年において指導することとしている。材料などをもとにして楽しく造形活動を行う内容を，高学年でも指導することとする。また，絵に表すことや立体に表すこと，つくりたいものをつくることの内容を一層関連付けたり一体的に扱えるようにする。
> （ウ）手などを十分に働かせ，材料や用具を選択し工夫してつくるなどして，造形感覚や工作などの創造的な技能，デザインの能力を高めるようにするため，工作に充てる授業時数を十分確保するようにする。

第Ⅲ部　基礎知識編

○ 新しくなった点など

- 週当たりの授業時数は，低学年週2時間，中学年週1.7時間，高学年週1.4時間となった。
- 中学年までの学習であった「造形遊び」が全学年での学習内容となった（図Ⅲ-11-11, 12）。
- 「絵や立体に表す」と「つくりたいものをつくる」を一体化して扱うこととなった。
- 工作の時間を確保することなどが明確に示された。

図Ⅲ-11-11　『新しい図画工作』表紙

図Ⅲ-11-12　『新しい図画工作』（造形遊び）

出典：図Ⅲ-11-11, 12ともに樋口他（1995）『新しい図画工作　4』東京書籍。

（3）平成20年改訂 学習指導要領 小学校「図画工作科」

平成20年改訂の基本方針は次のように示された。

> 1．創造することの楽しさを感じるとともに，思考・判断し，表現するなどの造形的な創造活動の基礎的な能力を育てること，生活の中の造形や美術の働き，美術文化に関心をもって，生涯にわたり主体的に関わっていく態度をはぐくむことなどを重視する。
> 2．子どもの発達の段階に応じて，各学校段階の内容の連続性に配慮し，育成する資質や能力と学習内容との関係を明確にするとともに，小学校図画工作科，中学校美術科において領域や項目などを通して共通に働く資質や能力を整理し，〔共通事項〕として示す。
> 3．創造性をはぐくむ造形体験の充実を図りながら，形や色などによるコミュニケーションを通して，生活や社会と豊かにかかわる態度をはぐくみ，生活を美しく豊かにする造形や美術の働きを実感させるような指導を重視する。
> 4．よさや美しさを鑑賞する喜びを味わうようにするとともに，感じ取る力や思考する力を一層豊かに育てるために，自分の思いを語り合ったり，自分の価値意識をもって批評し合ったりするなど，鑑賞の指導を重視する。
> 5．美術文化の継承と創造への関心を高めるために，作品などのよさや美しさを主体的に味わう活動や，我が国の美術や文化に関する指導を一層充実する。

○ 新しくなった点など

- 教科目標に「感性を働かせながら」が加えられ，中学校の「感性を豊かに」へつながる。
- 学年目標は(1) 造形美術への関心や意欲，(2) 発想や構想，(3) 創造的な技能，(4) 鑑賞の能力に関する内容で小中とも共通している。
- 言語活動の充実や他教科との関連について言及している。
- 「育成する資質や能力と学習内容との関係を明確にする」とともに「領域や項目などを通して共通に働く資質や能力を整理」し明確にするため〔共通事項〕が設けられた。

第Ⅲ部　基礎知識編

注
(1)　蕃書調所　1856年設立の江戸幕府直轄の洋学の研究教育機関。
(2)　訓導　旧制小学校の正規の教員のこと，現在の教諭。
(3)　バウハウス　1919年にドイツに設立された美術と建築の総合的な学校。

引用・参考文献
伊藤　廉他（1977）『新図画工作　4』光村図書出版。
大橋　功他（2009）『美術教育概論（改訂版）』日本文教出版。
奥田真丈監（1985）『教科教育百年史』建帛社。
金子一夫（2003）『美術科教育の方法論と歴史〔新訂増補〕』中央公論美術出版。
日本児童美術研究会（1967）『図画工作　4』日本文教出版。
林　曼麗（1989）『近代日本図画教育方法史研究──「表現」の発見とその実践』東京大学出版会。
樋口敏生他（1995）『新しい図画工作　4』東京書籍。
福田隆眞他編（2010）『美術科教育の基礎知識』建帛社。
文部省（1910）『鉛筆畫帖』日本書籍。
文部省（1898）『日本臨畫帖』大日本図書。
文部省（1910）『新定畫帖』日本書籍。
文部省（1941）『エノホン　四』大阪書籍。
山形　寬（1967）『日本美術教育史』黎明書房。
山口喜雄他「日本美術教育主要文献解題」「日本の美術教科書・美術教育文献資料のアーカイブ化に関する研究」平成16～18年度科学研究費補助金基盤研究（B）。
山本　鼎（1973）『自由畫教育』（復刻版）黎明書房。

学習の課題

(1)　自由画教育を進めた山本鼎の略歴や業績を調べてみよう。自由画運動についても調べ，友人とディスカッションしてみよう。
(2)　戦後の図画工作科教育はどのように変化したか，社会の変化や学習指導要領の変遷を手がかりに考え，友人と意見交換してみよう。

【さらに学びたい人のための図書】
金子一夫（2003）『美術科教育の方法論と歴史〔新訂増補〕』中央公論美術出版。
　　⇨前半部は，美術か教育の目的・内容・方法について実践的な面も踏まえて論じ，後半部は，幕末から現在に至る美術科教育の変遷を詳述している。

（山中　隆）

第12章 図画工作の基礎知識

この章で学ぶこと

美術に関する知識や技法は，分野ごとに多くあるが，ここでは図画工作科で扱う造形要素，材料・用具についての基本的な扱いや表現技法を取り上げる。子どもが形や色などについて理解し，材料や用具を適切に扱い，思いに合わせて自分なりの表し方を工夫できるよう導くには，指導者の幅広い知識と経験が必要である。さまざまな表現技法は，子どもに発想や行為のきっかけをつくることができる。子どもに創造の喜びを味わわせるためには，まず指導者自身が造形要素や材料・用具のもつ魅力を知ることが大切である。事前の試作等により，子どものさまざまな発想や躓きを予測し，安全面の配慮，準備物や場の環境はもちろん，支援や助言の用意をしておくようにする。

1 造形要素

(1) 形，色，質感

新学習指導要領では，造形的な視点について，「自分の感覚や行為を通して」，第1・2学年においては「形や色などに気づく」［いろいろな形や色，触った感じなどを捉えること］，第3・4学年においては「形や色などの感じが分かる」［形の感じ，色の感じ，それらの組合せによる感じ，色の明るさなどを捉えること］，第5・6学年においては「形や色などの造形的な特徴を理解する」［動き，奥行き，バランス，色の鮮やかさなどを捉えること］，［必要に応じて，その後の学年で繰り返し取り上げること］が示されている（「　」は共通事項ア，［　］は配慮事項より）。

形，線，点，色，材質などの造形要素には単一でもつ造形効果があり，複数

の組み合わせ，構成によっても効果が生まれる（「色彩」については第13章参照）。造形要素とその効果などを簡単に図示することは難しいが，主な要素と属性などを表Ⅲ-12-1にまとめてみる。ほかに光や風，時間，動くことなども要素にあげることができる。指導者は造形的な視点を意識して指導にあたり，学年に応じて平易な言い方に置き換えて子どもたちに伝えたり，子どものつぶやきのなかにある造形的な見方・考え方に気づいたりできるようにする。

表Ⅲ-12-1 造形要素

造形要素とその属性要素			効果,「感じ」など
形 （点，線，面，立体，空間など）	数，大小，長短，太細，高低，広狭，連続，集合，間隔，粗密，垂直・水平，傾斜，強弱，鋭鈍，横縦，直・曲，定形・不定形，上下，左右，前後，重なり，凹凸，塊など		強調，流れ，方向，動き，速度，奥行き，遠近，硬軟，剛柔，鋭鈍，区切り，安定，バランス，リズム，量感など
色	色相，明度，彩度，補色，類似，対照，混色，重色，濃淡など		寒暖（冷温），明暗，清濁，軽重，対比，強弱，進出・後退，遠近，剛柔，強調，調和，喜怒哀楽など
材質	[素材] 木，竹，紙，布，綿，土，粘土，石，水，革，毛，プラスチック，ガラス，金属，ゴム，蝋，石膏など [形状] 粉末，線材，面材，塊材など	[成分・表面の状態・特性] 硬軟（柔），軽重，平滑，凹凸，密度，弾性，塑性，透明・不透明，扱いやすさなど	[質感]（テクスチャー，視覚的・触覚的な感じ）なめらか，ふわふわ，ざらざら，ちくちく，ごつごつ，つるつる，ぴかぴか，やわらかい，暖かい，優しい，強いなど
構成 （要素の組み合わせによるまとまり）	[数・量] 単一，複数，大小 [位置] 中心，端，中央，上下左右，天地 [構図] 分割，三角，対角線，水平，垂直，対称 [配置] 集散，均等，規則性，繰り返し，重なりなど		動き，調和，動静，強調，安定，対比，速度，剛柔，圧迫，解放，バランス，リズム，遠近，錯視，立体感，ゆがみなど

点・線・面

出典：図表ともに筆者作成。

（2）美の秩序

　私たちは生活の中で無意識に造形要素と関わっているが，意識して造形的な視点で捉えることは，知識を深め，発想や構想，鑑賞の力につながり，より楽しく豊かな生活につながる。

さまざまな大きさ，形，色，手ざわりの石

左右対称形の建造物

規則的に並んだタイルの模様

植物には回転対称の形が多く見られる（放射相称）

放射状の筋と絵画のような模様のある貝殻

非対称形のバランスをもつティーポット

図Ⅲ-12-1　身近にあるものを造形的な視点で捉える

出典：筆者作成。

　身近な自然物や人工物のなかに，美しい秩序を見つけることができる（図Ⅲ-12-1）。形や色などの造形要素による組み合わせが調和を保つことを，美の秩序または構成美という。その基本的な例を表Ⅲ-12-2にあげる。単独または組み合わせて取り入れ，統一と変化を工夫することにより美的効果を生み出すことができる。またそれらは，立体作品にも共通する効果である。

　これらの効果には関連するものもある。リピテーションによるリズム，プロポーションによるバランスなどである。

表Ⅲ-12-2　美の秩序

リピテーション（繰り返し）	同じ形を繰り返す。繰り返し方によりリズム感，運動感が生まれる
シンメトリー（対称）	点や線を基準として互いに向き合う位置関係にある形。左右対称など
リズム（律動）	色や形の連続的な変化や繰り返しにより視覚的な動きが感じられる
グラデーション（階調）	色や形が一定の規則で徐々に変化すること。漸進的変化，段階的変化
コントラスト（対比，対立）	形や色の相反する性質のものを対立させて組み合わせる
プロポーション（比率，割合）	形の大きさや長さの割合，全体と部分の数量的割合など。黄金比など
アクセント（強調）	統一要素の組み合わせのなかで，一部だけ異なる形や色にすること
バランス（均衡，つり合い）	視覚的に落ちつく形や色の釣り合い。量的な均衡を保つ組み合わせ
ムーブメント（動勢）	形から流れや動きが感じられること。躍動感

【上記を図にした例】（平面を例に取り上げたが，これらは立体作品にも共通する）

リピテーション（星の形の色を変えた例）
同じ形の繰り返しだが配色を変えるとイメージが変わる

シンメトリー
上下・左右・斜めにも対称になっている例

リズム

グラデーション

コントラスト

プロポーション

プロポーション・リピテーション
〔正方形，三角形，円弧，黄金矩形（1：1.618）〕

アクセント

バランス

動き

出典：図表ともに筆者作成。

第12章　図画工作の基礎知識

　2　　材料・用具

（1）主な材料・用具

材料や用具について，新学習指導要領では次のように示されている（表Ⅲ-12-3）。

表Ⅲ-12-3　第3　指導計画の作成と内容の取扱い

2　第2の内容の取扱いについては，次の事項に配慮するものとする。 ⑹　材料や用具については，次のとおり取り扱うこととし，必要に応じて，当該学年より前の学年において初歩的な形で取り上げたり，その後の学年で繰り返し取り上げたりすること。 ア　第1学年及び第2学年においては，土，粘土，木，紙，クレヨン，パス，はさみ，のり，簡単な小刀類など身近で扱いやすいものを用いること。 イ　第3学年及び第4学年においては，木切れ，板材，釘，水彩絵の具，小刀，使いやすいのこぎり，金づちなどを用いること。 ウ　第5学年及び第6学年においては，針金，糸のこぎりなどを用いること。
3　造形活動で使用する材料や用具，活動場所については，安全な扱い方について指導する。事前に点検するなどして，事故防止に留意するものとする。

出典：文部科学省（2017）『小学校学習指導要領』134～135頁。

表Ⅲ-12-3にあげた材料や用具を実践で取り上げていき，取り組みながら適切に扱うことができるように指導していく。用具の扱いに慣れ，表現に応じてこれらを活用できるようにする。主な材料や用具についての特徴や扱い方を以下に示す。

（2）紙について

⑴　種類と特徴

一般的な洋紙は木材パルプを原料とし，機械抄き製造の過程でその繊維方向が一定になる。これを紙の目といい，縦目と横目では，破れやすさ，折りや曲げの際の強度に違いがでる（図Ⅲ-12-2）。和紙は楮，三椏，雁皮などの靭皮（外皮のすぐ内側にある軟らかく強靭な部分）繊維が主原料で独特の風合いがある。手漉き和紙はその長い繊維が多方向に絡み合い，破れにくく丈夫である。機械

第Ⅲ部　基礎知識編

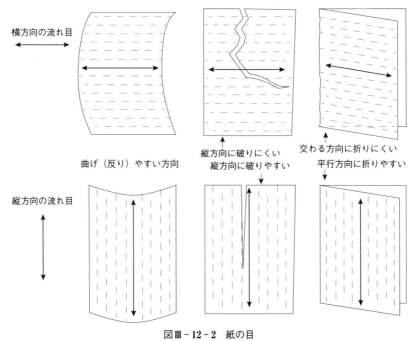

図Ⅲ-12-2　紙の目

出典：筆者作成。

　抄き和紙は，半紙や障子紙，紙幣など身近なものに使われている。ほかにも竹，ケナフ，麻などを原料とした非木材紙，古紙を再生した再生紙などがある。用途別に多種多様な紙が製造され，吸水性，厚さ，表面加工，色，価格などに違いがある。

　画用紙は，ざらざらしたほうが表で，凸凹があることで水彩絵の具やパス類などの描画材の固着を助ける。ケント紙は，適度な強度とコシがあり表面が平滑であるので，構造上の強度を求める場合は画用紙より適している。ほかにも色紙，板紙（ボール紙）などがある。段ボールは平面と波型面の紙を組み合わせた層による厚みと強度があり，その大きさ・軽さ・切断のしやすさなどから，さまざまな造形操作の可能性を含んだ材料である。そのほか新聞紙，広告紙，包装紙，空き箱などの印刷されたものも手軽に用意でき，厚さや大きさ，印刷面のもつ特徴なども表現に利用できる。

(2) 切る・折る

　紙は，切る，折る，貼り合わせるなど加工がしやすく，平面，立体ともによく使われる材料である。

　厚さのある紙の折り線には，筋を入れると折りやすく，美しく仕上がる。折り線を入れる際，カッターナイフの使用は児童には加減が難しく，鉄筆(てっぴつ)やインクのなくなったボールペンを使用する。折り線は山折りと谷折りがあるが谷側に筋をつけると破れにくい。直線折りには定規を使う。曲線折りは，カーブを緩やかにし，自由に描いたりコンパスで描いた線をなぞったり，丸い缶のふたなどをガイドにしたりする。鉄筆の立てすぎ，力の入れすぎは紙が破れやすくなるので注意して線を入れる。

　紙を切る用具について扱い方は表Ⅲ-12-4に示す。子どもの手に合った大きさ，利き手用のものを使う。切る時は無駄のない紙の使い方も考えさせたい。

(3) 接着・接合について

(1) 接着剤

　接着剤は接着するものの材質に応じたものを選び，適量を使うように指導する。原料により天然系と合成系があり，形状では，糊状，液体，固形（スティック糊）などがある。色紙などの薄い紙はでんぷんのりでもよく着くが（図Ⅲ-12-3），ケント紙などコシのある紙を組み立てるには合成系接着剤のほうが適している。接着剤で接合しにくいものや早く作業を進めたい時には，ホチキスや接着テープなどの接合できる用具が便利である。ひもや針金でしばる方法，木材を釘で打つ方法など，材料によって適切に選ぶ（表Ⅲ-12-5）。

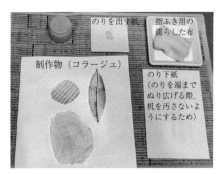

図Ⅲ-12-3　でんぷんのりを使う時の準備
出典：筆者作成。

第Ⅲ部 基礎知識編

表Ⅲ-12-4 紙を切る用具と扱い方

はさみ	はさみは，片方の穴に親指を入れ，もう片方の穴に他の指を1～3本入れ，動かしやすいように持つ。体の正面で手元をよく見てゆっくり切る。刃の奥（刃のつけ根）を使って切り始める。長く切る時は，刃を閉じきる手前で止め，その位置に刃の奥を当て，刃の開閉を繰り返して切り進む。切込みを入れる時は刃先も使う。切り抜く時は紙を折って切る。薄い紙を重ねて同じ形を切ることもできる。厚すぎる紙やかたいものは，支点の止め具に負担がかかったり刃を傷めたりするので切らないようにする。使わない時は刃を閉じておく。刃にのりや水分がついた時は拭き取っておく。	刃の奥から全体を使う  はさみを渡す時 切る形に合わせて紙を動かす 紙を折って切ると…
カッターナイフ	自由な形の切り抜きができ，定規と組み合わせることで直線切りができる。厚紙や段ボールなど，はさみでは扱いにくい紙も切れる。厚紙を切る時は一度に力を入れすぎず，数回繰り返して切る。出す刃の長さは基本1ピッチ（カチッと止まる部分の1段目）で，定規や紙の厚さに応じて2ピッチにする。紙に対して刃を30度くらいの角度で手前に傾け，向こう側から手前に向かってゆっくり切る。切る形に応じて紙を回しながら切る。刃を折る時は折り刃器やペンチを使い，刃の折り筋に合わせて折る。刃を止める部分がしっかりしたカッターナイフを使う。直線切りにはカッティング用定規を使い，ずれないようにしっかりと押さえ，その手が切る線より出ない（手を切らない）ように注意する。	必ず下にカッティングマットを敷く 細かいところを切る時  定規を使って切る時 厚紙を切る時・長く切る時 ここで切る 1ピッチ 使わない時は刃をしまう
段ボールカッター（段ボールのこぎり）	鋸歯状の刃のカッターはのこぎりのように動かして使う。曲線切りもできる。穴を開ける場合は，突き刺して切り始める。大きな段ボール板を立てた状態や箱のままで切り抜くこともできる。大きな段ボールなどを使う時，とくに共同して活動する場合は十分なスペースで，支える人や周りにいる人に注意して使う。使わない時はカバーをしておく。	 いろいろな段ボールカッター  段ボールを立てた状態で切り抜くこともできる

出典：図表ともに筆者作成。

第12章 図画工作の基礎知識

表Ⅲ-12-5 接着・接合

接着剤	天然系	安全性がある。でんぷんのり（植物由来成分）は，指で伸ばしやすくその感覚を直接つかめる。ほかにアラビアのり（アラビアゴム），膠（動物由来成分）などがある。
	合成系	合成ゴム系，酢酸ビニル樹脂系，アクリル樹脂系，エポキシ樹脂系などがあり，素材・用途に応じて適したものを使う。服などに付くと取れにくいものは扱いに注意し，また溶剤により換気が必要な接着剤などもあるため，安全面に配慮する。

その他の接合剤・補助具に，ホチキス，セロハンテープ，両面テープ，ひも，釘，ねじ，針金などがある。クリップ，洗濯ばさみ，輪ゴムなども材料に合わせて仮留めなどに利用できる。

接着剤

ホチキスでつなぐ

ストローをテープでとめる

乾くまで固定する

出典：図表ともに筆者作成。

（4）描画材について

（1）主な描画材

学年を問わず繰り返し使うものにクレヨン，パス，水彩絵の具などがある。ほかにも多種多様な描画材があるが主な描画材について表Ⅲ-12-6にまとめる。

（2）絵の具

絵の具は顔料と展色剤を練り混ぜたものである（図Ⅲ-12-4）。

水彩絵の具の展色剤は水溶性のアラビアゴムやデキストリンなどで，水で溶いて使うことができ，パレットや筆の絵の具を水で洗い流せるため扱いやすい。

混色はパレット上で行うほか，乾いていない画面上に違う色を置くことでもできる。点描による混色技法もある。重色は先に描いた色が乾いた上に別の色を重ねる表現で，微妙な色の変化が生まれたり，深みのある表現になる。

表Ⅲ-12-6　主な描画材

鉛筆・色鉛筆	鉛筆の芯は黒鉛と粘土が原料で，その割合により，硬さと濃さに違いがあり，JIS規格の硬度記号では，6B（black）～9H（hard）で表される（メーカーによる）。筆圧（による強弱）の違いで黒の濃淡による明暗が出せる。色鉛筆の芯は顔料を蝋などで固めたもので色数が豊富であるが，鉛筆より軟質で折れやすい。色彩描画材の中では簡便さがあり，手軽に使うことができる。
ペン類	水性・油性，太さ，色など，多種多様なものがあり，描く内容や素材に合わせて使い分ける。染料系の水性ペンは描いた画面に水を垂らすと滲み表現ができる。耐水性のものは水彩表現と組み合わせても使え，黒の輪郭線を生かした表現ができる。きちんとキャップをしておく必要があるが，描けなくなった染料系水性ペンは芯を取り出すことができればインクで色水遊びもできる（絵の具ではできない透明感のある色水になる。顔料系は水に溶けない）。
コンテ・パステル	コンテは土や鉱物を粉末にして固めた四角柱の硬いもので，デッサンなどで使用する。パステルは顔料の粉を固めたもので色数があり，柔らかい表現ができるが，画面への固着力が弱い。コンテ，パステルは指や脱脂綿などでこするとぼかし表現ができる。削って粉状にしても使える。コンテパステルという商品もある。仕上げに専用のフィキサチーフ（定着剤）を使うと固着を助ける。
クレヨン・パス	クレヨンは顔料をワックスなどに練り込んで固めたもので，滑らかに描ける。線描に適している。パスはさらに油脂を混ぜたものでクレヨンよりも柔らかさがあり伸びがよく，画面での混色，重色，ぼかし表現ができ，面描にも適しており，オイルパステルともいう。パスは，クレヨンとパステルの特長を生かして開発されたものであり，「クレパス」は商標であるため指導要領ではパスと記載される。パスの先や指の汚れはガーゼや古布などを使うと拭いやすい。
水彩絵の具	展色剤の割合により透明水彩と不透明水彩があり，小学校では両方の特長をもつ半透明水彩がよく使われる。水分を多めにして，画用紙の色や下の色を生かして描いたり（透明），水分を少なめにして，下の色を覆い隠して描いたり（不透明）することができる。

コンテ　　パステル

パス

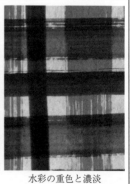

水彩の重色と濃淡

出典：図表ともに筆者作成。

第12章　図画工作の基礎知識

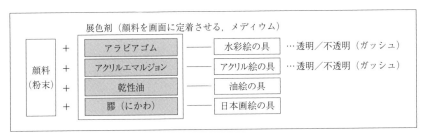

図Ⅲ-12-4　主な絵の具の種類

出典：筆者作成。

　アクリル絵の具は水溶性であるが乾燥後は耐水性となる。石や木，ガラスなど色々なものに着彩できる。アクリル絵の具は乾燥が早く，固まると水で洗い流せない性質があることから水彩用パレットは使わず，使い捨ての紙パレット（紙皿）やプラスチック製の空き容器を使い，筆は絵の具がついたまま放置しないようにする。

(3) 水彩用具の扱い

　低学年では，造形遊び・色遊びなど初歩的なかたちで取り上げる場合，共同の用具を使用することが考えられる。中学年から個々に水彩用具を扱うことが多くなるが，その基本的な使い方を以下に示す（図Ⅲ-12-5，表Ⅲ-12-7）。

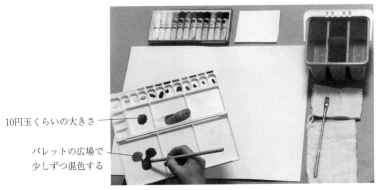

図Ⅲ-12-5　水彩用具の配置

出典：筆者作成。

209

表Ⅲ-12-7　水彩用具と扱い方

パレット	基本的に小さな仕切りに絵の具を12色全部出すのが望ましい（多彩な表現につながる）。絵の具の箱の記載を参考にして、似た色を隣り合わせる。パレットに色が示されているものもある。大きな仕切りで水や絵の具の量を加減する。混色は2色を少し離して「広場」に置き、少しずつ混ぜる。パレットは手に持つと微妙な色の変化を意識でき、画面全体の調子を見ることができる。	 絵の具の部屋（小部屋） 絵の具を溶かす部屋（広場）
筆	丸筆（太・細），平筆の3本程度用意し，活動内容や学年により彩色筆・面相筆，刷毛などを加える。丸筆は先で線，腹で面などの多様な描き方ができ，平筆は太い線，広い面を塗る時に便利である。面相筆は細い線描きや細かい描写に使う。筆は筆洗の縁や雑巾で穂先を整えながら水の含みを調整する。筆毛の先や腹を使って描く。根元部分は強く押しつけないようにする。	 先 腹 丸筆・平筆
筆洗（水入れ）	3〜4の部屋に仕切られたものを使い、水を半分〜八分目ほど入れる。洗い用・すすぎ用と部屋を決め、1つは絵の具を溶くためのきれいな水の部屋にして汚さないようにする。	筆の持ち方
その他	吸水のよい布・雑巾…筆の水分を調節しながら穂先を整える，画面の水分が多すぎた場合に吸い取る，パレットの広い部屋が汚れてきたら一時的に拭く，用具を洗って拭くなど。 スポイト・スポンジ…絵の具を溶く水を加える，画面を湿らせるなど。 試し紙…色，伸び，透明感などを確かめる。 用具は利き手に合わせて扱いやすく配置する。	 筆洗
片付け	筆に水を含ませてパレットの絵の具を溶き、その筆を筆洗で洗うことを繰り返すことで絵の具はほとんど取れる。ただし筆を乱暴に扱わないようにする。絵の具が多く残った場合は不要な紙に取ってからパレットを洗う。最後は筆で筆洗の水を底からよく混ぜて洗い場に流す。洗い場には雑巾も持っていき、パレットや筆洗をすすいだ後は水をきって拭く。筆は湿ったままケースに入れると、かびたり筆毛が抜けたりすることがあるので布で拭いてよく乾かす。筆毛を下にして放置しないようにする。透明水彩絵の具は乾いても水で溶いて使えるため小部屋を洗わないこともある。	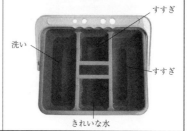 すすぎ 洗い すすぎ きれいな水

出典：図表ともに筆者作成。

（5）粘土について
(1) 種類と特徴

　粘土は最も可塑性に富む材料である。可塑性とは，力を加えて変形させることができ，操作をやめた後もその形を維持する粘土の性質のことをいう。手や指で直接変形がしやすく，また何度もやり直せる特性をもつ粘土は，造形表現においてすぐれた材料である。授業では主に土粘土，紙粘土，油粘土が扱われる。活動の目的や用途に応じて選ぶ。また，それぞれ質や価格に幅があるが，とくに紙粘土は柔らかさ，重さ，収縮，接合のしやすさなど商品によって特徴があるため事前に何種類か使ってみるとよい。手やタオル（雑巾）についた粘土は洗い場に流さず，バケツの水で洗う。手をタオル（雑巾）でこすりながら洗うと取れやすい。土粘土は完全に乾くと水に溶けやすいが，紙粘土は乾くと硬くなり取れにくくなる。表Ⅲ-12-8に主な粘土の特徴や扱い方をまとめる。

表Ⅲ-12-8　粘土の種類と特徴

種類	特　徴	着　色	保　存
土粘土	乾燥により固まる性質（硬化性）。乾燥後は硬くなるが割れやすく，水につけると崩れる。硬化後も焼成前であれば水を加えると再生可能である。乾燥後，焼成が可能であり，焼成後は丈夫になる。	焼き物の色は，土の種類，練り込み顔料，化粧土，釉薬，陶芸用絵の具などによる。素焼きの後に水性絵の具で着色して完成としてもよい。	ポリ袋，バケツなどに入れ，乾燥しないように管理する。硬くなってきたら水を加えておき，練って使う。
紙粘土	乾燥により固まる性質（硬化性）。乾燥後は軽量で丈夫になる。ニスによるコーティングが可能。空き容器などを芯材にしてつくることができる。硬化すると再生は難しい。	着色は，水性絵の具を練り込む方法，表面にペンや筆などで塗る方法がある。	ポリ袋に入れる。制作活動中の乾燥防止はぬれ雑巾で包むなどする。
油粘土	乾燥せず固まらない性質（非硬化性）。何度も繰り返して使える。温度により硬さが変わり，低温では硬くなる。油による刺激臭がある。	水性絵の具では粘土の油分が水分をはじくため，着色できない。油性絵の具や顔料を混ぜることは可能だが，用途に適さない。	ポリ袋や吸油性のないケースに入れておく。水を加えない。
その他	小麦粉粘土，石粉粘土，木粉粘土，蜜蝋粘土，プラスチック粘土などがある。トイレットペーパー，新聞紙などから紙粘土を手づくりすることもできる。		

出典：筆者作成。

第Ⅲ部　基礎知識編

(2) 用　具

粘土板は，土粘土には木製，紙粘土や油粘土にはプラスチック製が適している。活動内容に応じて，へら，のし棒，たたら板，切り糸（細い針金やテグス），ポリ袋，湿った布，筆，どべ（粘土を水でどろどろに溶いたもの），バケツ，型押しの材料，芯材などを用意する。

（6）木工用具などについて

(1) 木の特徴

木目は自然材のもつ魅力のひとつでもある。木材を扱う場合は，その繊維の向きなどの特性を理解して用具を扱う必要がある。小刀，やすり，かんなで削る，彫刻刀で彫るなどをする際は，木目の方向を確かめ，ならい目の方向（木目に沿う）に刃を進めるようにする（図Ⅲ-12-6）。

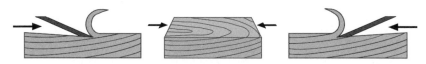

○ならい目（木目に沿う）　　　×逆目（木目に逆らう）

図Ⅲ-12-6　木目の方向

出典：筆者作成。

板材には，一枚板，集成材，合板などさまざまな種類や厚さがある。木材の接合には釘打ちや，木工用接着剤を使う方法などがあり，その併用もできる。表Ⅲ-12-9と図Ⅲ-12-7，8に，小刀，のこぎり，金づちなど木を扱う用具に加え，針金，ペンチなどの用具の扱い方についてまとめた。

第12章　図画工作の基礎知識

表Ⅲ-12-9　木工用具など

用具	用途・扱い方
小刀	扱いやすい大きさのものを，利き手に合わせて用意する。木の枝や竹の棒，鉛筆などを削ることができる。
彫刻刀	木版画，レリーフなど，木の表面に凹凸をつける。種類を使い分ける。利き手で彫刻刀を持ち，もう片方の人さし指か親指を添えて彫る。平刀は刃の裏を上にする。切り出し刀は片方の親指で刃の背を押して横へ刃を進める。刃の進む方向に手を置かないようにする。
のこぎり（鋸）	木目の方向により刃を使い分ける。横挽き刃は木の繊維を断ち切るために歯が細かく，刃先は鋭く研ぎ出されている。縦挽きは横挽きより抵抗が少なく歯が粗い。両刃鋸は，一本の鋸の刃の片側が横挽き刃で，もう一方が縦挽き刃になっている。鋸には刃を左右に振り分けるアサリという工夫があり，切断済みの部分に鋸が挟まれて進みにくくなるのを軽減する。材料を足や手，クランプや万力などでしっかり固定し，脇をしめて鋸を引く。切り始めは親指の第一関節か爪をあてて，もとを使って軽く切り，引き溝をつくる。正面に立って真上から見ながら，刃渡り全体を使って切る。刃と材料との角度は20～30°で切り進む。切り終わりは端がかけないよう角度を小さくし，板の重みで割れないように切り取る材料を片手で持つか，台を使ったり，ほかの人に持ってもらったりする。
糸のこぎり	手挽き，電動がある。鋸刃が細く板材を曲線で切ることが可能である。素材に応じた刃を使うようにする。電動糸のこぎりの刃をつけ外しする時はプラグを抜く。鋸刃は，刃が下に向くように注意して下側から固定する。電動で切る時は，両手で板を押さえて手前から向こう側へゆっくり進めていく。刃の前に手を置かないように注意する。早く進ませすぎると切り口が粗くなったり，無理に進めようとすると鋸刃が折れることがある。切り抜きや曲がるのが難しい角度はきりで穴をあけておく。
釘・金づち	釘は材質や大きさなど種類が多い。抜けにくいスクリュー釘や，紐や針金を木材に固定するステップル釘もある。鉄釘は錆びやすい。板を打ちつける時は板の厚さの約3倍の長さの丸釘を使う。錐で下穴（釘より小さい径の穴）をあけておくと釘を打ち込みやすく，木も割れにくい。釘の打ち始めは金づちの柄を短く持つ。玄能の頭の平らなほうを使い，軽く打ち込んでから，柄を長く持ちかえて強く打ち込む。最後は膨らみのあるほうで打ち込むと木を傷めない。抜くときは釘抜きを使い，材料を傷めないよう当て板をする。
きり（錐）	釘やねじの下穴をあける時や，糸鋸で切り抜く板に穴を開ける時などに使う。柄を両手で挟んで垂直に持ち，揉み下ろす。湿らせた雑巾などを敷いて板が滑らないようにする。貫通させるときは，穴開きの角椅子を使ったり材料の下に不要な板を挟んでクランプで机に固定するなどして錐先と机を傷めないように注意する。穴開け後に錐を抜くときは，片手で回しながらゆっくり引き上げる。三ツ目錐は主にねじに，四ツ目錐は主に釘に使う。
針金・ペンチ	針金には材質や太さの違うさまざまなものがある。アルミ線は鉄線に比べて柔らかい。針金を曲げる時はペンチの先で針金を挟んで曲げたり，棒に巻きつけたりする。切る時は奥の刃で挟み切る。細かい作業にはラジオペンチを使う。安全のため針金の先は曲げておく。

出典：筆者作成。

第Ⅲ部　基礎知識編

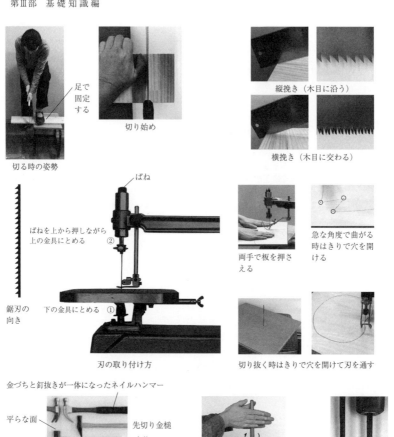

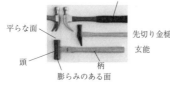

図Ⅲ-12-7　木工用具などの使い方

出典：図表ともに筆者作成。

第12章　図画工作の基礎知識

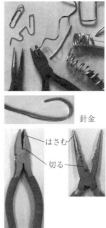

図Ⅲ-12-8　いろいろな道具
左から，片刃鋸，両刃鋸，糸鋸，万力，小刀，釘，金づち，釘抜き，ドリル，きり，やすり，ペンチ，紙やすり。

針金

はさむ
切る

ペンチ・ラジオペンチ

3　さまざまな表現技法

（1）描画材の表現技法

　描画材には基礎的な使い方があるが，用具の適切な扱いをおさえながらさまざまな描き方を自分で考えて試すのもよい。たとえば，水彩絵の具では，画筆以外の身近なもの（指，歯ブラシ，スポンジ，厚紙，ポリ袋，ティッシュペーパー）などで絵の具遊びをすると面白い表現が生まれる（図Ⅲ-12-9）。ここでは，パス，クレヨン，水彩絵の具を使って偶然の形や色などの効果を生む「モダンテクニック」と呼ばれる技法をあげた。そのほか，さまざまな技法遊びを通して，造形表現の面白さ，楽しさを味わいながら，描画材の特性や色の効果を理解し，以後の活動のヒントになるようにする（表Ⅲ-12-10）。

表Ⅲ-12-10　モダンテクニック

デカルコマニー （合わせ絵）	絵の具をおいた画用紙を二ツ折りにして押さえてから開くと対称の模様ができる。偶然の形が楽しめる。吸水性のない紙や板に絵の具をのせ，画用紙を重ねて写し取る方法もある。2枚の紙を押さえながらずらしたり，回したりしても面白い。
ドリッピング （たらし絵）	多目の水で溶いた絵の具を画面にたらす。高さを変えたり，紙を傾けたり立てたり，ストローで吹いて流したりする。水で湿らせた画用紙に落とすとにじみ表現ができる。乾燥後，ペンで描き加える見立て遊びも楽しい。
スパッタリング （霧吹き・ぼかし）	絵の具を付けたブラシで金網をこすり，霧状の絵の具を画用紙に飛び散らせて色をつける。画面に型紙などを置いて行うと，型の形がそのまま抜かれ，美しいシルエットが描ける。
フロッタージュ （こすりだし）	凹凸のあるものの上に薄い紙を置いて，クレヨン，コンテ，色鉛筆などでこすり，形や模様を写し取る。切り抜いてコラージュもできる。木の葉，硬貨，木目，金網，靴の裏など。
スクラッチ （ひっかき絵）	違う色を塗り重ね，上の層を引っかき下地の色を出す表現。明るく鮮やかな色に黒を重ねると効果的。重色ができるパスが適している。パスに重ねる上層の色はアクリル絵の具でも可能で，塗るだけの作業になりがちな活動を軽減できる。
バチック （はじき絵）	パスやクレヨンで描いた後，上から水彩絵の具を重ねて塗ると，下の絵が浮き出る。ワックスや油脂が水をはじく性質を利用するので，絵の具は水でよく溶く。
ステンシル （型紙版画）	形を切り抜いた版（型紙）を作り，画用紙の上に重ね，その版の上から絵の具，パス，コンテなどをスポンジや指で刷り込み，孔の形に色付けする。同じ形を繰り返しつくることができる。
スタンピング （型押し）	ものに直接絵の具をつけて，紙に押して形を写す版技法。野菜の切り口，段ボール片，手形など。ローラーの面が凹凸のものや紙や葉などを貼り付けて転がす版技法もある。
ストリング （糸引き）	絵の具を付けた凧糸を二ツ折りにした画用紙に挟んで引っ張ると，糸の軌跡が形になる。絡んだり擦れたりして予測できない模様が描ける。
マーブリング （墨流し）	バットなどの容器に張った水に油性の絵の具や墨汁をたらし，棒で静かに動かして水面に模様をつくり，紙に写し取る。専用のインクもある。
コラージュ （貼り絵）	紙や布などを切り貼りして表現する。新聞紙，広告紙，包装紙などの印刷物を使うと面白い表現ができる。綿（わた），セロハン，アルミホイル，毛糸，木の葉などの材料は質感を生かした表現になる。
その他	ビー玉転がし模様，染紙，かすれ，パスのカーボン紙，フィンガーペイント（指絵）など。

出典：筆者作成。

第12章　図画工作の基礎知識

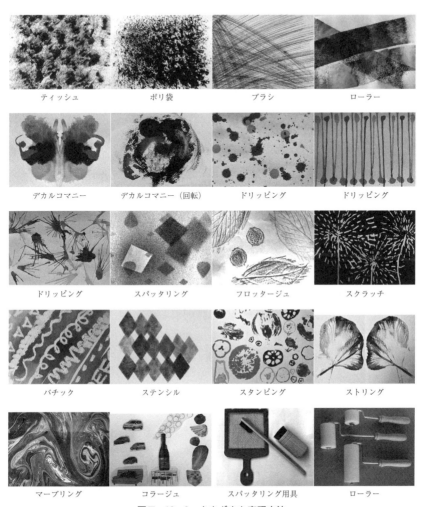

図Ⅲ-12-9　さまざまな表現方法

出典：筆者作成。

（2）粘土の表現技法

(1) 粘土遊び

　粘土は，触る，押す，たたく，ひねりだす，ちぎる，丸める，長く伸ばす，平たく伸ばすなど，手による直接的な操作が多様にあり，足で踏む活動も考え

第Ⅲ部　基礎知識編

られる。へらなどの用具を使うと，切る，突き刺す，掻き出す，削る，穴をあける，引っ掻いて絵や字をかく，型押しするなど操作の幅が広がる。丸めて並べる，丸めて積む，輪にして積む，ひもにして編むなどさまざまな操作の組み合わせも考えられる。ひとつの方法を取り上げて題材にすることもできる。

　造形遊びの活動では，体全体を使って活動できるように十分な量（4人に20 kg 程度）の土粘土を用意する。10〜30 kg 単位での粘土も販売されている。土粘土は水分を調整して練れば何度でも繰り返し使うことができる。大きな粘土の塊を糸で切る操作はほかの材料では経験できない切断方法であり，教師がやって見せて児童に経験させたい。机上での活動か床での活動か，個々の活動かグループ活動かなど，場の設定を変えると表現も変わる。

(2) 粘土遊びから成形・装飾方法へ

　いろいろな操作から，立体的に形づくったり模様をつけたりする表現方法につながっていく（図Ⅲ-12-10）。たとえば粘土の輪を積み上げてつくる入れもの，平たく伸ばして巻いた筒をもとにしてつくる建物，人や動物などが考えられる。板状の粘土の上にひも状の粘土を貼り付けることはレリーフになり，ストローでつくった穴は透かし彫り模様になる。色の違う土粘土を混ぜてマーブル模様にしたり，紙粘土に水性絵の具を混ぜてカラー粘土にすることもできる。

図Ⅲ-12-10　粘土技法

出典：筆者作成。

第12章　図画工作の基礎知識

　粘土遊びでは，作品づくりを目的とせず最終的に形として残らない活動になることが多いが，作品として残すには，紙粘土でつくり乾燥させて仕上げる方法と，土粘土でつくり焼き物にする方法がある。紙粘土の芯材には，新聞紙，空き容器，割り箸，針金などを使うことができる。低学年では，プラスチックカップやびんの形状を生かして入れ物をつくったり，動物や人の胴体に利用したりできる。芯材を使うと量感を出したり，粘土の重さで形が崩れるのを軽減したりできる。腕や足，羽などをつくる際には，芯材に動きをもたせて粘土を肉づけすると躍動感のある表現ができる。針金に湿らせた麻紐を巻きつけると粘土が接着しやすい。新聞紙に針金を巻きつけたり，針金に新聞紙を巻きつけたりしてもよい（図Ⅲ-12-11）。

(3) 焼き物

　児童や学校の実態に応じて，焼成する経験ができるようにすることが新学習指導要領にも示されている。表Ⅲ-12-11に焼き物制作の流れを，器の成形方法を図Ⅲ-12-12に示した。

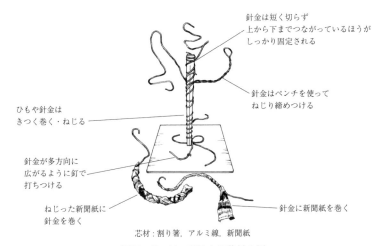

図Ⅲ-12-11　紙粘土の芯材の例

　ひもや針金の巻き方がゆるいと，肉づけする時に不安定で粘土がつきにくく剥がれやすくなる。針金の芯材を板に固定するときは，数本の針金を四方に広げるように釘で打ちつけると安定する。
　出典：筆者作成。

表Ⅲ-12-11 焼き物の制作の流れ

土練り	・均質にする ・空気を抜く ・自然の粘土の場合は，異物を除去する	粘土板は木製を使う。購入後すぐは練らずにそのまま使えるものもあるが，硬くなった場合や，再利用する時は，練ってから使う。 粘土が硬い場合は，小さく分けて水に浸けてからポリ袋に入れておく。数日から1カ月程度置いておくと練りやすい。硬すぎるものは完全に乾燥させ，ポリ袋やバケツの水に浸しておく。柔らかすぎる場合は，石膏板の上で吸水させるか硬めの粘土と混ぜる。 あら練り（A）で粘土を均質にし，菊練り（B）で空気を抜く。時間をかけて練りすぎると粘性が減少し，扱いづらくなる。
成形	・手びねり ・ひも作り ・板作り ・ろくろ　など	板作りは，どべで接着する。 塊状のものは，裏側から中心部の粘土を掻き出しておく。器状のものは，厚さを均一にした方が割れにくい。粘土は乾燥や焼成の過程で収縮する。 塊からくり抜く方法，型を使う方法，新聞紙など燃えるものを芯材にする方法もある（C）。
装飾	・型押し ・線彫り ・穴開け （透かし彫り） ・貼り付け	型やへらで凹凸をつける場合や，粘土を貼り付けて模様にする場合は，乾燥前に行う。接着する時は接着面にへらやブラシで傷をつけ粗面にしてからどべを使う。
乾燥	・日陰や室内で時間をかけてゆっくり乾かす	急な乾燥は，ひび割れしやすい。水分が残ったままの焼成は，作品が割れるだけでなく，窯中で破裂することがある。
素焼き	・700～800℃ ・丈夫になる ・釉薬をかけやすくする	吸水性が残る。テラコッタ粘土などを用いて，素焼きを完成作品としてもよい（水彩，アクリル絵の具で着彩可能）が，食器としては不適。
絵付け	・下絵付け （なくてもよい）	釉薬をかける前に陶芸用絵の具で描く。描いた部分を触らないようにする。
施釉	・釉薬かけ ・装飾 ・防汚 ・強度	素焼き後，湿らせたスポンジなどで素地の表面の汚れを拭き取ってから釉薬をかける。釉薬は焼成中に溶けてガラス状になるので，底裏（接地面）には釉薬がつかないよう撥水剤を塗るなどし，ついたら拭き取る。
本焼き	・1200～1250℃ ・硬く焼き締まる ・強度を増す ・釉薬が溶け素地をおおう	作品が窯に触れないように，また作品どうしが触れないよう窯詰めをする。常温まで冷ましてから窯から出す。成形時より10～15％収縮する。水漏れしにくくなる。

出典：筆者作成。

第12章　図画工作の基礎知識

（A）あら練り

（B）菊練り

（C）新聞紙を使った土鈴

〈手びねり（玉作り）〉　　〈ひも作り〉　　　〈板（たたら）作り〉

丸める
↓

底の部分は板状に伸ばす
↓

塊の左右にたたら板を数段に重ね，1段ずつ減らしながら切り糸でスライスする
↓

粘土を表裏に返しながら掌でたたいて伸ばす
↓

塊の中心をくぼませる
↓

1段目はどべをつける
↓

たたら板を左右に置き，のし棒で伸ばす
↓

内側に入れた親指と外側の他の指で粘土を挟んで伸ばす
↓

ひもの太さを揃えて積み重ねる
↓

つくる大きさに切れたら接着部分に傷をつけ，どべを塗る
↓

しっかり押さえて接着し，ゆっくり乾かす

均等な厚さに整える

凹凸を上下に指やへらでなでつけてつなぐ

図Ⅲ-12-12　土練りと成形

221

(3) 紙の表現技法

(1) テクスチャーを変える

第2節で述べたように紙にもいろいろあるが紙自体にしわを加えたり，穴をあけたりするなど操作を加えていろいろな材質感を出すことができる（図Ⅲ-12-13）。

丸めてしわにする　　巻いてつぶす　　釘でひっかく　　針で穴を開ける

凸凹面の上からこする　折り目をつける　　　　　　　紙の層をはがす

図Ⅲ-12-13　紙の表現

出典：筆者作成。

(2) 立体にする技法

紙を曲げたり折ったりすることなどにより立体表現ができる（図Ⅲ-12-14, 15）。接合・接着して組み立てるには，ケント紙や工作紙など適度な厚さとコシがあるものを選ぶ。接着剤を使わずに組み立てる方法，のりしろをつくらずに接着剤で組み立てる方法もある。紙の目を確かめ，適切に使用することでしなやかさや強さを生かすようにする（図Ⅲ-12-2参照）。

紙の立体表現は描画表現と組み合わせても扱える。たとえば，画用紙の一部に切り立て技法を使ってドアや窓として，その内・外に絵に表す活動ができる。

ケント紙のみを使い，その白さを生かすと，陰影の美しさをつくりだせる。また，透光性のある紙は，ランプなど光を材料として組み合わせることもできる。

紙などの材料は，色，厚さ，大きさ，手ざわりなど，特性を生かして単一の素材にするか，複数の種類を組み合わせるか，その題材の目標に合わせて考えるようにする。

4　指導の心構えなど

　小学校図画工作科，中学校美術科の内容は，学習指導要領の改訂ごとに変遷し，現在は表現と鑑賞の2領域になっている。表現については，小学校では「造形遊びをする」と「絵や立体・工作に表す」の2つの側面で捉えられ，中学校では「絵や彫刻など」「デザインや工芸など」の分野が示されている。
　一般にはそれらの分野の中でも手法や素材によって細分化され，絵画（日本画，油彩画，水彩画，版画など），彫刻（塑像，木彫・石彫，その他素材による立体表現），映像（写真，ビデオ，CGなど），それらの混合技法（ミクストメディア），工芸（木竹工，金工，陶芸，染織，ガラス，皮革，その他）があり，建築が美術領域に位置づけられる場合もある。また，インスタレーションやパフォーマンスなども美術の表現手法である。
　デザインは，目的，機能や用途があるもので，その計画や設計でもある。装飾，視覚伝達，生活の中で使うもの，環境に関するデザインがある。近年はリサイクルやサステナビリティ（持続可能性）を考慮したデザインも多く生まれている。
　美術はさまざまな分野との関わりをもち，科学の進歩や社会の変化とともにその領域は広がり，今後も表現方法やデザインのあり方は変化していく。現代美術では，領域に分けられない表現方法もあり，これは図画工作科で専門的な領域分けがなされないことと似ているかもしれない。指導者自身が美術表現の多様な魅力を知ることは，図画工作指導の大きなヒントになる。
　美術に関する情報は，専門書，テレビ番組やインターネットなどから得ることができるが，展覧会などで実際に美術作品を鑑賞してみて作品のよさや面白さに気づくこと，作者の意図や制作背景を理解することなどを体験し感性を磨いていくことも必要である。代表的な鑑賞の場所が美術館であるが，日本ではまだ日常の生活の中に溶け込んでいるとはいえず，まず指導者が訪れる機会を増やし，身近なものにしてほしい。近年では漫画やアニメ，ゲームをきっかけ

第Ⅲ部　基礎知識編

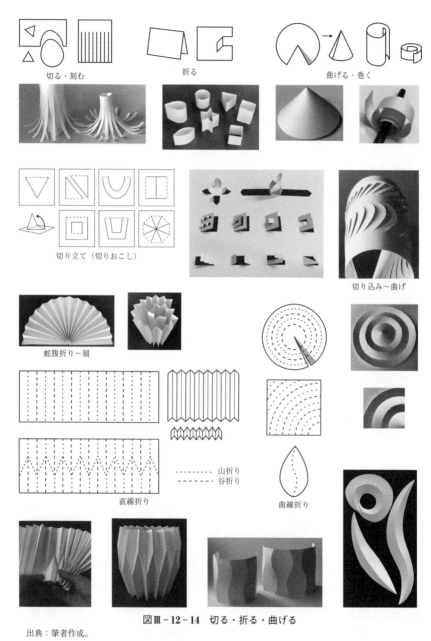

図Ⅲ-12-14　切る・折る・曲げる

出典：筆者作成。

第12章　図画工作の基礎知識

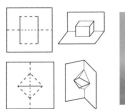

切り折り（ポップアップ）

差し込み（ビルダーカード）

切り込み〜差し込み

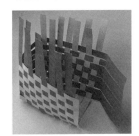

テープを組む（編む）

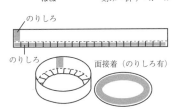

ばね　　刻み〜折り・カール

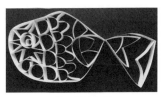

テープをつなぐ
（つるす飾りまたは接着剤で台紙に固定）

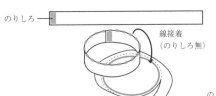

面接着（のりしろ有）

線接着（のりしろ無）

のりしろ

のりしろ有り（外側に折る例）　のりしろ無し（太鼓張り）

図Ⅲ-12-15　紙の接合・接着とさまざまな技法

出典：筆者作成。

第Ⅲ部　基礎知識編

に児童生徒にとって身近に感じられる展覧会も開催され，撮影可能な作品や記念撮影エリアのある展覧会も増えてきた。他の鑑賞者に迷惑がかからないように静かにすることが多い美術館であるが，トークフリーデーや撮影フリーデーなど新しい取り組みを始めているところもある。美術館では一般的に作品保護の観点から展示室内で使用する筆記具は鉛筆のみ許可されている。またコインロッカー（返却式）が設置されており，大きな荷物を預けることでほかの鑑賞者に配慮するとともに自身が身軽に鑑賞でき，作品に接触するリスクを避けることができる。美術館のほか，ギャラリー，アートイベント，地域を巻き込んだ芸術祭などもあり，作品発表の場も多様になっている。実際に足を運ぶことは，指導者自身の造形への興味関心を高め，得た知識だけでなく実物に向き合った時の心の動きは指導者自身を豊かにし，造形指導に生かせるはずである。

　子どもたちが見て感じたことや，表わそうとする思いを指導者が理解し共感するには，一人ひとりと対話することが大切であり，思いに寄り添って活動の支援をするには，指導者は造形的な見方・考え方を働かせるとともに，材料・用具の扱いに慣れておく必要がある。資料を参考にしたり，ワークショップに参加したりして十分な知識と技能を身につけておきたい。

　使う用具や材料，活動環境には危険を伴うものも考えられるため，事故が生じないよう用具の管理や児童への指導をする。また汚れを気にせず活動できる服装や，洗い場などの環境も整えておく。安全面に十分留意したうえで，子どもたちには失敗を恐れず活動させたい。試行錯誤するなかでの失敗は，むしろ大切な経験であり，その過程は材料・用具に慣れたり新しい発想につながったりする。

　指導者は実践前の準備や普段の生活のなかで表現する機会をつくり，自身が素材やテーマに向き合って楽しみ，失敗をしながら解決方法をみつけ，表現できた達成感，創造することの喜びを味わう経験が必要である。うまくできない苦悩の経験もまた子どもの気持ちにより近づいて支援できるのではないだろうか。

　心を込めて取り組み，できあがった作品はただ一つしかない大切なものであ

る。美術館にある市場価値のある美術作品に限らず，身近にある作品や普段使っている物も，誰かが自分の思いを表そうと，または誰かの役に立つように，心を込めてつくりあげたものだという意識をもつことができれば，私たちの生活を豊かにする造形の働き，美術文化についての理解を深めることにつながる。

　子どもたちには，準備から片付けまでを通して，材料・用具はもちろん，時間・資源を大切にして，互いに気持ちよく使える設備・環境を維持する態度を身につけさせたい。たとえば，水彩用具の片付けの際のパレットに残った絵の具，粘土の活動で手や用具についた粘土を安易に洗い場に流さないようにすることなどである。設備にもよるが，余った材料や汚れた用具をどのように処理するべきか子どもたちとともに話し合うことで，問題や解決方法を自ら考えさせることもできる。排水については，接着剤や固形物を水で溶いたもの，時間の経過とともに固まるものなど，洗い場に流せるものでも流れにくかったり排水管に詰まらせたりすることがあるため，注意が必要である。

　授業での活動の過程や作品は写真に記録しておく。授業中に気づかなかった発見をすることがあり，次時の声かけや評価の材料になる。また，個々の制作・鑑賞のワークシートに活用したり，造形遊びで作品が残らない活動の時などの記録を教室に掲示して保護者に伝えたり，学習内容として次学年への引き継ぎに役立てたりできる。指導内容をイメージして振り返ることもでき，題材研究や授業改善などにつながる。

引用・参考文献

大学美術指導法研究会・藤江 充・岩崎由紀夫・水島尚喜編著（2009）『「図画工作科」指導法』日本文教出版。

宮脇 理・白沢菊夫・伊藤彌四夫編（1993）『新版 造形の基礎技法』建帛社。

文部科学省（2017）『小学校学習指導要領』。

文部科学省（2017）『小学校学習指導要領 解説 図画工作編』。

若元澄男編（2000）『図画工作・美術科 重要用語300の基礎知識』明治図書。

第Ⅲ部　基礎知識編

> 学習の課題
>
> (1) 身近にある自然物や人工物などの形や色から，シンメトリー，アクセント，プロポーションなど，美の秩序について見つけてみよう。
> (2) 絵の具を使う活動で，身の回りにある廃材などを使ったり，自作の筆（描画用具）をつくったりして描くことで，どんな表現ができるか試してみよう。

【さらに学びたい人のための図書】

宮脇 理・白沢菊夫・伊藤彌四夫編（1993）『新版 造形の基礎技法』。
　⇨専門的な造形の分野の基礎を抑えながら，図画工作科で扱う材料や用具について詳しく，わかりやすくまとめられている。

若元澄男編（2000）『図画工作・美術科　重要用語300の基礎知識』明治図書。
　⇨1ページに一つずつの用語や項目がまとめられ，解説は教科指導の視点に立ち，具体的な活用方法の例があげられている。

（金崎晴美）

第13章 色彩の基礎知識

この章で学ぶこと

　色彩は，自分の感じたことや気持ちを直に表現できる主要な造形要素である。造形活動を豊かなものにするために，色に関して必要な知識をもたせることは重要である。この章で色彩の基本的な知識を学ぶことで，子どもに好きな色を使わせながら，感じ，捉える色表現の幅を広げさせ，色を選んでいく指導につなげていく。また，この章では色彩に関する資料を巻頭のカラーページでも紹介しているのであわせて活用してほしい。実際の指導にあたっては，絵の具を混ぜていろいろな色が新しくつくれる経験，いろいろな画材・材料を使って，色の組み合わせによって表現できる経験や色の生かし方，色を使う楽しさを味わわせる。

1　色のしくみ

(1) 色と光

　暗いところではものや色を認識することはできない。色は，太陽や照明の光（光源）によって知覚される認識のひとつである。光とは，太陽から出ている電磁波の一種で，正式には可視光線という。光をプリズムに取り込むと屈折率の違いにより分光された赤・橙・黄・緑・青・藍・青紫などのスペクトル（色の帯）が見える。その範囲は，およそ380～780 nm（ナノメートル；1 nmは，100万分の1 mm）で単色光の波長の長さにより色が違って見え，赤の端は赤外線，紫の端は紫外線に接している。（カラー・モノクロともに図Ⅲ-13-1）。虹の色やCD・DVDの表面に見える虹のような色もスペクトルと同類である。

　また，可視光線の色がすべて混ざり反射すると白（無色）になる。

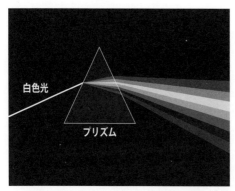
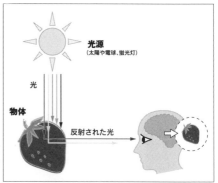

図Ⅲ-13-1　プリズムによる白色光分解　　図Ⅲ-13-2　色を認識する経路

資料提供：図Ⅲ-13-1，2ともに日本色研事業株式会社。

（2）色を認識するしくみ

　色を認識する（見る・感じる）には光（光源），目，ものが必要である。たとえば，いちご（物体）に光が当たり，赤と黄色の光だけが反射して目に入り，それ以外の色の光は物体に吸収される。目で捉えた光は視神経を通って知覚し，脳が赤と認識することで，いちごを赤いと感じるのである（カラー＆ライフ，2004，8頁），（カラー・モノクロともに図Ⅲ-13-2）。実際に教室を真っ暗にすると理解しやすい。ものの色は光のない場所では認識できないことがわかる。

（3）色の性質

　色には，赤・黄・青のような色みの違いのほかに，色みだけでは分けることのできない白・灰・黒などの色のなかまがあることを気づかせる。
(1) 有彩色と無彩色（カラー・モノクロともに図Ⅲ-13-3）

　すべての色は，有彩色と無彩色の2つに大きく分類される。
- 有彩色…色み（色合い），明るさ，あざやかさの性質をもつ色，赤・黄・青・緑など
- 無彩色…色みをもたず，明るさの違いだけをもつ色，白・灰・黒

第13章　色彩の基礎知識

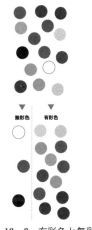

図Ⅲ-13-3　有彩色と無彩色

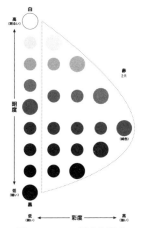

図Ⅲ-13-4　明度と彩度

資料提供：図Ⅲ-13-3，4ともに日本色研事業株式会社。

(2) 色の三属性

人間の目は，ものの色を明るい色や暗い色，あざやかな色や濁った色などを認識し，色相，明度，彩度の3つの要素で感じ取っている。この3つの要素を色の三属性という。

- **色相**…色を見分ける特徴としての赤み，黄み，青みなどの色み・色合いのこと。
- **明度**…色の明るさや暗さなどの度合いをいう。明度の基準尺度は，無彩色の白～灰色～黒の段階を用い，最も明度が高いのが白，低いのが黒である。
- **彩度**…色のあざやかさや強弱の度合いをいう。たとえば，赤にもはっきりとわかる赤色や，くすんでいていくらか赤みがあるとわかる程度の赤色もある。このような色の見え方の違いを比較できるように尺度化したものである（カラー・モノクロともに図Ⅲ-13-4）。

純色とは，色相のなかで最も彩度が高く白，灰色，黒などの混じりけのない色をいう。

(3) 色立体

色相，明度，彩度を3つの軸で系統的に配列すると三次元の立体になる。こ

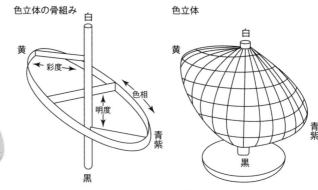

図Ⅲ-13-5 色立体　　　　　図Ⅲ-13-6 色立体のしくみ

資料提供：図Ⅲ-13-5，6ともに日本色研事業株式会社。

れを色立体という。色を三属性によって一定の順番に配列するとすべての色は連続していることが理解できる（カラー・モノクロともに図Ⅲ-13-5），（図Ⅲ-13-6）。

(4) 色相環

色相には循環する性質があり，色合いの似ている色を順に配列すると円になる。このような色相の円形を色相環と呼ぶ。

○ **PCCS 色相環**

PCCSとは，日本色研配色体系（Practical Color Co-ordinate System）のことで財団法人日本色彩研究所が1964年に開発した教育用色彩体系のことである。

PCCS色相環の分割構成は，人の色覚の4原色と考えられている赤，黄，緑，青を色相環の中心に置き，この4色相の心理補色の青緑，青紫，黄みの橙，赤紫を対向位置に組み入れる。この8色相が等間隔に感じるように4色を加えて12色相に，さらにその12色相の中間に色相を加え24色相分割とする。PCCSでは色料の三原色と色光の三原色も含まれている。1〜24の番号は色相の順番を表し，配色調和を考える際に役立てることができる。色相環を示すことにより，色の見分け方を確認させることができる（カラー・モノクロともに図Ⅲ-13-7）。

- **心理補色**…ある色をしばらく見つめてから視線を移すと，その反対の色相が残像として見えること。

第13章 色彩の基礎知識

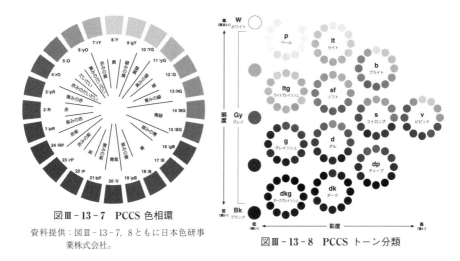

図Ⅲ-13-7　PCCS色相環

資料提供：図Ⅲ-13-7，8ともに日本色研事業株式会社。

図Ⅲ-13-8　PCCSトーン分類

- **残像実験**…白い紙の上に1cm大くらいの赤く塗りつぶした丸を描く。その赤色を30秒間じっと見つめた後に白い無地の紙の上に目を移すと赤の正反対の色の青緑色が現れる。これを色の補色残像という。

（4）色の調子（トーン）

　色相が同じでも明，暗，濃，淡，強，弱などの色の違いが感じられる。これは，明度と彩度の変化によって感じるもので，これらを色の調子（トーン）という。トーンとは，明度と彩度の複合概念で，その色の雰囲気のことを表し，色相が違ってもトーンが共通していると，同じイメージとして捉えられる。PCCSではトーンを12分類とし，それぞれのトーンは薄い・浅いなど形容詞で言い表され，略号で表記する。色の調子は，たとえば赤の絵の具に白を混ぜると薄くなったり明るくなったり，黒を混ぜると暗くなったりなどの色がだせる。その色を薄い色や濃い色などのグループに分類できることに気づかせると，色の調子を理解しやすいであろう。有彩色のトーンは，純色に白を加えた明清色調，黒を加えた暗清色調，白と黒を加えた中間色調の3つに大別することもできる（カラー・モノクロともに図Ⅲ-13-8），（図Ⅲ-13-9，10）。

233

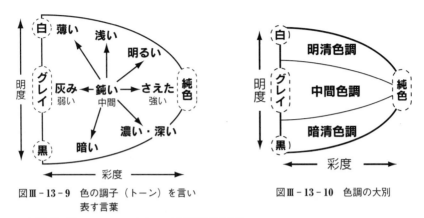

図Ⅲ-13-9　色の調子（トーン）を言い表す言葉　　　図Ⅲ-13-10　色調の大別

資料提供：図Ⅲ-13-9, 10ともに日本色研事業株式会社。

（5）混色と三原色

2つ以上の色を混ぜて別の色をつくることを混色といい，混色ではつくることのできない3つの色を三原色という。この三原色は混色することにより，さまざまな色をつくり出す素になる色のことである。

三原色には，絵の具や印刷用のインクのような色料の三原色と光の色の色光の三原色とがある。

(1) 色料の三原色（減法混色）

絵の具や印刷インクなどの色料の場合には，C（シアン，緑みの青），M（マゼンタ，赤紫），Y（イエロー，黄），の三原色をもとにさまざまな色をつくることができる。色料は混ぜると元の色よりも暗くなり，明度が低くなる。これを減法混色という（カラー・モノクロともに図Ⅲ-13-11）。

(2) 色光の三原色（加法混色）

色光の場合は，R（赤），G（緑），B（青）の三原色を光の強さを変化させ重ねることでさまざまな色をつくることができる。光の色は混色するほど明度が高くなり，三原色の重なった部分が白になる。これを加法混色という（カラー・モノクロともに図Ⅲ-13-12）。

第13章　色彩の基礎知識

 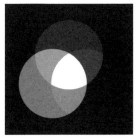 

図Ⅲ-13-11　減法混色　　図Ⅲ-13-12　加法混色

資料提供：図Ⅲ-13-11，12，13ともに日本色研事業株式会社。

図Ⅲ-13-13　並置混色（布の織りによる混色，下はその拡大）

(3) 並置加法混色

細かい色の点や線を並べて離れて見ると，点や線は目の中で混ざって見え，減法混色のように暗くならない，これを並置加法混色という。また，織物の縦糸と横糸とが織りなす色合いも同じ並置加法混色により認識され，明るさは元の色の平均となる（カラー・モノクロともに図Ⅲ-13-13）。

(4) 継時加法混色

回転円板やこまなどに色を扇形に塗り分けて回転させると色が混色されて見える。この混色を時間に関係する継時加法混色という。

2　色の見え方・感じ方

色は周囲や背景の色などによって見え方が変化する。また色にはさまざまなイメージや連想・感情に影響を与える働きがある。それらの効果や役割を知る。

(1) 色の対比

対比とは，2つ以上の色の組み合わせを見たときに，色と色とが周りの色に

第Ⅲ部　基礎知識編

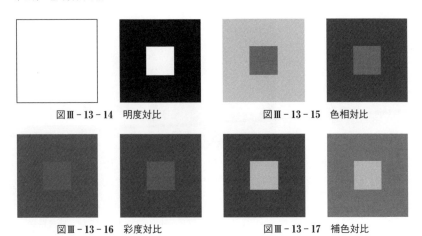

図Ⅲ-13-14　明度対比　　　図Ⅲ-13-15　色相対比

図Ⅲ-13-16　彩度対比　　　図Ⅲ-13-17　補色対比

資料提供：図Ⅲ-13-14〜17すべて日本色研事業株式会社。

影響を受けて本来の色よりも強調されて見えることをいう。

　色の対比には，ある色を見て，次にほかの色を見ると，後から見た色が先に見た色の補色に近づいて見える現象の継時対比と，隣接して並べて置かれた色を同時に見たときに，それぞれの色の差が強調されて見える現象の同時対比がある。継時対比は，残像現象が大きく関与され，同時対比では，明るさ，色み，あざやかさの色の三属性が深く関係している。

　(1) 明度対比

　同じ色が明るい背景の上では暗く見え，暗い背景の上では明るく見える。また，明るい色と暗い色が並置されると明るい色はより明るく，暗い色はより暗く見え，周囲の色の明暗により明度に変化がでる現象を明度対比という。同じ明度の灰色は白の背景の上では暗く，黒の背景の上では明るく見える。(カラー・モノクロともに図Ⅲ-13-14)。

　(2) 色相対比

　同じ色が背景の色の影響で色相が違って見える現象を色相対比という。有彩色どうしを対比すると互いに色相差が強調され，色相環上で見るよりも離れた色に見える。同じ橙色を黄色と赤色の背景の上に置いた場合，黄色の上の橙色は赤みがかって見え，赤色の上の橙色は黄みがかって見える。これは，黄色の

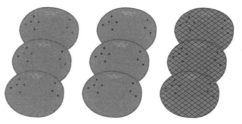

赤い網に入っているみかんは、網の赤色に近づき、真ん中のみかんより赤みがかって見え、緑の網に入っているほうは緑み見える。これは同化効果の現象を使って果物をよりおいしそうに見せている。

図Ⅲ-13-18　色の同化

資料提供：日本色研事業株式会社。

上の橙色は黄の残像である補色の青紫が橙色と加法混色され、赤みがかって見えるからである。赤色の上も同様である（カラー・モノクロともに図Ⅲ-13-15）。

(3) 彩度対比と補色対比

同じ色が彩度の高い背景の上ではくすんで見え、彩度が低い背景の上ではあざやかに見える現象を彩度対比という（カラー・モノクロともに図Ⅲ-13-16）。中彩度のにぶい青色を彩度のない灰色と彩度の高い青色の背景の上に置いた場合、灰色の上のにぶい青色は、本来の彩度よりも高く見え、高彩度の青色の上の灰色は彩度が低く、よりにぶく見える。

補色どうしの対比とは、ある色をその色の補色を背景にして見ると、ある色は彩度が高く見えるため、補色対比という。赤の背景の上に、赤の補色の関係にある青緑を置くと、赤の補色の青緑が重なって青緑の彩度は強調されて見える（カラー・モノクロともに図Ⅲ-13-17）。対比効果の大きい色を使って見る人に注目させようとする例に、小学生の黄色の帽子やランドセルカバーがある。黄色は背景の中で目立つ色であり、危険防止になるからである。

(2) 色の同化

対比は、色と色の違いが強調されて見える現象だが、同化は、本来の色の差よりも色の違いが小さく感じられ、地の色が周囲の色に近づいて見える現象をいう。（カラー・モノクロともに図Ⅲ-13-18）。

（3）色の機能

ものの形や色，文字の見え方，見えやすさは，ものの色と周りの色との差や，背景色の明度差によって見えやすくなったり見えにくくなるといわれている。この性質を視認性という。また，色には見え方において大きさや距離感なども影響を受けやすい。

(1) 色の進出・後退

同じ面積の色であっても，色相は赤や橙などの暖色系（暖かい感じを与える色）の色や，明るい色は他の色に比べて前方に飛び出しているように見える。このような性質を進出色といい，反対に色相が青や青紫などの寒色系（寒い感じを与える色）や暗い色は後ろに引っ込んでいるように見える。このような性質を後退色という。

(2) 膨張・収縮

形や面積が同じでも明度が高い白や黄色は大きく見え，これを膨張色という。反対に，明度が低い黒や青は小さく見え，これを収縮色という。色によって大きく見えたり小さく見えたりするのには明度差が大きく関わっている。

膨張色は，進出色と同じように暖色系で明るい色，収縮色は，後退色と同じように寒色系で暗い色とされる。

（4）色の感情

色には，赤，青，白，黒などの見かけ上の区別だけでなく，それぞれの色の性質から，暖寒，明暗，軽重，強弱などさまざまな感情を起こさせる。ここでは一般的な対象による基本的な色の特性をあげた。

(1) 暖かい・寒い

赤，橙，黄の範囲の色相を暖色といい，色のもつ連想現象から太陽や火を連想させるため，暖かさや熱さを感じさせる。青緑，青，青紫の範囲の色は寒色といい，寒さや涼しさを感じさせる。また，その他の黄緑，緑，紫の範囲の色は，温度感を感じない中性色という。色相環を見ると，暖色，中性色，寒色の範囲が順番に並んでいることが確認できる。

(2) 軽い・重い

　白，黄，黄緑など明度が高く明るい色ほど軽く感じ，黒，赤，青，紫など明度の低い暗い色ほど重い感じを与える。色相，彩度は色の軽量感にはほとんど影響はしない。

(3) 硬い・柔らかい

　硬柔感は軽量感のように明度との関係が深く，明度の高い明るい色や彩度の低い淡い色は，柔らかく感じさせる。反対に，明度が低く暗い色や彩度が高く濃い色は，硬いと感じさせる。

(5) 色のイメージ

　色から受ける直接的な印象や，その色から連想される気分，感情などを色のイメージという。色を見て連想するイメージは人それぞれに違いがあり，食べ物や動物，植物など，身の回りにある具体的な連想をする人，感情や抽象的なことを連想する人もいる。このような色のイメージは，文化や経験，環境などの条件に関わらず共通するものとそうでないものがある（『カラー＆ライフ』2004，8頁）。ここでは，日本色彩研究所によって調査された色のイメージに関する結果を一部紹介する。

```
赤：リンゴ，血，炎，情熱，派手
橙（だいだい）：ミカン，柿，夕焼け，陽気，暖かい
黄：レモン，バナナ，信号，楽しい，危険
緑：カエル，植物，自然，きれい，平和
青：空，水，寒い，さわやか，清潔な
紫：ブドウ，スミレ，大人っぽい，高貴な
白：冬，雪，静かな，潔白，純粋
黒：カラス，墨，暗い，恐い，高級感
```

第Ⅲ部　基礎知識編

3　配色の調和

　配色とは，2つ以上の色と色を組み合わせることをいう。単に色と色を組み合わせるだけでは，調和のとれたイメージや美しい楽しいなどの効果を得ることはできない。配色の効果は面積，形，配置などによっても左右される。本節では目的に合った配色を表現するための基本的活用を学ぶ。

（1）配色による表現

　配色調和の基本は，組み合わせる色と色との共通性や類似性による統一感，あるいは対照的な関係による変化にある。ここでは，PCCSの色彩調和の考え方をもとに，色相とトーンの2つの要素から基本的な配色を紹介する。

(1) 色相をもとにした配色

　色相環上において，互いに隣接する色（類似色）や，同じ色相（同系色）にある配色は，安定した統一感のある調和をつくる。また，色相環上の中で反対側にある色相による対照（補色色相とその周辺の色相）配色

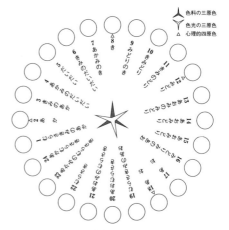

図Ⅲ-13-19　色相環 日本色研配色体系（PCCS）

資料提供：日本色研事業株式会社。

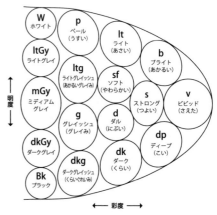

図Ⅲ-13-20　PCCSのトーン分類

資料提供：日本色研事業株式会社。

は3色以上の色相の組み合わせもあり，変化のある強い配色をつくる。色相による同系，類似，対照の関係は，色相環の相互の色の位置関係を見ると理解しやすい（図Ⅲ-13-19）。

　たとえば，色相が類似の配色なら，青・青緑，黄・橙など色相環の近い位置にある色の組み合わせはまとまりがよい配色となり，色相が対照の場合は，黄・青・橙，補色色相の場合，赤・緑・青緑・緑みの青など色相環の反対側にある色の組み合わせはコントラストのある目立つ配色となる。

(2) トーンをもとにした配色

　トーンにおいても，同じトーンや類似（隣接したトーン），対称（離れた位置にあるトーン）による配色が考えられる。同じトーンの配色は，色相が違っていてもトーンは共通のイメージの印象を与えるので配色のイメージがもちやすい。類似のトーン，たとえばペールやライトの場合，隣り合うトーンであるため，配色イメージの共通性をもつことができる。トーンの対照には，明度と彩度を強調した関係をとらえる。ライトトーンやダークトーンのように明暗に変化をつけたり，ペールトーンやビビッドトーンのように色のあざやかさに変化をつける効果の配色がある（図Ⅲ-13-20）。

（2）色の面積と配色の調和

　配色を美しく表現するには，色の面積の大小や配置のバランスに留意する必要がある。

　配色全体の主な感じを表現する色「基調色」を，地色や大きい面積の図形に使い，変化を加えるための模様の色，小さい面積の図形の色や基調色を引き立てたり，やわらげたりするために組み合わせる色「配合色」を組み合わせ，配色に焦点をつくって，全体を引き立てる小さな面積の色「アクセントカラー」を少量加え，効果的に生かせる配色のバランスを考えながら形や配置によって配色を工夫できるようにする。配色の調和は形や配置によっても生かされる。

（3）「図画工作科」での色彩の学び

図画工作科では，色彩について専門的に学習するものではないが，指導者が色彩の基礎的知識を知っておくことは，造形要素としての形や色を扱う際などに，指導の一助として役立てられるようにこの章を参考にしてほしい。

引用・参考文献
資料提供：日本色研事業株式会社。
大井義雄・川崎秀昭（1996）『カラーコーディネーター入門 色彩』日本色研事業。
川上元郎（2002）『色のおはなし 改訂版』日本規格協会。
近藤恒夫（1983）『色彩学』理工図書。
白石智砂・吉田麗弥（2004）『カラー&ライフ』日本色研事業。
白石智砂・吉田麗弥（2008）『インテリア・カラー・ブック』日本色研事業。
塚田 敢（1989）『色彩の美学』紀伊国屋書店。
『日本色研教育用色彩掛図 改訂版 初級用・指導書』日本色研事業，6頁。

学習の課題

(1) 絵の具の白と黒を使って無彩色の明度段階（5段階）をつくってみよう。まず，白と黒の中間の明度の無彩色をつくり，さらにそれぞれの中間の明度のものをつくり全5段階とする。

(2) 生活の中の色に目を向けてみよう。インテリア，衣類，食器など自分の身の回りにある色にはどのような配色がされているだろうか。この章の配色の調和を参考にPCCS色相環やトーン分類を用いながら調べてみよう。

【さらに学びたい人のための図書】
大井義雄・川崎秀昭（1996）『カラーコーディネーター入門 色彩』日本色研事業。
　⇨色彩学の基礎的な知識と117色の色名がカラー図解でわかりやすく解説されている。

（白石智砂）

小学校学習指導要領
第2章　第7節　図画工作

第1　目標

表現及び鑑賞の活動を通して，造形的な見方・考え方を働かせ，生活や社会の中の形や色などと豊かに関わる資質・能力を次のとおり育成することを目指す。

(1) 対象や事象を捉える造形的な視点について自分の感覚や行為を通して理解するとともに，材料や用具を使い，表し方などを工夫して，創造的につくったり表したりすることができるようにする。

(2) 造形的なよさや美しさ，表したいこと，表し方などについて考え，創造的に発想や構想をしたり，作品などに対する自分の見方や感じ方を深めたりすることができるようにする。

(3) つくりだす喜びを味わうとともに，感性を育み，楽しく豊かな生活を創造しようとする態度を養い，豊かな情操を培う。

第2　各学年の目標及び内容

〔第1学年及び第2学年〕

1　目標

(1) 対象や事象を捉える造形的な視点について自分の感覚や行為を通して気付くとともに，手や体全体の感覚などを働かせ材料や用具を使い，表し方などを工夫して，創造的につくったり表したりすることができるようにする。

(2) 造形的な面白さや楽しさ，表したいこと，表し方などについて考え，楽しく発想や構想をしたり，身の回りの作品などから自分の見方や感じ方を広げたりすることができるようにする。

(3) 楽しく表現したり鑑賞したりする活動に取り組み，つくりだす喜びを味わうとともに，形や色などに関わり楽しい生活を創造しようとする態度を養う。

2　内容

A　表現

(1) 表現の活動を通して，発想や構想に関する次の事項を身に付けることができるよう指導する。

ア　造形遊びをする活動を通して，身近な自然物や人工の材料の形や色などを基に造形的な活動を思い付くことや，感覚や気持ちを生かしながら，どのように活動するかについて考えること。

イ　絵や立体，工作に表す活動を通して，感じたこと，想像したことから，表したいことを見付けることや，好きな形や色を選んだり，いろいろな形や色を考えたりしながら，どのように表すかについて考えること。

(2) 表現の活動を通して，技能に関する次の事項を身に付けることができるよう指導する。

ア　造形遊びをする活動を通して，身近で扱いやすい材料や用具に十分に慣れるとともに，並べたり，つないだり，積んだりするなど手や体全体の感覚などを働かせ，活動を工夫してつくること。

イ　絵や立体，工作に表す活動を通して，身近で扱いやすい材料や用具に十分に慣れるとともに，手や体全体の感覚などを働かせ，表したいことを基に表し方を工夫して表すこと。

B　鑑賞

(1) 鑑賞の活動を通して，次の事項を身に付けることができるよう指導する。

ア　身の回りの作品などを鑑賞する活動を通して，自分たちの作品や身近な材料などの造形的な面白さや楽しさ，表したいこと，表し方などについて，感じ取ったり考えたりし，自分の見方や感じ方を広げること。

〔共通事項〕

(1) 「A表現」及び「B鑑賞」の指導を通して，次の事項を身に付けることができるよう指導する。

ア　自分の感覚や行為を通して，形や色などに気付くこと。

イ　形や色などを基に，自分のイメージをもつこと。

〔第3学年及び第4学年〕

1　目標

(1) 対象や事象を捉える造形的な視点について自分の感覚や行為を通して分かるとともに，手や体全体を十分に働かせ材料や用具を使い，表

し方などを工夫して,創造的につくったり表したりすることができるようにする。
(2) 造形的なよさや面白さ,表したいこと,表し方などについて考え,豊かに発想や構想をしたり,身近にある作品などから自分の見方や感じ方を広げたりすることができるようにする。
(3) 進んで表現したり鑑賞したりする活動に取り組み,つくりだす喜びを味わうとともに,形や色などに関わり楽しく豊かな生活を創造しようとする態度を養う。
2 内容
A 表現
(1) 表現の活動を通して,発想や構想に関する次の事項を身に付けることができるよう指導する。
ア 造形遊びをする活動を通して,身近な材料や場所などを基に造形的な活動を思い付くことや,新しい形や色などを思い付きながら,どのように活動するかについて考えること。
イ 絵や立体,工作に表す活動を通して,感じたこと,想像したこと,見たことから,表したいことを見付けることや,表したいことや用途などを考え,形や色,材料などを生かしながら,どのように表すかについて考えること。
(2) 表現の活動を通して,技能に関する次の事項を身に付けることができるよう指導する。
ア 造形遊びをする活動を通して,材料や用具を適切に扱うとともに,前学年までの材料や用具についての経験を生かし,組み合わせたり,切ってつないだり,形を変えたりするなどして,手や体全体を十分に働かせ,活動を工夫してつくること。
イ 絵や立体,工作に表す活動を通して,材料や用具を適切に扱うとともに,前学年までの材料や用具についての経験を生かし,手や体全体を十分に働かせ,表したいことに合わせて表し方を工夫して表すこと。
B 鑑賞
(1) 鑑賞の活動を通して,次の事項を身に付けることができるよう指導する。
ア 身近にある作品などを鑑賞する活動を通して,自分たちの作品や身近な美術作品,製作の過程などの造形的なよさや面白さ,表したいこと,いろいろな表し方などについて,感じ取ったり考えたりし,自分の見方や感じ方を広げること。
〔共通事項〕
(1) 「A表現」及び「B鑑賞」の指導を通して,次の事項を身に付けることができるよう指導する。
ア 自分の感覚や行為を通して,形や色などの感じが分かること。
イ 形や色などの感じを基に,自分のイメージをもつこと。
〔第5学年及び第6学年〕
1 目標
(1) 対象や事象を捉える造形的な視点について自分の感覚や行為を通して理解するとともに,材料や用具を活用し,表し方などを工夫して,創造的につくったり表したりすることができるようにする。
(2) 造形的なよさや美しさ,表したいこと,表し方などについて考え,創造的に発想や構想をしたり,親しみのある作品などから自分の見方や感じ方を深めたりすることができるようにする。
(3) 主体的に表現したり鑑賞したりする活動に取り組み,つくりだす喜びを味わうとともに,形や色などに関わり楽しく豊かな生活を創造しようとする態度を養う。
2 内容
A 表現
(1) 表現の活動を通して,発想や構想に関する次の事項を身に付けることができるよう指導する。
ア 造形遊びをする活動を通して,材料や場所,空間などの特徴を基に造形的な活動を思い付くことや,構成したり周囲の様子を考え合わせたりしながら,どのように活動するかについて考えること。
イ 絵や立体,工作に表す活動を通して,感じたこと,想像したこと,見たこと,伝え合いたいことから,表したいことを見付けること

や，形や色，材料の特徴，構成の美しさなどの感じ，用途などを考えながら，どのように主題を表すかについて考えること。
(2) 表現の活動を通して，技能に関する次の事項を身に付けることができるよう指導する。
ア　造形遊びをする活動を通して，活動に応じて材料や用具を活用するとともに，前学年までの材料や用具についての経験や技能を総合的に生かしたり，方法などを組み合わせたりするなどして，活動を工夫してつくること。
イ　絵や立体，工作に表す活動を通して，表現方法に応じて材料や用具を活用するとともに，前学年までの材料や用具などについての経験や技能を総合的に生かしたり，表現に適した方法などを組み合わせたりするなどして，表したいことに合わせて表し方を工夫して表すこと。
B　鑑賞
(1) 鑑賞の活動を通して，次の事項を身に付けることができるよう指導する。
ア　親しみのある作品などを鑑賞する活動を通して，自分たちの作品，我が国や諸外国の親しみのある美術作品，生活の中の造形などの造形的なよさや美しさ，表現の意図や特徴，表し方の変化などについて，感じ取ったり考えたりし，自分の見方や感じ方を深めること。
〔共通事項〕
(1) 「A表現」及び「B鑑賞」の指導を通して，次の事項を身に付けることができるよう指導する。
ア　自分の感覚や行為を通して，形や色などの造形的な特徴を理解すること。
イ　形や色などの造形的な特徴を基に，自分のイメージをもつこと。

第3　指導計画の作成と内容の取扱い

1　指導計画の作成に当たっては，次の事項に配慮するものとする。
(1) 題材など内容や時間のまとまりを見通して，その中で育む資質・能力の育成に向けて，児童の主体的・対話的で深い学びの実現を図るようにすること。その際，造形的な見方・考え方を働かせ，表現及び鑑賞に関する資質・能力を相互に関連させた学習の充実を図ること。
(2) 第2の各学年の内容の「A表現」及び「B鑑賞」の指導については相互の関連を図るようにすること。ただし，「B鑑賞」の指導については，指導の効果を高めるため必要がある場合には，児童や学校の実態に応じて，独立して行うようにすること。
(3) 第2の各学年の内容の〔共通事項〕は，表現及び鑑賞の学習において共通に必要となる資質・能力であり，「A表現」及び「B鑑賞」の指導と併せて，十分な指導が行われるよう工夫すること。
(4) 第2の各学年の内容の「A表現」については，造形遊びをする活動では，(1)のア及び(2)のアを，絵や立体，工作に表す活動では，(1)のイ及び(2)のイを関連付けて指導すること。その際，(1)のイ及び(2)のイの指導に配当する授業時数については，工作に表すことの内容に配当する授業時数が，絵や立体に表すことの内容に配当する授業時数とおよそ等しくなるように計画すること。
(5) 第2の各学年の内容の「A表現」の指導については，適宜共同してつくりだす活動を取り上げるようにすること。
(6) 第2の各学年の内容の「B鑑賞」においては，自分たちの作品や美術作品などの特質を踏まえて指導すること。
(7) 低学年においては，第1章総則の第2の4の(1)を踏まえ，他教科等との関連を積極的に図り，指導の効果を高めるようにするとともに，幼稚園教育要領等に示す幼児期の終わりまでに育ってほしい姿との関連を考慮すること。特に，小学校入学当初においては，生活科を中心とした合科的・関連的な指導や，弾力的な時間割の設定を行うなどの工夫をすること。
(8) 障害のある児童などについては，学習活動を行う場合に生じる困難さに応じた指導内容や指導方法の工夫を計画的，組織的に行うこと。
(9) 第1章総則の第1の2の(2)に示す道徳教育の目標に基づき，道徳科などとの関連を考慮しながら，第3章特別の教科道徳の第2に示す内

容について，図画工作科の特質に応じて適切な指導をすること。
2　第2の内容の取扱いについては，次の事項に配慮するものとする。
(1)　児童が個性を生かして活動することができるようにするため，学習活動や表現方法などに幅をもたせるようにすること。
(2)　各学年の「A表現」及び「B鑑賞」の指導を通して，児童が〔共通事項〕のアとイとの関わりに気付くようにすること。
(3)　〔共通事項〕のアの指導に当たっては，次の事項に配慮し，必要に応じて，その後の学年で繰り返し取り上げること。
　ア　第1学年及び第2学年においては，いろいろな形や色，触った感じなどを捉えること。
　イ　第3学年及び第4学年においては，形の感じ，色の感じ，それらの組合せによる感じ，色の明るさなどを捉えること。
　ウ　第5学年及び第6学年においては，動き，奥行き，バランス，色の鮮やかさなどを捉えること。
(4)　各学年の「A表現」の指導に当たっては，活動の全過程を通して児童が実現したい思いを大切にしながら活動できるようにし，自分のよさや可能性を見いだし，楽しく豊かな生活を創造しようとする態度を養うようにすること。
(5)　各活動において，互いのよさや個性などを認め尊重し合うようにすること。
(6)　材料や用具については，次のとおり取り扱うこととし，必要に応じて，当該学年より前の学年において初歩的な形で取り上げたり，その後の学年で繰り返し取り上げたりすること。
　ア　第1学年及び第2学年においては，土，粘土，木，紙，クレヨン，パス，はさみ，のり，簡単な小刀類など身近で扱いやすいものを用いること。
　イ　第3学年及び第4学年においては，木切れ，板材，釘，水彩絵の具，くぎ，小刀，使いやすいのこぎり，金づちなどを用いること。
　ウ　第5学年及び第6学年においては，針金，糸のこぎりなどを用いること。
(7)　各学年の「A表現」の(1)のイ及び(2)のイについては，児童や学校の実態に応じて，児童が工夫して楽しめる程度の版に表す経験や焼成する経験ができるようにすること。
(8)　各学年の「B鑑賞」の指導に当たっては，児童や学校の実態に応じて，地域の美術館などを利用したり，連携を図ったりすること。
(9)　各学年の「A表現」及び「B鑑賞」の指導に当たっては，思考力，判断力，表現力等を育成する観点から，〔共通事項〕に示す事項を視点として，感じたことや思ったこと，考えたことなどを，話したり聞いたり話し合ったりする，言葉で整理するなどの言語活動を充実すること。
(10)　コンピュータ，カメラなどの情報機器を利用することについては，表現や鑑賞の活動で使う用具の一つとして扱うとともに，必要性を十分に検討して利用すること。
(11)　創造することの価値に気付き，自分たちの作品や美術作品などに表れている創造性を大切にする態度を養うようにすること。また，こうした態度を養うことが，美術文化の継承，発展，創造を支えていることについて理解する素地となるよう配慮すること。
3　造形活動で使用する材料や用具，活動場所については，安全な扱い方について指導する，事前に点検するなどして，事故防止に留意するものとする。
4　校内の適切な場所に作品を展示するなどし，平素の学校生活においてそれを鑑賞できるよう配慮するものとする。また，学校や地域の実態に応じて，校外に児童の作品を展示する機会を設けるなどするものとする。

索 引
（＊は人名）

あ　行

アートゲーム　143
＊アイスナー，E.W.　37
アイデアスケッチ　140
＊亜欧堂田善　184
アクセント　202
アクティブ・ラーニング　31
遊び　179
遊びを通しての総合的な指導　176
新しい画の会　191
『新しい図画工作』　196
アニミズム　168
油粘土　115, 211
アプローチ・カリキュラム　178
表し方の工夫　79, 80
アルタミラ洞窟の壁画　3
生きる力の基礎　176
一版多色刷り版画　103, 104
＊井出則雄　191
イメージ　171
色　199, 229-241
色の三属性　231
色の対比　235
色の調子（トーン）　233
色の同化　237
色み　230
インパクト　80, 82, 85, 89, 91
＊上野省策　191
浮世絵　184
＊歌川広重　184
絵に表す（活動）　75-93
絵の具　207, 209
『ヱノホン』　188
絵や立体，工作に表す　128
絵や立体，工作に表す活動　20
遠近感，立体感，量感　86, 87
鉛筆画　185

『鉛筆畫帖』　185
鉛筆画・毛筆画論争　185
凹版　101
＊太田耕士　192
＊岡倉覚三（天心）　185

か　行

画学　183, 184
化学反応硬化　123
学習指導案　38
『学習指導要領 図画工作編』（試案）　190
学習評価の在り方について　32
拡大描写　167
学力の国際標準化　30
可塑性　112, 113
形　199
形の認識（シェマ）　166
形や色など　170
片付け　227
カタログ期　166
学級風土　172
＊葛飾北斎　184
活動できる環境づくり　78
加法混色　234
紙粘土　122, 211
紙の目　204
紙版画　102
ガラスのお皿　121
カリキュラム・マネジメント　31
感覚や活動　170
環境　177
環境を通して行う教育　177
鑑賞　21, 84, 88, 92, 94, 142, 171, 175
寒色　238
感性　197
乾燥　115, 121
観点別学習状況の評価　33
擬似写実の時期　168

247

規準　49
基準　49
擬人化　168
基底線　167
技能　77, 93
技能の耕し　79, 82, 85
客観的・抽象的な思考　174
客観的表現　173
ギャングエイジ　84
キャンバス　79
球体　118
教育の意味　160
教育評価　27
教育方法　26
教科や学年の目標, 内容　33
教材研究　41
教師の役割　25
競争　76
共通事項　13, 128, 170, 197
曲線折り　224
切り折り（ポップアップ）　225
空間意識　167
＊久保貞次郎　191
グラデーション　202
クレヨン　208
＊グロピウス, W.　191
訓導　188
罫画　184
継時加法混色　235
形式的思考　174
形成的評価　28, 29
結果の知識（KR）　25
決定の時期　169
言語活動　197
現代美術　91
減法混色　234
硬化性　211
硬化性粘土　114
構図と描画の約束　80, 83, 93
構成力　173
孔版　101
項目　33

交流　175
国立教育政策研究所　48
心の表現の時期　166
個人差　161
個性化・社会化　160
個性的価値　174
個性的な表現を育てていく　173
子どもの発達段階　75
個の教育　172
コラージュ　90, 106, 216
コラグラフ　103
混色　234
コンテ　208
コンテンツ・ベイス　32
コントラスト　202
コンピテンシー・ベイス　32

　　　　さ　行

彩色（活動）　79, 80, 86, 88, 91
彩度　231
材料・用具　199, 203
錯画　164
錯画期　164
作品主義　58
三原色　234
『信貴山縁起絵巻』　148, 149
色相　231, 236
色相環　232, 240
色調　234
色立体　231, 232
思考力, 判断力, 表現力等　12, 75
自己肯定感　93, 142
自己発現　171
自己発露　171
試作　41
支持体　99
資質・能力　75, 76, 93, 94, 197
資質・能力の三つの柱　31
児童中心主義　160
指導的評価活動　26
＊司馬江漢　184
自発的使用の原理　163

248

索　引

社会に開かれた教育課程　30
写実的傾向　173
『自由畫教育』　187
集団づくり　175
集団での教育　172
シュール　82
授業の三角形モデル　26
手工　184,188
手工教育　188
樹脂粘土　122
主体的・対話的で深い学び　22
純色　231
順序性　161
小1プロブレム　178
小学校教育　177
焼成　115,121,211
象徴期　165
情緒の安定　194
情報活用能力　93
情報機器　146
正面表現　167
初期写実の時期　168
『初等科図画』　188
シルクスクリーン版画　101
新学習指導要領の改訂の背景　30
芯材　219
心情表現　86
『新図画工作』　193
診断的評価　28,29
『新定畫帖』　186
シンメトリー　202
図画工作科　183
図画取調掛　185
スクラッチ　216
図式（様式）期　166
スタート・カリキュラム　178
スタンピング　100,102,216
スチレンボード　139,141
ステンシル　102,216
ステンシル技法　101
ストリング　216
スパッタリング　216

スペクトル（色の帯）　229
素焼き　116,220
生活画　191
生活綴り方　192
生活版画　192
成形　115
成長　161
成長率の違い　161
絶対評価　27
施釉　116
＊千住　博　2
前図式（様式）期　166
線的な評価規準　36
線描　80
線彫り　103
総括的評価　28,29
造形遊び　58,128
造形遊びをする活動　20
造形教育センター　191
造形的な遊び　194
造形の約束　78
造形要素　199,200
相互鑑賞　47
創造的技能　93-95
創造的な思考につながる発達　174
創造美育協会　191
相対評価　27
素描　183

た　行

題材の設定　78,81,82
題材名　44
大正デモクラシー　187
板（たたら）作り　221
＊田中一村　94,97
多版多色刷り版画　103
タブレット　68
暖色　238
段ボールカッター　206
知識及び技能　12,75
つくりたいものをつくる　196
土練り　115,219

土粘土　113, 114, 119, 121, 211
積み上げ表現　168
デカルコマニー　216
テクスチャー　102
手びねり（玉作り）　221
展開図描法　167
電子黒板　54
電動糸鋸（糸のこぎり）　43, 213-215
透視図法　184
頭足人　166
同存表現　168
銅版画　101
トーン　241
凸版　100, 101
ドリッピング　216

な行

内発的な動機　172
なぐり描き（スクリブル）　164
なぐり描き期　164
ならい目　212
＊西野範夫　58
日本教育版画協会　191, 192
年間指導計画　38
粘土　211
粘土遊び　217
粘土クロッキー　122
粘土の硬軟　113
能力観，教育観の転換　30

は行

配色　240
＊ハヴィーガースト，R.J.　162
バウハウス　191
バス　208
パステル　208
バチック　216
発想と構想　76, 77, 85, 93, 94
発想や構想の耕し　78, 81, 85
発達　161
発達課題　162
発達段階　162

発達の基本的指標　161
バランス　201, 202
バレン　103
板書　54
蕃書調所　183, 184
版表現　99
美術文化　75, 80
一人学びと集団学び　76, 92, 94
非認知能力　32
ひも作り　221
評価規準　36, 95
評価基準設定の観点　29
評価規準の設定　34
評価規準の設定例　36
描画材（料），材料や用具　77, 79, 83-85, 215
評価の観点と趣旨　34
評価の時期　29
評価の種類　27, 29
評価の適確性　33
評価の特色　34
描画の発達段階　164
評価の方法　29
表現　171
評定　29
平筆　210
フィードバック　27
フィキサチーフ　208
＊フェノロサ，E.　185
不硬化性粘土　115
フラッシュカード　54
プリズム　229, 230
＊降籏　孝　6, 7
プレス機　101
フロッタージュ　100, 102, 216
プロポーション　201, 202
分化と統合　161
並置加法混色　235
平版　101
方向性　161
彫り進み版画　103, 104
本時　51
本焼き　116, 220

索　引

ま　行

マーブリング　101, 216
曲げる・巻く　225
抹消　167
学びに向かう力，人間性等　12, 76
丸筆　210
丸める　118
3つの観点　36
*箕田源二郎　191
民間教育運動　191
ムーブメント　202
無彩色　230
*ムスキス　3
明度　231, 236
面相筆　210
面的な評価規準　36
毛筆画　185
『毛筆畫帖』　185
木版画　100, 103
目標に準拠した評価　49
木工用具　212, 213
モノタイプ版画　101

や　行

*山本鼎　187
有彩色　230
釉薬　121, 211
幼児期にふさわしい生活　177

幼児期の終わりまでに育ってほしい姿　177
幼児教育においても育成すべき資質・能力　176
幼稚園教育の基本　177
幼稚園教育の目的　176
『幼稚園教育要領』　175
幼保小連携　175

ら・わ　行

乱画　164
リズム　201, 202
リトグラフ版画　101
リピテーション　201, 202
領域「表現」　179
臨画　184
臨界期　161
レリーフ表現　116
連携　177
レントゲン（X線）描法　167
*ローウェンフェルド，V.　89, 164
ワークシート　147
ワークショップ　144

欧　文

CIE（民間情報教育局）　190
ICT　68
ICT機器　54
OECD（経済協力開発機構）　30
PCCS　232, 233
V字型変化　162

監修者

原　清治（はら　きよはる）（佛教大学副学長・教育学部教授）

春日井敏之（かすがい　としゆき）（立命館大学名誉教授・近江兄弟社高等学校校長）

篠原正典（しのはら　まさのり）（佛教大学教育学部教授）

森田真樹（もりた　まさき）（立命館大学大学院教職研究科教授）

執筆者紹介（所属，執筆分担，執筆順，＊は編者）

＊**波多野達二**（はたの　たつじ）（編著者紹介参照：はじめに，第1，3，4章）

＊**三宅茂夫**（みやけ　しげお）（編著者紹介参照：第2，10章）

横澤茂夫（よこさわ　しげお）（元京都教育大学非常勤講師：第5章）

川端千絵（かわばた　ちえ）（佛教大学通信教育課程非常勤講師，精華大学非常勤講師：第6章）

高石麻代（たかいし　あさよ）（京都教育大学教育学部美術領域非常勤講師，佛教大学通信教育課程非常勤講師，京都伝統工芸大学校非常勤講師：第7章）

田中聖子（たなか　せいこ）（ノートルダム学院小学校教諭：第8，9章）

山中　隆（やまなか　たかし）（元華頂短期大学教授：第11章）

金崎晴美（かなざき　はるみ）（佛教大学通信教育課程非常勤講師，大阪成蹊大学非常勤講師：第12章）

白石智砂（しらいし　ちさ）（佛教大学通信教育課程非常勤講師，聖母女子大学非常勤講師：第13章）

編著者紹介

波多野 達二（はたの・たつじ）

1957年 生まれ。
現　在 佛教大学教育学部准教授。
主　著 『教育実習から教員採用・初任期までに知っておくこと──「骨太の教員」を目指すために』（共著）教育出版，2016年。
　　　 『図画工作科における素材・対象とそのイメージ形成との関係──造形遊びと立体造形を連動させた題材開発と実践』佛教大学教育学部学会紀要第14号，2015年。

三宅 茂夫（みやけ・しげお）

1959年 生まれ。
現　在 神戸女子大学文学部教授。
主　著 『保育の基礎理論』（編著）ミネルヴァ書房，2006年。
　　　 『幼児期の道徳性を培うコミュニケーション環境の構築』みらい，2011年。
　　　 『新版　保育者論』（共著）一藝社，2013年。

新しい教職教育講座　教科教育編⑦ 図画工作科教育	
2019年3月20日　初版第1刷発行 2025年3月20日　初版第2刷発行	〈検印省略〉 定価はカバーに表示しています
監修者	原　清治／春日井敏之 篠原正典／森田真樹
編著者	波多野達二／三宅茂夫
発行者	杉　田　啓　三
印刷者	坂　本　喜　杏

発行所　株式会社　ミネルヴァ書房
607-8494 京都市山科区日ノ岡堤谷町1
電話代表（075）581-5191
振替口座　01020-0-8076

© 波多野・三宅ほか，2019　冨山房インターナショナル・吉田三誠堂製本

ISBN 978-4-623-08203-2
Printed in Japan

新しい教職教育講座

原 清治・春日井敏之・篠原正典・森田真樹 監修

全23巻

（Ａ５判・並製・各巻平均220頁・各巻2000円（税別））

教職教育編
① 教育原論　　　　　　　　　　　　　山内清郎・原 清治・春日井敏之 編著
② 教職論　　　　　　　　　　　　　　久保富三夫・砂田信夫 編著
③ 教育社会学　　　　　　　　　　　　原 清治・山内乾史 編著
④ 教育心理学　　　　　　　　　　　　神藤貴昭・橋本憲尚 編著
⑤ 特別支援教育　　　　　　　　　　　原 幸一・堀家由妃代 編著
⑥ 教育課程・教育評価　　　　　　　　細尾萌子・田中耕治 編著
⑦ 道徳教育　　　　　　　　　　　　　荒木寿友・藤井基貴 編著
⑧ 総合的な学習の時間　　　　　　　　森田真樹・篠原正典 編著
⑨ 特別活動　　　　　　　　　　　　　中村 豊・原 清治 編著
⑩ 教育の方法と技術　　　　　　　　　篠原正典・荒木寿友 編著
⑪ 生徒指導・進路指導［第2版］　　　　春日井敏之・山岡雅博 編著
⑫ 教育相談　　　　　　　　　　　　　春日井敏之・渡邉照美 編著
⑬ 教育実習・学校体験活動　　　　　　小林 隆・森田真樹 編著

教科教育編
① 初等国語科教育　　　　　　　　　　井上雅彦・青砥弘幸 編著
② 初等社会科教育　　　　　　　　　　中西 仁・小林 隆 編著
③ 算数科教育　　　　　　　　　　　　岡本尚子・二澤善紀・月岡卓也 編著
④ 初等理科教育　　　　　　　　　　　山下芳樹・平田豊誠 編著
⑤ 生活科教育　　　　　　　　　　　　鎌倉 博・船越 勝 編著
⑥ 初等音楽科教育　　　　　　　　　　高見仁志 編著
⑦ 図画工作科教育　　　　　　　　　　波多野達二・三宅茂夫 編著
⑧ 初等家庭科教育　　　　　　　　　　三沢徳枝・勝田映子 編著
⑨ 初等体育科教育　　　　　　　　　　石田智巳・山口孝治 編著
⑩ 初等外国語教育　　　　　　　　　　湯川笑子 編著

ミネルヴァ書房
https://www.minervashobo.co.jp/